Herausgegeben von Maike Grau und Michael K. Legutke

Fremdsprachen in der Grundschule

Auf dem Weg zu einer neuen Lern- und Leistungskultur

Grundschulverband – Arbeitskreis Grundschule e. V.
Frankfurt am Main

Unser herzlicher Dank geht an das ›Gießener Korrektur-Team‹ unter der Leitung von Steffi Vogt: Vera Biedenkopf, Nadine Kalbfleisch, Annika Schäfer, Sebastian Schmidt und Charlotte Stolle. Mit Sachkenntnis und sprachlicher Kompetenz, Liebe zum Detail, nicht zuletzt aber mit unerschütterlichem Durchhaltevermögen haben sie entscheidend zu diesem Buch beigetragen.
Vielen Dank auch an Angela Klingenberg von der Agentur novuprint für die produktive Zusammenarbeit und die kreative und kompetente Gestaltung dieser Publikation.

Maike Grau und Michael K. Legutke

Satz und Gestaltung: novuprint · Agentur für Mediendesign, Werbung, Publikationen GmbH, 30161 Hannover

Bildnachweis: Die Rechte für die Abbildungen liegen bei den Herausgeberinnen und Herausgebern bzw. bei den jeweiligen Autorinnen und Autoren, falls nicht anders vermerkt

Titel: Schülerarbeiten aus der Pestalozzischule Weilburg (s. S. 36), Foto aus dem E-Lingo-Projekt (vgl. www.e-lingo.de)

Druck und Bindung: Druck Partner Rübelmann, 69502 Hemsbach

ISBN-Nr. 3-930024-98-5 / Best.-Nr. 1084
(Beiträge zur Reform der Grundschule, Band 126)

Inhalt

Vorwort: Die Mehrsprachigkeit von Kindern fördern 7

Teil 1: Einleitung

Maike Grau & Michael K. Legutke
Fremdsprachen in der Grundschule.
Bestandsaufnahme, Prinzipien und Perspektiven 14

Teil 2: Mehrsprachigkeit in der Grundschule

Herbert Christ
Lernen in zwei Sprachen 40

Adelheid Kierepka
Mehrere Sprachen in der Grundschule.
Aspekte der Förderung und Einschätzung
von mehrsprachigen Schülerleistungen 56

Teil 3: Diagnose von Lernständen

Ulrich Bliesener
Diagnose des Lernfortschritts.
Englischunterricht in der Grundschule
und in den Jahrgangsstufen 5 und 6 74

Heiner Böttger
Hören und Verstehen effizient diagnostizieren 98

Karin Drese
Englischunterricht in der Grundschule:
Produktive mündliche Leistung im Fokus 115

Bärbel Diehr & Stefanie Frisch
Goodbye Hungry Caterpillar.
Ein forschungsgestütztes Plädoyer für produktiven
Sprachgebrauch im Englischunterricht der Grundschule 142

Teil 4: Das Sprachenportfolio in der Grundschule

Eva Burwitz-Melzer
Ein neues Portfolio für den Fremdsprachenunterricht:
Übergang und Selbstevaluation 170

Annika Kolb
»Da können wir wissen, was wir wissen«.
Wie Kinder ihr sprachliches Können einschätzen 194

Nathalie Rau & Michael K. Legutke
Sprachliches Können dokumentieren und präsentieren.
Anmerkungen zur Arbeit mit dem Dossier
(der ›Schatztruhe‹) des Juniorportfolios 211

Teil 5: Leistungsbewertung im Fremdsprachenunterricht der Grundschule

Ingrid-Barbara Hoffmann
Sehen – be(ob)achten – notieren – würdigen:
Keine Not mit der Note! 232

Otfried Börner
Vom Sinn und Unsinn der Ziffernnoten im Fremdsprachenunterricht der Grundschule 258

Fremdsprachen in der Grundschule

Beiträge zur Reform der Grundschule – Band 126
Herausgeber: Der Vorstand des Grundschulverbandes
– Arbeitskreis Grundschule e. V.
Verantwortlich für diesen Band: Horst Bartnitzky

Vorwort

Die Mehrsprachigkeit von Kindern fördern

Fremdsprachen in der Grundschule – dieses Thema wird ebenso zustimmend wie auch skeptisch diskutiert:

- Kindern fällt das Sprachenlernen in der Regel leicht. Die Grundschule trägt durch frühen Fremdsprachenunterricht dazu bei, Sprachgefühl zu entwickeln und Internationalität zum Thema zu machen. So oder ähnlich sind die befürwortenden Stimmen. Die radikalen unter ihnen fordern Fremdsprachenangebote am besten schon im Kindergarten, und wer vom ganz frühen Spracherwerb besonders begeistert ist, geht schon mit seinem Baby in entsprechende Englischgruppen.

- Skeptiker verweisen auf die unzureichende Lehreraus- und -fortbildung, auf die oft fehlende didaktische Kontinuität im Übergang von der Grundschule zu den weiterführenden Schulen, auf die kontraproduktive Zensierungsauflage in der Schule, auf die Einseitigkeit in der Sprachwahl Englisch oder auf die Fülle der vordringlichen Aufgaben in den ersten Schuljahren wie Sprachförderung in der deutschen Sprache, Schriftspracherwerb oder erzieherische Aufgaben, die bei begrenzter Zeit Vorrang vor einem frühen Fremdsprachenlernen haben müssten.

Wenn der Grundschulverband in seiner Buchreihe »Beiträge zur Reform der Grundschule« hier einen Band zum Fremdsprachenlernen vorlegt, dann greift er zustimmende wie skeptische Argumente auf und reagiert auf sie.

Als grundschulgemäßen Orientierungsrahmen platziert er den Fremdsprachenunterricht nicht als isolierten Fachunterricht neben dem übrigen Unterricht. Vielmehr ist der Unterricht in der ersten Fremdsprache ein integriertes Element im Lernbereich Sprachen: Er folgt wesentlichen didaktischen Prinzipien, die für alle Sprachfelder des Lernbereichs gelten und er beachtet zugleich die Besonderheit des Fremdsprachenunterrichts. Beides, das Gemeinsame wie das Besondere, will ich im Folgenden zur Einordnung des Fremdsprachenunterrichts in der Grundschule skizzieren.

Lernbereich Sprachen		
Deutsch, einschl. Deutsch als Zweitsprache	Unterricht in nicht-deutschen Herkunftssprachen	1. Fremdsprache
Begegnung mit Sprachen		

Gemeinsamkeiten im Lernbereich Sprachen: 5 Prinzipien

Kompetenzentwicklung:
Alle Kinder haben bereits Sprachkompetenzen, wenn sie in die Schule kommen: in mündlicher Verständigung, in Sprachstrukturen und in Sprechstrategien, in der Deutung nicht-sprachlicher Verständigung, in der Mediennutzung, oft auch im Zugang zur Schriftsprache, bisweilen bereits im Umgang mit mehreren Sprachen. Die vorhandenen Kompetenzen müssen wahrgenommen und herausgefordert werden. Indem die Kinder auch in neuen Situationen Sprache verwenden, entwickeln sie ihre bisherigen Fähigkeiten weiter und bauen sie aus.

Situationsbezug:
Sprachliches Handeln bedarf herausfordernder Situationen. Sie müssen so gewählt sein, dass sie für die Kinder funktional sind, also den Sinn stiften, authentisch sprachlich zu agieren.

Sozialbezug:
Sozialbezüge stellen anregende und akzeptierende Geselligkeit her, bieten Vorbilder und Muster für elaboriertes Sprechen, für Lesen und Schreiben als lebenswichtige Tätigkeiten, für Wortschatz und Syntax.

Bedeutsamkeit der Inhalte:
Bedeutsam können Inhalte sein, die von den Kindern subjektiv als wichtig erlebt werden, aber auch Inhalte, die objektiv für Gegenwart und Zukunft wichtig sind, wie Schlüsselthemen und die Teilhabe an der kulturellen Welt. Im Einzelnen sind dies:
- Alltagserfahrungen der Kinder
- Sacherfahrungen der Kinder
- fantasievoller Umgang mit Sprache
- kulturelle Traditionen und kulturelle Praxis.

Sprachbewusstheit:
Sprachbewusstheit als Meta-Ebene des sprachlichen Handelns wird durch Nachdenken und Wissen über sprachliches Handeln und über

Sprachsysteme gefördert. Wer mehr als eine Sprache lernt, dem erschließt sich Sprachbewusstheit rascher: durch Betrachten der einen Sprache aus der Perspektive der anderen; durch das Erkennen des Gemeinsamen und des Besonderen.

Die Besonderheiten der Sprachfelder

Neben diesen Gemeinsamkeiten haben die einzelnen Sprachfelder und Fachschwerpunkte ihre spezifischen Aufgaben, Prinzipien und didaktischen Konzepte.

Deutsch:
Die deutsche Sprache wird zumeist vor- und außerschulisch unangeleitet erworben. Der Unterricht schafft Chancen für weiteres unangeleitetes Sprachlernen und arrangiert angeleitete Lernprozesse.

Deutsch als Zweitsprache:
Kinder, die Deutsch als Zweitsprache erwerben, haben bereits eine sprachliche Entwicklung in ihrer jeweiligen Muttersprache. Deutsch tritt hinzu. Im Unterschied zu Kindern mit Deutsch als Muttersprache ist bei ihnen der Grad der Sprachbewusstheit von Anfang an höher; der systematischere Ausbau der Sprachfähigkeiten in angeleiteten Lernprozessen hat einen höheren Stellenwert. Rückgriffe auf die Muttersprache sind hilfreich.

Unterricht in Herkunftssprachen (muttersprachlicher Unterricht):
Wie im Fach Deutsch werden unangeleiteter und angeleiteter Unterricht kombiniert. Anders ist, dass es sich hier um ein fakultatives Sprachfeld handelt. Beide Fächer – Deutsch und Herkunftssprache – gewinnen Lernchancen, wenn das Sprachlernen miteinander koordiniert werden kann.

Fremdsprache:
Die erste Fremdsprache ist im Unterschied zu Deutsch und zu der Herkunftssprache in der Regel keine praktizierte Sprache in der Lebenswelt der Kinder. Unangeleitete Sprachlernsituationen entfallen deshalb zumeist. Die Fremdsprache wird vorwiegend angeleitet in der schulischen Situation verwendet. Der Fremdsprachenunterricht bietet dabei neue Lernchancen: Er ist Modell für bewusstes Sprachenlernen, für den Erwerb fachbezogener Lern- und Arbeitstechniken, die für den Fremdsprachenunterricht spezifisch sind, z. B. das Erlernen von Strategien zur

Texterschließung, zur Verständigung und für Lerntechniken zum Einprägen von Lexik und Strukturen.

Begegnung mit Sprachen:
Anders als in den eben skizzierten Sprachfeldern ist hier nicht die aufbauende Förderung spezifischer kommunikativer Fähigkeiten in einer bestimmten festgelegten Sprache das Ziel. Vielmehr werden Erfahrungen mit Sprachen, die Kindern in der Lebenswelt begegnen, aufgearbeitet; ihre Lust, mit Klängen, Wörtern, Strukturen verschiedener Sprachen umzugehen, wird gestärkt. Welche Sprachen wann und wie einbezogen werden, ist situativ bedingt.

Schulpolitische Forderungen

Von diesen Zu- und Einordnungen ausgehend, fordert der Grundschulverband in seinem »Standpunkt zum Sprachenlernen in der Grundschule«:

Einheitliches Rahmenkonzept Sprachenlernen für alle Bundesländer
Die Kultusministerkonferenz entwickelt und beschließt ein Rahmenkonzept für das Sprachenlernen aller Kinder und Jugendlichen innerhalb ihrer Pflichtschulzeit.

Dabei hat sich die Förderung des Sprachlernens der Kinder in den ersten sechs Schuljahren auf folgende Sprachen zu beziehen:

➢ *Vorrangigkeit von Deutsch*
Vorrangig ist die Förderung in der deutschen Sprache, gerade auch für Kinder anderer Herkunftssprachen, aber auch für Kinder mit Deutsch als erster Sprache, insbesondere für solche aus sprachlich wenig geförderten Milieus.

Unerlässliche Voraussetzung für erfolgreiches Deutschlernen sind für diese Aufgabe entsprechend aus- und fortgebildete Lehrer/innen und Erzieher/innen. Erforderlich sind eine verpflichtende Bildungszeit in der Kita mit situativem und explizitem Deutschlernen sowie der Verzicht auf aufwändige Sprachtests; im direkten Umgang mit Kindern wird besser offensichtlich, wie sie weiter zu fördern sind.

Schulen mit Kindern ohne hinreichende Deutschfähigkeiten brauchen zusätzliche Lehrerdeputate für ergänzende, den Regelunterricht unterstützende Förderung und dies ggf. über die Grundschule hinaus bis ans Ende der Pflichtschulzeit. Wichtig ist die Beachtung des fachsprachlichen Lernens in der Grundschule, der koordinierte Übergang in die Sekundarschulen mit Fortführung des fachsprachlichen Lernens und gegebenenfalls erforderliche Unterstützungen bis zum Ende der Pflichtschulzeit.

➢ *Fremdsprache Englisch als international besonders wichtige Kommunikationssprache.*

Bei vielen Kindern mit und ohne Migrationshintergrund besteht in der Schuleingangsphase die Notwendigkeit, vorrangig die Fähigkeiten in der deutschen Sprache zu fördern und hier die schriftsprachlichen Fähigkeiten zu entwickeln. Der Unterricht in Englisch hat demgegenüber zurückzustehen. Er sollte aber als regulärer Fremdsprachenunterricht mit kommunikativer Progression zumindest in Klasse 3 einsetzen.

Die Lehrpläne der Sekundarstufe I sind auf die Lehrpläne für Englisch der Grundschule abzustimmen.

Wo in Bundesländern anstelle von Englisch eine andere Sprache in allen Grundschulen einer Region vermittelt wird, wie z. B. Französisch im Saarland, tritt diese Sprache in den Klassen 3 und 4 an die Stelle des Englischen. In diesen Ländern muss Unterricht in Englisch ab Jahrgangsstufe 5 angeboten werden.

➢ *Förderung in den Herkunftssprache(n) der Kinder*

Grundsätzlich sind die Herkunftssprachen aller Kinder innerhalb der Schule aufzuwerten. Dazu gehört, dass diese Sprachen in der Schule – bis hin zum Abitur – den Rang einer weiteren Fremdsprache erhalten. Kinder mit Migrationshintergrund sollten – wo immer dies in vertretbaren Lerngruppen möglich ist – in ihrer Herkunftssprache schulisch gefördert werden. Darüber hinaus müssen insbesondere an Grundschulen in sozialen Brennpunktgebieten Pädagoginnen und Pädagogen tätig sein, die eine der häufigen Migrationssprachen beherrschen. Die Eltern der Schüler mit anderen Herkunftssprachen sind darin zu unterstützen, ihre Kinder in diesen zu fördern.

➢ *Andere Sprachen als Begegnungssprachen*

Schon in Kitas und in der Schuleingangsphase können Englisch und andere Sprachen einbezogen werden, z. B. die Herkunftssprachen, die in der Schule durch Kinder präsent sind oder Sprachen des Nachbarlandes als Begegnungssprachen in kommunikativen Sprachlernkonzepten. Dies öffnet früh das Tor zu anderen

Sprachen, es weckt das Interesse und schärft die Wahrnehmung für andere Sprachen sowie die Freude am Umgang mit ihnen. Sprachenlernen trägt damit wesentlich zur interkulturellen Erziehung bei.

Um diese Forderungen mit Vorschlägen für Praxis, Politik und Lehrerbildung zu konkretisieren, führte der Grundschulverband in den vergangenen Jahren Fachtagungen zum Lernbereich Sprachen durch. Ein erstes Ergebnis dieser Tagungen ist der Band 120 zu Deutsch als Zweitsprache: »Deutsch als Zweitsprache lernen«. Der hier vorliegende Band »Fremdsprachen in der Grundschule« ist nun der nächste in dieser Reihe.

Aus aktuellen Gründen wird in diesem Band der Aspekt der pädagogischen Leistungskultur auch und gerade im Fremdsprachenunterricht besonders hervorgehoben.

Horst Bartnitzky
Vorsitzender des Grundschulverbandes

1 Einleitung

Maike Grau & Michael K. Legutke

Fremdsprachen in der Grundschule

Bestandsaufnahme, Prinzipien und Perspektiven

Fremdsprachen für die Kinder Europas: Eine Bestandsaufnahme

Im europäischen Zusammenhang lassen sich in den letzten Jahren im Bereich des Fremdsprachenlernens weitreichende Entwicklungen beobachten, die trotz der unterschiedlichen regionalen Bildungsstrukturen viele Gemeinsamkeiten aufweisen. Die Förderung der Mehrsprachigkeit ist erklärtes Ziel auf der europäischen Agenda, die in jedem Mitgliedsland auf individuelle Art und Weise in die Praxis umgesetzt wird. Trotzdem kann grenzübergreifend erkannt werden, dass die gemeinsamen sprachenpolitischen Anstrengungen nicht nur auf dem Papier, sondern auch in den Schulen Europas angekommen sind. Ziel dieses Bandes ist es, einige dieser Entwicklungen am Beispiel des Fremdsprachenunterrichts an deutschen Grundschulen aufzuzeigen. In den verschiedenen Beiträgen wird deutlich, dass auf dem Feld des Frühbeginns in den letzten Jahren große Fortschritte gemacht wurden. Zugleich ist nicht zu übersehen, dass das Projekt Frühbeginn in Europa und in Deutschland noch einige Hürden nehmen muss (s. u. »Herausforderungen«).

Die Förderung von Mehrsprachigkeit im europäischen Kontext wird oft mit der Formel M+2 verknüpft. Diese Kurzform steht für das Ziel, dass Europas Bürgerinnen und Bürger Grundkenntnisse in mindestens zwei weiteren Sprachen außer ihrer Muttersprache haben sollen (vgl. Europäische Kommission 2003). Regelmäßige Umfragen zur fremdsprachlichen Kompetenz von Europäerinnen und Europäern zeigen allerdings, dass diese Zielformulierung, gemessen an der Realität, hoch gesteckt ist. So sagen in der im Jahre 2005 durchgeführten Studie zwar 28% der Befragten von sich, in zwei Fremdsprachen ein Gespräch führen zu können, fast die Hälfte der Befragten (44%) gibt dagegen zu, diese Kompetenz in keiner Fremdsprache zu besitzen (vgl. Europäische Kommission 2006). Trotz dieser bescheidenen Einschätzung ihrer Fremdsprachenkenntnisse spricht sich eine Mehrheit der Befragten für eine verstärkte Förderung des Fremdsprachenlernens und insbesondere für einen möglichst frühen Beginn des Fremdsprachenlernens im Grundschulalter aus.

Eine Frage, der sich die europäische Sprachenpolitik immer wieder erneut stellen muss, ist die nach der Rolle, die der englischen Sprache in Europa eingeräumt wird. Es ist zwar unbestritten, dass Englisch in vielen Bereichen der alltäglichen Kommunikation wie Wirtschaft, Politik, Sport, aber auch in Jugendkulturen, längst die Funktion einer *lingua franca* übernommen hat. Im Sinne der Mehrsprachigkeitspolitik ist das eigens für dieses Ressort eingesetzte Kommissariat aber gerade angesichts dieser Realität gehalten, die Sprachenvielfalt als einen wichtigen Bestandteil des kulturellen Reichtums Europas zu erhalten (vgl. z.B. Phillipson 2003). Den Förderprogrammen für das Sprachenlernen kommt in dieser Hinsicht eine zentrale Rolle zu, denn nur wenn die Sprachen von möglichst vielen Menschen gelernt und verwendet werden, kann die Vielfalt erfahren, wertgeschätzt und weitergetragen werden.

Der 2003 eingesetzte *Aktionsplan zur Förderung des Sprachenlernens und der Sprachenvielfalt* (Europäische Kommission 2003) empfiehlt den Mitgliedsländern eine Reihe von Maßnahmen auf allen Ebenen der Bildungssysteme, die von der Grundschule über die Sekundarschulen bis zur Hochschule, der beruflichen Bildung und der Erwachsenenbildung reichen. Eine prominente Stelle in diesen Förderkonzepten nimmt der Fremdsprachenunterricht auf der Primarstufe ein. Eingebettet in ein Konzept des lebenslangen Sprachenlernens soll er die Offenheit und Fähigkeit von Kindern für fremde Sprachen nutzen und darüber hinaus Möglichkeiten für weitere Fremdsprachen zu einem späteren Zeitpunkt eröffnen. Der europäische Aktionsplan sieht darüber hinaus auch eine wissenschaftliche Erhebung zu den bestehenden Fremdsprachenprogrammen im Grundschulbereich vor, deren Ergebnisse von dem Expertenteam Peter Edelenbos, Richard Johnstone und Angelika Kubanek 2006 vorgelegt wurden.

In ihrer Studie zu den »wichtigsten pädagogische[n] Grundsätze[n] für die fremdsprachliche Früherziehung« kommen Edelenbos et al. (2006: 4) zu dem grundsätzlichen Schluss, dass »frühes Fremdsprachenlernen [...] dem späteren Beginn des Fremdsprachenunterrichts vorzuziehen [ist]«. In einer Bestandsaufnahme hat diese länderübergreifende Forschergruppe die neuesten statistischen Daten zur europäischen Sprachenpolitik ausgewertet und bestätigt, dass auf Grund von Bildungsreformen in mehreren Ländern der Fremdsprachenunterricht in der Grundschule inzwischen fast flächendeckend eingeführt ist. Das Einstiegsalter variiert zwar unter den einzelnen Mitgliedsländern oder Regionen, die Tendenz geht allerdings dahin, mit dem Unterricht so früh wie möglich zu beginnen, teilweise bereits in der vorschulischen Erziehung.

Diese Entwicklung lässt sich auch in Deutschland beobachten: Während Baden-Württemberg mit der flächendeckenden Einführung des Fremdsprachenunterrichts ab dem ersten Schuljahr im Jahre 2005 noch eine Vorreiterrolle hatte, zeichnet sich bereits ab, dass weitere Bundesländer diesem Beispiel folgen (vgl. »Synopse Fremdsprachenbeginn ab Klasse 1« im Beitrag von Börner, S. 265 oder Gompf 2007).

Bei allen erfreulichen Entwicklungen und den Erfolgen, die europaweit im Bereich der Sprachenpolitik festzustellen sind, geben sich die Autoren des bereits zitierten Berichts jedoch nur bedingt euphorisch. Im gesamten Dokument wird deutlich, dass die in allen europäischen Ländern gefallene politische Entscheidung, Fremdsprachen in der Grundschule zu unterrichten, alleine noch keinen Erfolg garantieren kann. Vielmehr kommt es bei der Einführung von Fremdsprachen in der Primarstufe entscheidend darauf an, unter welchen Rahmenbedingungen dieser Unterricht stattfindet. So betonen Edelenbos, Johnstone und Kubanek (2006: 4) in einem Forschungsüberblick über Studien zum Fremdsprachenunterricht mit Kindern, dass dessen Erfolg offensichtlich in hohem Maße von der fremdsprachlichen und fremdsprachendidaktischen Kompetenz der Lehrkräfte abhängt. Lehrkräfte sollten außerdem selbst ›good language learners‹, also Expertinnen und Experten für das Sprachenlernen sein, die in den Unterricht das Ausprobieren von Lernstrategien einbauen können. Als eines der zentralen methodischen Elemente eines guten Unterrichts nennt die Expertengruppe das Arbeiten mit Geschichten (*storytelling*). Während die Fertigkeiten Hören und Sprechen bei Kindern im Vordergrund stehen sollten, sollten das Lesen und Schreiben außerdem auf keinen Fall vernachlässigt werden. Ebenso wenig sollte sich der Unterricht auf das bloße reproduktive Sprechen konzentrieren, sondern sollte Kinder in der Entwicklung ihrer eigenen Lernersprache auch über vorgefertigte Sätze hinaus fördern. Bei dieser Entwicklung sind Kinder immer wieder auf die bestätigende oder korrigierende Rückmeldung durch die Lehrkraft angewiesen. Im Hinblick auf die Mehrsprachigkeit betonen die Forscher, dass die Sprachen aus dem Umfeld der Kinder, also etwa Nachbarsprachen oder Herkunftssprachen, einbezogen werden sollten. Schließlich sollte eine lernunterstützende Umgebung nicht nur in der Grundschule vorhanden sein, sondern muss auch den Übergang zum Englischunterricht der Sekundarstufe umfassen, in dem das Gelernte der Kinder gewürdigt und weitergeführt wird (zu weiteren Prinzipien vgl. unten: »Merkmale frühen Fremdsprachenlernens: Themen, Texte, Aufgaben«).

Auch wenn die Erkenntnisse aus dieser Studie für die Fortführung der europäischen Sprachenpolitik und die der einzelnen Mitgliedsländer von großer Bedeutung sind, wiederholen sie im Grunde genommen die Ergebnisse früherer Studien, wie etwa die des bereits in den 1970er Jahren durchgeführten Braunschweiger Forschungsprojekts zum frühbeginnenden Englischunterricht (Doyé und Lüttge 1977) oder die des Hamburger Schulversuchs (Kahl und Knebler 1996). Auch diese Studien haben bereits betont, dass das frühe Fremdsprachenlernen nur unter bestimmten Bedingungen erfolgreich sein kann, und auch sie haben die fremdsprachlichen und die methodischen Kompetenzen der Lehrkräfte sowie den Übergang zu weiterführenden Schulen als besonders wichtige Faktoren hervorgehoben. Da diese und ähnliche Begleitstudien zu regionalen Schulversuchen von den politischen Entscheidungsträgern bei der flächendeckenden Einführung des Englischunterrichts auf der Primarstufe offensichtlich übersehen oder nicht ernst genommen wurden, kommt es nach dieser Bestätigung durch die erneute wissenschaftliche Untersuchung auf europäischer Ebene nun umso mehr darauf an, den Rahmenbedingungen des Sprachenlernens Aufmerksamkeit zu schenken. Dadurch kann aus der ›policy to have no policy‹, die in der Sprachenpolitik verschiedener Länder Europas gerade bezüglich der Einführung des frühbeginnenden Fremdsprachenunterrichts zu beobachten war (vgl. Enever 2005), eine effektive Förderung der Mehrsprachigkeit werden. Das europäische Forscherteam Edelenbos, Johnstone und Kubanek macht deutlich, dass bei allen Erfolgen, die in zahlreichen Schulen zu beobachten sind, das Potenzial des frühen Fremdsprachenlernens nur unter Einhaltung bestimmter Prinzipien wirklich europaweit ausgeschöpft werden kann. Die aktuellen Brennpunkte, die sich diesen Prinzipien entgegenstellen, sind auf verschiedenen Ebenen anzusiedeln und reichen vom fremdsprachlichen Klassenzimmer über die Schulen und Schulverbünde bis hin zur Lehreraus- und -fortbildung und zur wissenschaftlich begleiteten Entwicklung von Materialien und Ansätzen. Bevor diese Aspekte näher beleuchtet werden, wird sich der folgende Abschnitt dieses Kapitels mit wichtigen Merkmalen und Prinzipien des Fremdsprachenunterrichts in der Grundschule befassen.

Merkmale frühen Fremdsprachenlernens: Themen, Texte, Aufgaben

Pädagogische Prinzipien und »gute Praxis«

Ein Ziel der oben erwähnten Studie war es, die Prinzipien zu ermitteln, die Verantwortliche für den Frühbeginn und Lehrkräfte europaweit in ihrem Handeln leiten. In einem aufwändigen empirischen Verfahren wurden die den Frühbeginn in Europa prägenden Prinzipien ermittelt und hierarchisiert. Eine Zusammenfassung, als Rangliste organisiert, haben die Autoren 2007 in der Zeitschrift *Frühes Deutsch* veröffentlicht. Diese ergibt folgendes Bild:

Europaweit akzeptierte Prinzipien, die sich auf Frühes Sprachenlernen beziehen

1. Prinzipien mit einem klaren Bezug zur Persönlichkeit des Kindes und dessen kognitiven Prozessen – **pädagogisch / kognitive Orientierung**
   - Häufiger Kontakt mit der Fremdsprache
   - Berücksichtigung der vollen Bandbreite von Lernercharakteristika
   - Förderung von Toleranz und Vertrautmachen mit anderen Wertsystemen
2. Allgemeine Prinzipien des Lernens – **didaktische Konzepte und Unterricht**
   - Einbeziehen der Lernstrategien und Lernstile von Kindern
   - Bereitstellung bedeutungsvoller Kontexte und relevanter Themenfelder
   - Verstehen kommt vor Sprechen
3. Prinzipien mit Bezug zum Sprachenlernen – **psycholinguistische und methodische Transformationen**
   - Holistisches Sprachenlernen
   - Visueller Ansatz und multisensorisches Lernen
   - Altersgemäßes Lernen, das die physischen Anlagen der Kinder voll nutzt
4. Eine Auswahl von **Prinzipien, die nur für den Frühbeginn zutreffen**
   - Positive Lernmotivation entwickeln
   - Mehr Verstehen als Sprechen
   - Hören lernen (*training the ear*)
   - Üben der Aussprache
   - Verständnis für die phonetischen und graphematischen Beziehungen innerhalb der Fremdsprache entwickeln und diese üben

Abb. 1: Pädagogische Prinzipien
(Edelenbos & Kubanek 2007: 36; Hervorhebungen im Original)

Was leisten solche Prinzipien? Zunächst ist festzuhalten, dass viele von ihnen auch für andere Altersstufen Gültigkeit beanspruchen dürfen, also nicht auf den Frühbeginn beschränkt sind. So kann holistisches Lernen für alle Fremdsprachenlerner eine große Hilfe darstellen. Ferner kann man von diesem europaweiten Konsens, der in den Prinzipien zum Ausdruck kommt, nicht auf ihre Umsetzung in der Unterrichtspraxis schließen. Selbst wenn Einigkeit darüber besteht, dass Lernen in bedeutungsvollen Kontexten und in für die Kinder relevanten Themenfeldern erfolgen sollte, ist daraus nicht zu schließen, dass dies immer und überall in der Unterrichtspraxis nachzuweisen ist. Wohl aber lassen sich aus diesen Prinzipien Gütekriterien für »gute Praxis« gewinnen, und zwar sowohl für die Praxis der Lehrerbildung als auch für die Praxis im Klassenzimmer und alle Elemente, die die jeweilige Lernumgebung konstituieren: die Texte, die Materialien und die Medien, aber auch die Aufgaben und Interaktionen im Klassenzimmer. Mit »guter Praxis« würden folglich Lehr- und Lernprozesse bezeichnet, die überwiegend diesen Prinzipien praktisch Rechnung tragen. Die kritische Bewertung würde sich sowohl auf die Mikroebene (eine einzelne Stunde) wie auf die Makroebene (eine und/oder mehrere Sequenzen von Stunden bis hin zu ganzen Programmen) beziehen. Merkmale solcher Praxis sollen nun anhand von drei Beispielen verdeutlicht werden.

Ein Beispiel: A Fashion Show. Themenfelder und Aufgaben

Mit diesem Beispiel betreten wir eine dritte Klasse in Oberhessen zu Beginn des zweiten Halbjahres Englisch als Fremdsprache.[1] Die 24 Kinder inszenieren eine Modenschau, welche die Zielaufgabe dieser 45-minütigen Stunde darstellt. Tische und Stühle wurden so arrangiert, dass Platz für einen Laufsteg entstanden ist, der zugleich klar markiert ist. Ein Teil der Kinder bildet das Publikum und flankiert den Laufsteg. Musik im Hintergrund verschafft dem Ereignis ein zusätzliches Flair von Authentizität. Die Kinder arbeiten in Partnerteams (ein Kind spielt das Model, das andere den Conferencier/Show Master). Ein Paar folgt dem anderen. Während das Model, mit fantasievollen Kostümen bekleidet, den Laufsteg entlangflaniert, wird es vom Show Master, der ein Mikrofon in der Hand hält, eingeführt und vorgestellt. Letztere sprechen ohne Spickzettel, vielmehr produzieren sie ihre Texte aus dem Gedächtnis. Ein begeisterter Applaus beschließt jede Präsentation, bevor das nächste Paar in Aktion tritt. Obwohl deutliche Unterschiede in der mündlichen Kompetenz zwischen den einzelnen Kindern festzustellen sind (Aussprache, Intonation, Differenziertheit des Wortschatzes), bewältigen alle Teams die Zielaufgabe. Die Körpersprache der Kinder zeigt sehr deutlich, dass alle begeistert und hoch konzentriert bei der Sache sind. Die Lehrerin hält sich im Hintergrund, handelt gelegentlich als Souffleuse und gibt bei den ersten Paaren die Einsätze, bis die Show routiniert abläuft. Während der gesamten Präsentation fällt kein deutsches Wort. Die Show wird mit einer Digitalkamera aufgezeichnet, damit sie später nochmals kritisch angesehen und auf dem Elternabend vorgespielt werden kann. In der folgenden Stunde wird die Show wiederholt, Model und Show Master wechseln dann die Rollen.

Mehrere Trainingsphasen zur Einführung und Festigung der erforderlichen Fertigkeiten sind der Modenschau vorgeschaltet. Diese dienen der Wiederholung des Wortschatzes (Kleidungsstücke, Farben), der Einführung neuen Wortschatzes (Kleidungsstücke), dem Einführen und Üben der erforderlichen Redemittel (die Show eröffnen, das Model vorstellen und beschreiben). Bei fast allen dieser Aktivitäten kommen Medien zum Einsatz, wie eine kurze Detailanalyse der folgenden zwei Aktivitäten zeigt: *describing a female clown* (2 min., 10 sek.) und *describing a male clown* (2 min., 25 sek.). Die Lehrerin sitzt auf einem Tisch, zu ihrer Rechten ein als Clown verkleidetes Mädchen (Hut, Brille, rote Pappnase, schwarzes Sakko, Schal, Handschuhe und auffällige Stiefel). Rechts von der Lehrerin, auf einem zweiten Tisch, sitzt ein Junge, der ähnlich gekleidet ist. Die Kinder bilden einen Halbkreis auf dem Boden um die Tische und werden von der Lehrerin aufgefordert, zunächst den weiblichen Clown zu beschreiben. In ihrem Eröffnungsimpuls betont die Lehrerin das weibliche Pronomen *she* mehrere Male »*tell us what <u>she</u> is wearing, what <u>she</u> is wearing...*« und hält dabei eine Karte mit dem Wort *she* hoch. Bevor sie die Kinder auffordert, den männlichen Clown zu beschreiben, macht sie ihnen die Genusunterschiede *she/he* bewusst und hält nun eine Wortkarte mit dem männlichen Pronomen *he* hoch. Während beider Trainingsphasen, in denen die Kinder die Clowns in einfachen Sätzen beschreiben, lobt die Lehrerin die Kinder und verbessert Fehler. Mehrmals richtet sie die Aufmerksamkeit der Kinder auf Wortkarten an der Wand, die die Farben bezeichnen, und auf ein Plakat mit einer Wortspinne zum Thema *clothes*. Die Lehrerin benutzt nur einmal die deutsche Sprache, als sie für *tights* die deutsche Übersetzung »Strumpfhose« liefert.

Auf diese Phasen gezielten Sprachtrainings folgen drei Phasen, in denen der organisatorische Ablauf der Show vorbereitet wird. Die Kinder haben Gelegenheit, in ihren Partnerteams zu üben, nachdem die Lehrerin mit einem Paar den Ablauf einer Präsentation demonstriert hat. Die Lehrerin organisiert diese drei Phasen konsequent in englischer

Sprache. Nachdem sie den Arbeitsauftrag, in Paaren die Show zu üben, erteilt und das Verfahren erklärt hat, bittet sie ein Kind, den Arbeitsauftrag auf Deutsch zu wiederholen »*You train for the show* ...«. Schüler: »Wir sollen jetzt die Show üben.« Darauf beginnen alle Paare sofort mit dem Üben. Auch wenn die Abfolge der Trainingsphasen die Kinder wirklich fordert, sind sie voll bei der Sache. Die Videodokumentation dieser 45 Minuten, von denen hier nur etwas weniger als 20 Minuten betrachtet wurden, zeigt in beeindruckender Weise, dass die Kinder die Fremdsprache als dominantes Kommunikationsmedium akzeptiert und verinnerlicht haben. Sie spielen mit Begeisterung das Spiel »Englisch«, zu dem nicht zuletzt die Alltagsroutinen gehören (Stundeneröffnung mit einem Lied, Einsatz von Zungenbrechern am Anfang, Wortschatzarbeit mit den neuen Kleidungsstücken). Das Deutsche dient dazu, mögliche Klippen im Unterrichtsgeschehen gezielt zu überwinden, ohne dass die Dominanz der Zielsprache dadurch in Frage gestellt wird.

Die *Fashion Show* zusammen mit den Vorbereitungen verdeutlicht, wie die Lehrerin mit der strategischen Kompetenz der Kinder rechnet, indem sie auf deren Weltwissen aufbaut. Denn sie wissen natürlich, wie eine Modenschau abläuft. Das Mikrophon für den Showmaster reicht, damit die Kinder ihr Weltwissen abrufen und in der Situation für die eigene Gestaltung nutzen. Darüber hinaus wird deutlich, wie die Lehrerin auf den Erfahrungen der Kinder mit Schule und den schulischen Diskursen aufbaut (einem weiteren Bereich von Weltwissen), indem sie problemlos das Alltagsgeschehen in der Zielsprache gestaltet. Im Sinne der oben aufgeführten Prinzipien bezieht die Lehrerin die strategischen Kompetenzen der Kinder ein, sie stellt einen bedeutungsvollen Kontext für ein relevantes Themenfeld bereit und versteht es, zumindest was diese Stunde betrifft, eine positive Lernmotivation zu entwickeln. Ihr Ansatz ist holistisch, visuell gestützt und ermöglicht multisensorisches Lernen: Die Kinder fassen die Kleider an und tragen diese auch, sie setzen sich in Szene, sind aufgeregt, begeistert und gefordert. Betrachtet man Unterricht aus dieser Mikroperspektive, dann kann man die *Fashion Show* als ein Beispiel für »gute Praxis« fassen.

Ein weiteres signifikantes Merkmal der *Fashion Show* ist ihre konsequente Aufgabenorientierung, die in der europäischen Diskussion um Fremdsprachenlernen eine prominente Stellung einnimmt und auch für den Frühbeginn sehr vielversprechende Ergebnisse zeigt (vgl. LEGUTKE, MÜLLER-HARTMANN & SCHOCKER-VON DITFURTH, im Druck). Die Inszenierung der Modenschau stellt eine anspruchsvolle Zielaufgabe dar. Sie verfolgt ein klares Ziel und führt zu einem Ergebnis, nämlich einer durch die

Kinder gestalteten Situation, in der sie ihre sich herausbildende Sprachkompetenz unter Beweis stellen, sich folglich als Nutzer der Fremdsprache erfahren. Die Zielaufgabe ist allerdings Teil eines größeren Szenarios, in dem sich sprachbezogene und organisatorische Übungsphasen ergänzen. Integriert in diese Phasen sind Momente, die der Ausbildung von Sprachbewusstheit dienen. Ohne dieses vorgeschaltete Training würde die Zielaufgabe nicht gelingen. Letztere verleiht andererseits den Übungsphasen erst ihre Legitimität und Plausibilität. Das Aufgabenszenario als Ganzes verknüpft sprachfunktionale (hier den Clown vorstellen) und formbezogene Dimensionen (Aussprache, Verwendung der Personalpronomina) des Sprachenlernens in einer die Kinder kognitiv, affektiv und sozial fordernden Art und Weise.

Verstehen kommt vor Sprechen: Narrative Texte

Auch wenn in dem oben gewählten Beispiel der *Fashion Show* die mündliche Sprachproduktion, die Sprechleistungen der Kinder, im Mittelpunkt stehen, ist damit nicht in Abrede gestellt, dass im Frühbeginn das Prinzip »mehr Verstehen als Sprechen« (siehe Abbildung 1 auf S. 18) Gültigkeit hat. Die Fähigkeit der Kinder, Sinn zu erschließen, indem sie ihr Weltwissen aktivieren, sowie ihre Bereitschaft, sich auf die Fremdsprache einzulassen, zeigen sich besonders dann, wenn ihnen Geschichten erzählt werden bzw. wenn sie an der Inszenierung von Geschichten teilhaben. Es verwundert deshalb nicht, wenn die Verfasser der oben genannten Studie einen europaweiten Trend zum Einsatz von narrativen Texten im Frühbeginn feststellen, der in einer Vielzahl von fantasievollen und differenzierten Methoden des Geschichtenerzählens praktischen Ausdruck findet. Zum Einsatz kommen klassische Märchen in unterschiedlichen Versionen und Bilderbücher, aber auch Aktionsgeschichten, die sich im Klassenzimmer leicht inszenieren lassen, wie wir an einem Beispiel verdeutlichen werden. Die Arbeit mit narrativen Texten schafft ideale Voraussetzungen dafür, dass Kinder immer wieder hören und dabei im Verstehensprozess Sinn schaffen, bevor sie aufgerufen sind, selbst Sprache zu produzieren.

»Was aber macht die Faszination aller Grundschulkinder beim Hören von Geschichten aus?,« fragt Hans-Eberhard Piepho (2007: 23) und gibt in seinen Erläuterungen zur narrativen Dimension im Fremdsprachenunterricht fünf Antworten. (1) Geschichten erschließen Fremdes und Neues, indem sie auf Vertrautem und Bekanntem aufbauen (Plot, Charaktere, Konflikte und ihre Lösungen). (2) Sie arbeiten mit Überraschungen. (3) Sie laden die Lernenden zur Produktion von Vorstellungen ein

(Herstellen von inneren Bildern und Fantasieprodukten) und (4) bieten zugleich Möglichkeiten zum physischen Mitmachen, ohne dass sofort komplexere Sprachproduktion erwartet wird. (5) Schließlich kann jede Geschichte als Grundlage für weitere, komplexere und anspruchvollere Geschichten gelten. PIEPHO erläutert diese Zusammenhänge an folgendem Beispiel:

> Zunächst lösen englische Wörter auch im Kontext einer *story* keine inneren Bilder, keinen internen Verstehenstext (= *inner imagery*) aus, weil die fremden Zeichen (Laute) noch keine semantischen Impulsfunktionen haben. Deswegen ist der methodische Schritt des *setting a stage* so wesentlich. Es wird mit bekannten Begriffen und leicht verständlichen Figuren ein Rahmen für die betreffende *story* konstruiert.
>
> Der Lehrer sagt zum Beispiel:
>
> L.: *For our story we need a jungle. Lots of trees.* (Kinder markieren mit Gesten Bäume). *Can I hear jungle noises / sounds?* (Kinder produzieren Geräusche). *And in the jungle is water. What colour?* (Kinder: *blue*) *No, not in the jungle.* (Kinder: *brown, green, yellow*) *Yes, muddy water. And in the water a crocodile. ... You are the crocodile. What colour? (*Kinder: *green, grey) Good morning, Mr Crocodile. How are you this morning? Is the water okay? Where is Mrs Crocodile? Ah, shopping. Ah, there's your lovely daughter. Good morning, Miss Crocodile. Are you happy? Have you had breakfast?*
>
> Damit ist die *stage* vorbereitet, nämlich:
>
> *Water – the daughter – jungle – Mr Crocodile*
> *[...]*
>
> *»Good Morning, Mr Crocodile.*
> *May I cross (*Handbewegung: gehen)
> *the water*
> *to see your lovely (pretty / charming) daughter?*
>
> Zuflüstern: *»You may, you may*
> *if you're wearing something grey.«*
>
> Später: *»You may, my dear fellow*
> *If you're wearing something yellow.«*
>
> *You may see her, too*
> *if you're wearing something blue.«*

»All right, all right,
if you're wearing something white.«

»You are welcome here, I think,
if you're wearing something pink.«

Der Verstehensprozess für die letzte Zeile bedingt zunächst nur die Nennung der als Reim passenden Farbe.
[...]
Im nächsten Schritt sagt der Lehrer zum Beispiel:

L.: *For our story we need a jungle, a crocodile in the water and an elephant. Can I see some elephants?* (Kinder mimen mit einer Hand an der Nase und einem Arm als Rüssel einen Elefanten) *Okay, Petra / Michael, you are an elephant with a long nose. Long ago, then, thousand years ago, elephants had short noses – like you and me, like ponies and giraffes. Please, be an elephant with a short nose. Great. Now we're all elephants with short noses. Where is the crocodile? Right: in the water, in the muddy water and always very hungry.*

One morning an elephant – with a short nose – went into the jungle. He walked and he walked. And stopped. He saw a giraffe with a very long neck. (Alles wird von den Akteuren mimisch-gestisch dargestellt) *»How very long. How can you get such a long neck?« The giraffe said nothing. It did not understand English.*

The crocodile was very clever. It said to the elephant: »I can tell you. I can tell you how you can get a long neck.« The elephant was happy and said: »Yes, crocodile, please tell me.« »Okay. Come closer. Closer. Much closer. I will whisper it in your ear. Come closer, elephant.« When the elephant was very close the crocodile grabbed the tip of the elephant's short nose. The crocodile pulled, the elephant pulled. They pulled and they pulled. That is how elephants got a long nose. The other animals laughed and said: »Elephant, your nose looks like a trunk, a tree trunk now.«

(Piepho 2007: 23–25)

Wie im ersten Beispiel inszeniert die Lehrerin hier eine Sequenz von Minisituationen, in die die Kinder eintauchen und die sie zugleich mitgestalten. Der narrative Impuls geht von der Lehrkraft aus. Sie stellt die sprachlichen Angebote zum Hören und Verstehen bereit und ist für den Fortgang der Geschichte verantwortlich. Die Kinder kooperieren nicht nur durch Mimik und Gestik, sondern ihnen wird auch der Raum gegeben, auf einfache Fragen zu antworten. In beiden Beispielen wird das

Klassenzimmer zur Bühne, es geht jedoch in der Metapher Bühne nicht auf, denn es ist auch ein Trainingsplatz, auf dem Fertigkeiten geübt werden. Zieht man erneut die pädagogischen Prinzipien (Abbildung 1) als Richtschnur für »gute Praxis« zu Rate, dann könnte man das zweite Beispiel als einen Auszug aus einem Drehbuch für »gute Praxis« bezeichnen.

Das Klassenzimmer als Fenster zur Welt

In doppelter Weise ist das Primarschulklassenzimmer, in dem eine fremde Sprache gelernt wird, ein Fenster zur Welt der fremden Kultur(en). Zum einen macht es den Kindern kulturelle Produkte (Lieder und Geschichten, Briefmarken und Gerichte) und kulturelle Praktiken (Essensgewohnheiten, Feste, Höflichkeitsformen) zugänglich, zum anderen erlaubt und stützt es die vermittelte Kontaktaufnahme mit Vertretern anderer Kulturen (klassischer Brief, E-Mail und Blogs), aber vor allem auch direkte Begegnungen. Während die vermittelten Kontakte technischer Medien bedürfen, die europaweit immer mehr zur Standardausstattung von Klassenzimmern gehören, sind direkte Begegnungen meist auf Besuche im Klassenzimmer angewiesen (z.B. ältere Austauschschüler der Sekundarschulen besuchen die Grundschulen). Die nun schon mehrmals zitierte Studie weist den direkten und vermittelten Begegnungen eine Schlüsselfunktion für die Motivation der Kinder und für ihr Sprachwachstum zu. Ein letztes kurzes Beispiel soll diese Dimension des Klassenzimmers verdeutlichen:

Die Lehrerin aus einer mittelhessischen Grundschule hat die bekannte Idee »Teddybären auf Tour« aufgegriffen und diese seit 2000 kontinuierlich in ihren Englischunterricht der Klassen 3 und 4 integriert. Die Kinder schicken einen Teddybären auf Reise zu einer Partnerklasse mit Informationen über sie selbst, ihre Stadt und ihre Schule. Gleichzeitig empfängt die Klasse einen Bären der Partnerklasse. Die Bären werden nun an beiden Orten in die fremde Welt eingeführt, besuchen alle Kinder der Reihe nach zu Hause, nehmen an Partys teil, gehen mit auf Klassenfahrt. Über das Internet und Wege klassischer Korrespondenz bleiben die Bären vermittelt über die Kinder in Kontakt und dokumentieren in Bild, geschriebenem Wort, verstärkt aber auch durch Film- und Tondateien via Internet ihre Erfahrungen. Nehmen wir zum Beispiel »Pünktchen«, die schon 2001/02 mit einer 4. Klasse Neuseeland und Griechenland besuchte, ein Schuljahr später mit einer anderen 4. Klasse nach Texas reiste und dann noch zwei Mal in Japan war. Zu Gegenbesuch aus Japan kam dafür »Mimili« nach Hessen. Die Homepage der Lehrerin[2] gibt einen hervorragenden Eindruck von der Vielfalt der englischsprachigen Produkte der Kinder, die Jahr für Jahr aus diesem Korrespondenzprojekt hervorgehen. Faszinierend dabei ist, dass die von den Kindern in einem Jahr produzierten Texte als Textmodelle für die nächste Schülergruppe dienen können.

Herausforderungen

Im vorigen Abschnitt wurden einige Prinzipien guter Praxis für den Fremdsprachenunterricht auf der Primarstufe dargestellt. Praxisberichte aus vielen Ländern Europas zeigen, dass es sich bei den Prinzipien nicht um leere Worthülsen handelt, sondern dass Kinder in vielen Schulen auf der Grundlage dieser Prinzipien mit großem Spaß und Lernerfolg Fremdsprachen lernen. Der Blick in die Praxis zeigt aber auch, dass es trotz aller Erfolge bei der Implementierung dieser Prinzipien in der schulischen Praxis und in der Lehrerbildung eine Reihe von Herausforderungen gibt. Auf einige von ihnen haben wir im ersten Abschnitt bereits verwiesen. In der folgenden Zusammenfassung werden wir uns weitgehend auf die deutsche Situation beschränken.

1. Standards für die Grundschule

Obwohl alle Bundesländer Fremdsprachen verpflichtend in die Grundschule eingeführt haben, hat die Kultusministerkonferenz der Länder für diesen neuen und anspruchvollen Aufgabenbereich bis heute keine Standards vorgelegt. Solche liegen nur für die Fächer Deutsch und Mathematik Ende der Jahrgangsstufe 4 vor. Trotz breiter Übereinstimmung über Grundprinzipien grundschulgemäßen und ergebnisorientierten Fremdsprachenunterrichts bestehen große Unterschiede zwischen den jeweiligen Rahmenvorgaben der Länder. Standards formulieren nicht nur »auf Kompetenzen und Kompetenzstufen basierende Lernziele, die Schülerinnen und Schüler bis zu einem bestimmten Zeitpunkt im Laufe ihrer Lerngeschichte erreichen sollen« (*Can-do*-Profile), sondern verhelfen auch »zur Sicherung des Lernfortschritts aller Schülerinnen und Schüler durch einlösbare Ansprüche an Qualität und Ergebnisse des Unterrichts. Sie markieren die zu erreichenden Ziele und fungieren gleichzeitig als Diagnoseinstrument, um spezifische Fördermöglichkeiten festzustellen, damit alle Jugendlichen eine Chance haben, die Standards zu erreichen« (BIG 2005, 6f.). Das Fehlen nationaler Standards stellt deshalb eine der großen Herausforderungen dar, denn es mangelt den Ländern nicht nur an sicheren Orientierungen (u.a. für länderübergreifendes Handeln), sondern die einzelnen Länder können auch nicht in die Pflicht genommen werden, Lernbedingungen bereitzustellen, die allen Kindern zum Erreichen der Mindestanforderungen verhelfen.[3]

2. Mehrsprachigkeit: Englisch und die anderen Sprachen

Eine der für den früh beginnenden Fremdsprachenunterricht ins Feld geführten Begründungen ist das Argument, dass damit der notwendige curriculare Freiraum geschaffen werde, möglichst früh, d.h. zu Beginn der Sekundarstufe, eine weitere Fremdsprache anbieten zu können. So werde der oben erwähnten Zielvorgabe der Europäischen Kommission Rechnung getragen, die besagt, dass alle europäischen Bürger bis zum Abschluss der verpflichtenden Schulzeit neben der Muttersprache angemessene Kenntnisse und Kompetenzen in zwei Fremdsprachen erworben haben sollten (Europäische Kommission 2003). Auch zwei weitere Begründungen, die europaweit vertreten werden, sind hier zu nennen: Mehr noch als andere Fächer sei der Fremdsprachenunterricht in der Grundschule in besonderer Weise geeignet, die Grundlegung für die Begegnung mit Fremdem, dem nahen wie fernen Fremden, zu schaffen (vgl. Doyé 1999), indem er sowohl auf die mitgebrachten Sprachen, den Sprachbesitz der Kinder, rekurriert und damit die reale Mehrsprachigkeit der Kinder würdigt, als auch durch die Auswahl der Gegenstände und Themen im Lerndialog im Klassenzimmer Zugänge zum Fremden anbahnt. Die zweite Begründung betont die Modellfunktion der ersten gewählten Fremdsprache als Fenster zu mindestens einer weiteren Sprache und weist den Lernerlebnissen in der Grundschule eine Schlüsselfunktion auf dem Weg zur Mehrsprachigkeit zu.

Auch wenn in sprachenpolitischen Verlautbarungen immer allgemein von Fremdsprachen die Rede ist und damit eine Vielfalt von Sprachen signalisiert wird, so sieht die schulpraktische Wirklichkeit in Europa wie in Deutschland ganz anders aus. Fremdsprachenfrühbeginn heißt im Regelfall »Englisch in der Grundschule«, so wie »Fremdsprachen für alle« – von einigen grenznahen Regionen einmal abgesehen – vor 40 Jahren, als Fremdsprachen in die Hauptschulen eingeführt wurden, nichts anderes als »Englisch für alle« hieß. Die dominante Rolle des Englischen ist mehr denn je etabliert. Daran haben auch die mit Nachdruck von ernstzunehmenden Vertretern einer europäischen Mehrsprachigkeitspolitik vorgetragenen Argumente nichts geändert, Englisch wenigstens aus der Grundschule herauszuhalten und den Einstieg in das Fremdsprachenlernen mit anderen Sprachen zu gestalten, um damit seine Funktion als Leitsprache zu vermeiden. So plausibel die Argumente schienen – wie z. B. die These, dass Englisch wegen seiner *Lingua-franca*-Funktion für eine schulisch vermittelte Erziehung zur Mehrsprachigkeit kontraproduktiv sei, weil es die Motivation zu weiterem Sprachenlernen untergrabe – so haben sie doch allesamt staatliche Institutionen, Eltern und Lernende in Europa wie in der Bundesrepublik nicht überzeugt.[4] Selbst in Grenzregionen wie dem Rheingraben, wo Begegnungen mit Nachbarn integraler Bestandteil eines Grundschulcurriculums sein könnten und Französisch als Fremdsprache damit eine unmittelbare, lebensweltliche Relevanz für die Grundschulkinder hat, fordern Eltern mit Nachdruck Englisch statt Französisch als erste Fremdsprache. Dies gilt in ähnlicher Weise auch für andere Grenzregionen.

Mehrsprachigkeit wird folglich – von wenigen Ausnahmen einmal abgesehen, auf die HERBERT CHRIST in diesem Band verweist – zum gegenwärtigen Zeitpunkt nur über Englisch als Leitsprache Schule machen. Mit VOLLMER (2000, 2001) ist deshalb zu fordern, »dass Englisch dort, wo es nun einmal als 1. Fremdsprache gewählt worden ist, große Anstrengungen unternehmen muss, um Fenster zu anderen Sprachen zu öffnen und über sich hinauszuweisen« (VOLLMER 2001: 96). Englisch muss sich folglich mit seinen spezifisch fachdidaktischen und methodischen Bemühungen besonderen Leitzielen verpflichten, die auf die Entwicklung und Förderung von Mehrsprachigkeit ausgerichtet sind. Dazu zählen u. a. das Wecken von Neugier, Lust und Interesse für andere Sprachen, die Aktivierung kognitiver Prozesse zum Erwerb weiterer Sprachen, die Vermittlung transferfähiger Arbeitstechniken sowie das Anbahnen interkulturellen Lernens (Beispiele für solche Techniken und Übungen gibt ADELHEID KIEREPKA in diesem Band). Das Grundschulportfolio kann eine Schlüsselfunktion zur Förderung von Mehrsprachigkeit übernehmen, weil es den Kindern die Möglichkeit gibt, ihren Sprachbesitz, die mitgebrachten und in der Schule gelernten Sprachen zu erkunden und wertzuschätzen (s. u.: »Das Europäische Portfolio der Sprachen in der Grundschule«). Angesichts der Dominanz von Englisch in der Grundschule besteht die große Herausforderung darin, Englisch wirklich zum Tor für weitere Sprachen werden zu lassen.

3. Das Europäische Portfolio der Sprachen in der Grundschule

Dem vom Europarat entworfenen Prototyp eines Sprachenportfolios für das Ende der Sekundarstufe I folgend, sind in verschiedenen Ländern Europas und in mehreren deutschen Bundesländern Grundschulportfolios entstanden, die versuchen, die drei Teile des Prototyps – den

Sprachenpass, die Sprachenbiographie und das Dossier – in kindgemäßer Form zu gestalten (siehe den Beitrag von Eva Burwitz-Melzer in diesem Band). Die Portfolios sind den Zielen des Europäischen Sprachenportfolios verpflichtet: Die Lernenden sollen nicht nur angeregt werden, sich ihres Sprachbesitzes zu versichern, sondern sie sollen, wie Annika Kolb in ihrem Beitrag zu diesem Band zeigt, sich bewusst werden, was sie gelernt haben und wie sich ihr Sprachwachstum entwickelt. Haben Kinder durch die Portfolioarbeit diese grundlegenden Kompetenzen erworben, dann besteht die Möglichkeit, dass das Grundschulportfolio eine Schlüsselstellung an der Schwelle des Übergangs zu den weiterführenden Schulen übernimmt. Denn die Lernenden, unterstützt durch die bildliche wie textliche Darstellung ihres Sprachbesitzes und Sprachkönnens, können Dialogpartner der Lehrkräfte der weiterführenden Schulen sein (siehe Rau & Legutke in diesem Band). Das Portfolio kann damit der Diagnosearbeit der Lehrenden helfen, sofern sie sich um Sprachenlernen als Kontinuum bemühen, d.h. das in der Grundschule begonnene Sprachwachstum wirklich weiterführen möchten.

Forschung in der Grundschule sowie viele Erfahrungsberichte belegen, dass die Arbeit mit dem Portfolio erhebliche Herausforderungen für die Lehrkräfte mit sich bringt (für einen Forschungsüberblick vgl. Kolb 2007). Diese sind nicht nur organisatorischer und logistischer Art (wann wird mit dem Portfolio gearbeitet, wo werden die Portfolios gelagert), sondern vor allem auch didaktisch-methodische Herausforderungen, die sich auf die Einführung des Portfolios, die Begleitung der Kinder und die Rückmeldungen beziehen. Annika Kolb sowie Nathalie Rau und Michael K. Legutke bieten in ihren Beiträgen einige Vorschläge, wie Lehrende auf diese Herausforderungen reagieren können.

4. Diagnose – Ermittlung von Lernständen – Förderung

Die Ermittlung von Lernständen ist ein integraler Bestandteil der Unterrichtstätigkeit und gehört nicht nur im Fremdsprachenunterricht zum täglichen Brot von Lehrkräften und Schülern. Eine im Sinne einer Diagnose des Lehr-Lernprozesses angelegte Lernstandsfeststellung geht jedoch über die für die Notengebung erforderlichen Tests hinaus. Um regelmäßig Rückmeldung über den Erfolg der eingesetzten Unterrichtsmethoden, der Auswahl und Gestaltung der Inhalte und Aufgaben zu erhalten und darüber hinaus die Lernprozesse der einzelnen Lernenden zu erfassen, bedarf es einer Reihe von Diagnoseinstrumenten und -routinen (vgl. Bliesener in diesem Band). Aus verschiedenen Gründen ist der Fremdsprachenunterricht der Grundschule ein äußerst sensibler Bereich für die Lernstandserhebung, in dem die Lehrkräfte vor besondere Herausforderungen gestellt sind:

- Das Fremdsprachenlernen ist ein von besonderen Schwankungen und nicht-linearen Verläufen gekennzeichneter, äußerst dynamischer Prozess. Daher sind summative Erhebungen wie Tests am Ende eines Schuljahres wenig aussagekräftig und können die tatsächliche sprachliche Kompetenz eines Schülers oder einer Schülerin nicht zuverlässig erfassen (vgl. GROTJAHN 2001: 4f.). Gefragt sind stattdessen Verfahren der formativen, d.h. lernbegleitenden Evaluation, die den Lernprozess verfolgen.

- Affektive Faktoren wie Motivation und Einstellungen, aber auch Ängste (*language anxiety*) spielen beim Fremdsprachenlernen eine nicht zu unterschätzende Rolle. Gerade in Testsituationen können Versagensängste im Extremfall zu völligen Blockaden beim Sprechen oder beim Hörverstehen führen.

- Sprachliche Leistungen bestehen aus vielen unterschiedlichen Teilbereichen, die sich individuell stark von einander unterscheiden können. Im Grundschulbereich gibt es Kinder, die fremdsprachliche Äußerungen oder längere gesprochene Texte sehr gut verstehen können, sich aber zunächst nur auf Deutsch dazu äußern wollen oder können. Wird die Hörverstehenskompetenz dieser Kinder an der fremdsprachlichen Antwort gemessen, wird das Ergebnis sicherlich anders ausfallen als bei einem Verfahren, das nonverbale oder muttersprachliche Antworten zulässt. Andere Kinder wiederum wiederholen spontan englische oder französische Wörter, experimentieren damit und haben Spaß an der Produktion ›fremder‹ Laute. Möglicherweise können sie aber weniger fremdsprachliche Wörter identifizieren als die ›stillen‹ Kinder. Eine der Herausforderungen für die Lehrkraft besteht darin, diese differenzierten Kompetenzen festzustellen und mit den Kindern gemeinsam weiter zu entwickeln.

- Die Feststellung mündlicher Sprachkompetenzen war lange Zeit ein Stiefkind des Fremdsprachenunterrichts. Dies ist nicht verwunderlich, da schriftliche Tests für eine Klasse einfacher vorzubereiten, durchzuführen und auszuwerten sind. Außerdem sind das Überprüfen des Hörverstehens und des Sprechens äußerst komplexe Aufgaben, die selbst für Testexperten nicht völlig zufriedenstellend zu lösen sind. Instrumente wie der *Gemeinsame Europäische Referenzrahmen* (EUROPARAT 2001) geben dabei Hilfestellung, müssen aber immer auf die konkrete Lerngruppe angepasst werden. Gerade für den Einstiegsbereich mangelt es an sinnvollen Beschreibungen für die Teilkompetenzen.

- Die Vermittlung praktikabler Möglichkeiten der Lernstandserhebung im Unterrichtsalltag findet in der Lehrerausbildung oft nur unzureichend statt. Dies führt dazu, dass mündliche Leistungen in der schulischen Praxis oft auf der Basis von Eindrücken notiert werden, die für die Schüler/innen jedoch wenig transparent sind.
- Gerade im Grundschulbereich, in dem die mündlichen Fertigkeiten im Mittelpunkt des Fremdsprachenunterrichts stehen, besteht darüber hinaus die Gefahr, dass der Lerngruppe wenig angemessene schriftliche Überprüfungsformen wie Diktate oder Vokabeltests Anwendung finden.
- Schließlich wird es im Zusammenhang eines lebenslangen Sprachenlernens immer wichtiger, Schüler/innen von Anfang an zum eigenverantwortlichen Lernen anzuleiten. Dazu gehört auch die Einschätzung des eigenen Könnens sowie die Benennung von Schwächen. Das bereits oben und in verschiedenen Beiträgen dieses Bandes thematisierte Sprachenportfolio ist ein wichtiger Bestandteil dieses Lernprozesses.

Aufgrund dieser besonderen Herausforderungen stellen wir in diesem Band Vorschläge zur Erfassung der Hörverstehens- und Sprechleistungen vor, die gerade im Fremdsprachenunterricht der Grundschule im Vordergrund stehen (vgl. die Beiträge von Böttger, Diehr & Frisch, Drese und Hoffmann in diesem Band)[5]. Die Dimension der Selbstbewertung bei der Ermittlung von Lernständen steht in den Beiträgen zum Sprachenportfolio im Mittelpunkt.

5. Fremdsprachenlernen als Kontinuum: Brücken statt Brüche

Die Einführung von Fremdsprachen in die Grundschule stellt einen bildungspolitischen Einschnitt dar, der noch weitreichendere Folgen haben dürfte als die verpflichtende Einführung von Fremdsprachen in die Hauptschule vor mehr als 40 Jahren (vgl. Christ 2002). Die Einführung bringt institutionell zum Ausdruck, dass Fremdsprachen zur Grundbildung jedes Menschen gehören. Der Erfolg dieser neuen Orientierung wird entscheidend davon abhängen, wie es den Institutionen und den Lehrkräften nicht nur gelingt, sicherzustellen, dass die in der Grundschule erreichten Kompetenzen in der Sekundarstufe wahrgenommen und systematisch weiterentwickelt werden, sondern vor allem auch dafür zu sorgen, dass die große Lernbereitschaft der Kinder für die erste Fremdsprache über die Grundschule hinaus erhalten bleibt und zum Lernen weiterer Sprachen motiviert. Die systematische Fortführung des in der Grundschule Begonnenen durch die Lehrkräfte der weiterführenden Schulen stellt eine weitere Herausforderung dar. Einige Gründe dafür seien hier genannt:

- Für viele Lehrkräfte der weiterführenden Schulen, die die Erstberührung der Kinder mit den Fremdsprachen bisher gestaltet haben, bedeutet die Einführung der Fremdsprache in der Grundschule sicher einen Verlust. Die Kinder bringen nun in ihren Unterricht Lernerfahrungen mit, die weiterentwickelt werden sollen. Das bisher benutzte Inventar von Einstiegsübungen muss deshalb auch gründlich überarbeitet werden. Dennoch stellt sich die Frage, ob diese veränderte Situation nicht auch einen Zugewinn für die Lehrkräfte der weiterführenden Schulen bedeuten kann. Da die Kinder gewohnt sind, im Klassenzimmerdiskurs mit der Lehrkraft mit Hilfe der Fremdsprache zu kommunizieren, dürfte die Möglichkeit, in der Sekundarstufe I einen weitgehend einsprachigen Unterricht zu führen, der auf diesen Kenntnissen aufbaut, sicher als Gewinn zu bezeichnen sein.

- Der Fremdsprachenunterricht in der Grundschule hat ohne Zweifel ein hohes innovatives Potenzial. Die Betonung von ganzheitlichem Lernen, die Erlebnisorientierung und ein Ansatz, der vor allem auf Mündlichkeit abhebt, fordern geradezu, dass darauf in den weiterführenden Schulen Bezug genommen wird. Dies erzeugt Druck auf die Lehrer der weiterführenden Schulen, die sich methodisch umstellen müssen. Dass auf solchen Druck nicht nur freudig reagiert wird, sondern teilweise auch mit Abwehr, ist sicher verständlich.

- Eng damit hängt die Forderung an Lehrkräfte der weiterführenden Schulen zusammen, dass sie etablierte Routinen nicht nur überdenken, sondern sicher ändern müssen. Andererseits haben die Kinder in der Grundschule eine Vielzahl von Routinen kennengelernt, in denen sie sich quasi wie in Handlungsgeländern bewegen. Diese Routinen aus der Grundschule aufzugreifen, lohnt sich sicher für die Lehrkräfte der weiterführenden Schulen (Morgenkreis, Sitzkreis, Lied zum Anfang, Helferroutinen usw.). Sie sind jedoch vielfach ungewohnt und werden in der Ausbildung nicht systematisch vermittelt.

- Dem Fremdsprachenunterricht der Grundschule wird von den Lehrkräften der weiterführenden Schulen oft mit überzogenen Erwartungen begegnet. Man muss sich immer vor Augen halten, dass der Unterricht in der Grundschule im Regelfall auf höchstens 2 x 45 Minuten zurückgreifen kann. Im 3. und 4. Schuljahr zusammen haben die Kinder deshalb weniger Kontakt mit der englischen Sprache als Schüler eines 5. Schuljahres. Schon allein diese zeitlichen Dimensionen machen deutlich, dass Erwartungen angemessen formuliert werden müssen. Auf der anderen Seite ist es genauso falsch, Erwartungen zu niedrig anzusetzen, wie sich häufig in Äußerungen finden lässt, die behaupten »in wenigen Wochen sei das bisschen Englischunterricht der Grundschule längst aufgeholt«.

- In der Grundschule unterrichten in der Regel keine Fachlehrer, sondern Klassenlehrer. Trotz großer Anstrengungen der verschiedenen Bundesländer ist der Anteil grundständig qualifizierter Grundschullehrer (Klassenlehrer) immer noch verschwindend gering. Weitere Qualifikationen wurden zwar durch gezielte Fortbildungsmaßnahmen erreicht, die aber eine grundständige Ausbildung, vor allen Dingen in der Sprachkompetenz, nicht ersetzen können. Die Fachlehrer der weiterführenden Schulen sind deshalb zu Recht skeptisch, wenn sie die Sprachkompetenz der Kolleginnen und Kollegen aus der Grundschule beurteilen. Auch wenn die Defizite zu konstatieren sind, bedeutet dies jedoch nicht, dass der Grundschulunterricht in der Fremdsprache insgesamt defizitär ist.

- Gerade angesichts der sehr unterschiedlichen Kontextbedingungen der einzelnen Grundschulen ist die Situation für die Lehrkräfte der weiterführenden Schulen sicher schwierig. Obwohl sich diese langfristig ändern dürfte, wenn die Fortbildungsmaßnahmen greifen, wenn grundständig ausgebildete Lehrkräfte in den Schulen nachrücken und stufenübergreifende Lehrwerke zum Einsatz kommen, hilft die Aussicht auf eine bessere Zukunft nicht über die Schwierigkeiten der Gegenwart hinweg. Die Situation ist dann besonders schmerzlich, wenn die Lehrkräfte der Sekundarstufe I bis vor kurzem von einer relativen Homogenität der 5. Klassen ausgehen konnten. Heute nun treffen sie auf Lernende mit sehr unterschiedlich entwickelten Kompetenzen. Eine relative Homogenität ist einer erheblichen Heterogenität gewichen, die große Anforderungen an binnendifferenzierendes Arbeiten stellt. Dafür sind viele Lehrkräfte nicht ausgebildet.

- Der Fremdsprachenunterricht in der Grundschule hat ganz neue Akzente gesetzt, was das Verständnis von Sprachwachstum und damit den Zugang zur Leistung der Kinder betrifft. So geht es doch ganz entscheidend darum, die Kinder in ihrem Wachstum zu stützen und ihnen immer wieder vor Augen zu führen, was sie in der Fremdsprache leisten können und nicht darum, festzuhalten, wo und in welchen Punkten sie von der Sprachnorm (*Native-Speaker*-Norm) abweichen. Ausgehend von solchen Normvorstellungen besteht immer noch eine Tendenz bei Lehrkräften der weiterführenden Schulen, die Leistungen der Kinder aus der Grundschule eher als Abweichungen von der Norm (Fehler in der Aussprache, Fehler bei grammatischen Strukturen) oder als Defizite (mangelnder oder zu wenig differenzierter Wortschatz) wahrzunehmen. Eine wichtige Aufgabe der Zukunft, an der vor allem auch die Grundschullehrkräfte massiv mitarbeiten müssen, ist es, deutlich zu machen, worin die Leistungen der Kinder am Ende der Grundschule bestehen.

- Die Leistungen der Kinder sind vorwiegend im Bereich des Verstehens und des rudimentären Sprechens angesiedelt. Diese aber lassen sich sehr viel schwerer erfassen als schriftliche Leistungen. Da die Bewertung mündlicher Leistung in der Sekundarstufe I kaum systematisch betrieben wird und die Ausbildung auch hier viel zu wenig Vorarbeit geleistet hat, sind die Lehrkräfte ganz besonders gefordert. Wenn im Sinne einer neuen Bewertungskultur das Können der Kinder in den Vordergrund gerückt werden soll, dann müssen praktikable Instrumente entwickelt und erprobt werden, die den Lehrkräften die Möglichkeit geben, Leistungen zu beschreiben und festzustellen. Mehrere Beiträge in diesem Band machen Vorschläge, wie solche Instrumente aussehen und genutzt werden können (Böttger, Diehr & Frisch, Drese, Hoffmann). Auch das Grundschulportfolio ist sicher ein mögliches Instrument, das bei der Leistungserfassung helfen kann. Es ist allerdings ein Instrument in den Händen der Kinder und präsentiert ihre subjektive Sicht. Diese muss durch qualifizierte Diagnose- und Bewertungsverfahren von Seiten der Lehrkräfte ergänzt werden.

6. Lehreraus- und -fortbildung

Wie bereits eingangs beschrieben, besteht kein Zweifel daran, dass gerade in der sensiblen Phase des Anfangsunterrichts die Qualität des Fremdsprachenunterrichts entscheidend von den sprachlichen und fachdidaktischen Kompetenzen der Lehrkräfte abhängt. Deshalb ist die

Lehreraus- und -fortbildung ein wichtiger Bereich, der auch im Zusammenhang mit sprachenpolitischen Überlegungen zur weiteren Verschiebung des Fremdsprachenunterrichts in den vorschulischen Bereich ein Brennpunkt bleibt.

Die Tatsache, dass der Fremdsprachenunterricht nun ein integraler Bestandteil der Primarschule ist, hat dazu geführt, dass Konzepte zur Lehrerbildung für diesen Bereich zumindest derzeit für drei Zielgruppen zu denken sind: Zunächst ist die grundständige Ausbildung von Grundschullehrkräften betroffen, da diese nun alle mit der Aufgabe konfrontiert sind, Fremdsprachen zu vermitteln. Da während der Einführungsphase dieses neuen Faches derzeit aber viele Grundschullehrer/innen Fremdsprachen unterrichten, die dafür nicht ausgebildet sind, müssen auch diese Lehrkräfte nachqualifiziert werden. Eine weitere Gruppe mit Fortbildungsbedarf sind die Fachlehrer/innen weiterführender Schulen, die nun auch an Grundschulen unterrichten und in methodisch-didaktischen Fragen der grundschulgemäßen Vermittlung von Fremdsprachen angeleitet werden müssen.

Anregungen für alle diese Bereiche der Lehreraus- und -fortbildung geben die Empfehlungen des Beratungs-, Informations- und Gesprächskreises (BIG-Kreis 2007). Sie beschreiben eine kohärente und grundsätzlich auf das fremdsprachliche Klassenzimmer bezogene Lehrerbildung. Ihre Ziele sind nicht nur die Wissensvermittlung über sprachliche, institutionelle und andere relevante Inhalte des Fachs, sondern auch die Ausbildung fremdsprachlicher und fachdidaktischer Kompetenzen und die Entwicklung der für Fremdsprachenlehrkräfte erforderlichen Haltungen in Bereichen wie Heterogenität oder Mehrsprachigkeit. Der Berufsfeldbezug der Lehrerbildung bedeutet, dass alle Komponenten auf Fragen des Lehrens und Lernens von Fremdsprachen bezogen werden. In einem solchen Lehrerbildungskonzept werden Themen wie die folgenden bearbeitet:

- die Auswahl der Inhalte und Texte,
- die Analyse und Entwicklung angemessener Aufgaben und Übungen,
- Fragen der Diagnose, Lernstandsermittlung und Förderung,
- Aspekte der Inszenierung von Ereignissen,
- Formen der Erkundung von Begegnung mit Fremdem,
- der Einsatz von Medien und
- das kreative Spiel mit Sprache (BIG 2007: 8).

Perspektiven

Das Fremdsprachenlernen in der Grundschule als Teil einer europaweiten Förderung der Mehrsprachigkeit beinhaltet große Chancen, ist aber auch vor manche Herausforderung gestellt. Die in diesem Kapitel beschriebenen Beispiele aus der schulischen Praxis machen Mut, in Anlehnung an die dort demonstrierte »gute Praxis« die Erfolge weiterzuführen. Einen Beitrag dazu sollen auch die folgenden Kapitel in diesem Buch leisten, in denen einzelne der oben genannten Herausforderungen praxisorientiert und auf der Grundlage der aktuellen Forschung zum frühen Fremdsprachenlernen thematisiert werden. Neben Beiträgen zur Förderung von Mehrsprachigkeit im konkreten schulischen Kontext im 2. Teil liegt ein besonderer Schwerpunkt dieses Buches auf Aspekten der Ermittlung von Lernständen. Die Diagnose von Lernständen als ganze und in einzelnen Bereichen des Fremdsprachenlernens wird in den Beiträgen im 3. Teil erläutert. Die Einbeziehung der Perspektive der Kinder und die Förderung der Selbstbewertung durch das Sprachenportfolio stehen im Mittelpunkt des 4. Teils. Schließlich ist der letzte Teil (Teil 5), *last but not least*, Fragen der Leistungsbewertung und der Notengebung gewidmet.

Anmerkungen

1 Die Stunde wurde im Rahmen des E-LINGO-Projekts »Didaktik des frühen Fremdsprachenlernens« im März 2004 an einer Grundschule in Oberhessen aufgezeichnet. Vgl. www.e-lingo.de

2 http://www.pestalozzischule-weilburg.de/teddybear/index.html (29.06.08)

3 Der Beratungs-, Informations- und Gesprächskreis BIG hat 2005 Standards für den Fremdsprachenunterricht in der Grundschule, die den Ländern und Schulen Orientierung bieten können, aufgestellt (BIG 2005).

4 Die sieben häufigsten, zum Teil auch von Anglisten vorgetragenen Argumente gegen Englisch als Leitsprache in der Grundschule stellt VOLLMER (2000) knapp zusammen. Dort finden sich auch die entsprechenden Referenzen. Neben dem schon genannten Argument wird u. a. hervorgehoben: (1) Englisch als internationale Kommunikationssprache blende Dimensionen interkulturellen Lernens aus, (2) Englisch eigne sich wegen seiner Regelstruktur nicht als Modellsprache für andere Sprachen, (3) die Präsenz des Englischen sei so selbstverständlich, dass es sehr gut später mit anderen Sprachen mitgelernt oder nachgelernt werden könnte, (4) gerade im frühen Alter, wenn die Motivation der Kinder ungebrochen ist, sollten sie mit fremderen Sprachen als dem Englischen konfrontiert werden, denn wegen der Verfügbarkeit und Wichtigkeit von Englisch seien

Jugendliche eher bereit, auch dann Englisch zu lernen, wenn ihre Lernmotivation entwicklungsbedingt weniger stark ausgeprägt ist (siehe auch Bausch, Königs & Krumm 2004).

5 Praktische Handreichungen zur Leistungsfeststellung im Grundschul-Englischunterricht mit Kopiervorlagen auf einer CD-ROM finden sich außerdem in Claus et al. (2007).

Literaturverzeichnis

Bausch, Karl-Richard; Frank Königs & Hans-Jürgen Krumm (Hg.) (2004): Mehrsprachigkeit im Fokus. Arbeitspapiere der 34. Frühjahrskonferenz zur Erforschung des Fremdsprachenunterrichts. Tübingen: Narr.

Beratungs-, Informations- und Gesprächskreis (BIG 2005): Standards, Unterrichtsqualität, Lehrerbildung. Empfehlungen des BIG-Kreises. München: Domino-Verlag. http://www.praktisches-lernen.de (28.06.2008).

Beratungs-, Informations- und Gesprächskreis (BIG 2007): Standards für die Lehrerbildung – Empfehlungen des BIG-Kreises. München: Domino-Verlag. http://www.praktisches-lernen.de (28.06.2008).

Christ, Herbert (2002): »Formen und Funktionen des Fremdsprachenunterrichts im Europa des 20. Jahrhunderts – Deutschland.« In: Lechner, Elmar (Hrsg.) Formen und Funktionen des Fremdsprachenunterrichts im Europa des 20. Jahrhunderts. Frankfurt: Peter Lang, 59–90.

Claus, Anette; Maike Grau; Michael K. Legutke & Nathalie Rau (2007): »Pädagogische Leistungskultur: Englisch als erste Fremdsprache.« Beiträge zur Reform der Grundschule – Band 124 Heft 2. Frankfurt am Main: Grundschulverband.

Doyé, Peter (1999): The intercultural dimension: foreign language education in the primary school. Berlin: Cornelsen.

Doyé, Peter & Dieter Lüttge (1977): Untersuchungen zum Englischunterricht in der Grundschule: Bericht über das Braunschweiger Forschungsprojekt ›Frühbeginn des Englischunterrichts‹. Braunschweig: Westermann.

Edelenbos, Peter; Richard Johnstone & Angelika Kubanek (2006): Die wichtigsten pädagogischen Grundsätze für die fremdsprachliche Früherziehung. Sprachen für die Kinder Europas. Forschungsveröffentlichungen, gute Praxis & zentrale Prinzipien; Endbericht der Studie EAC 89/04 (Lot 1). Europäische Kommission. http://ec.europa.eu/education/policies/lang/doc/young_de.pdf (28.06.2008).

Edelenbos, Peter & Angelika Kubanek (2007): »Fremdsprachen-Frühbeginn: einzigartige Lernchancen nutzen. Zu den Ergebnissen der Studie EAC 89/04 für die Europäische Kommission.« Frühes Deutsch 16 / H 10: 26–38.

Enever, Janet (2005): »Europeanisation or Globalisation in Early Start: EFL Trends Across Europe?« In: Gnutzmann, Claus & Intemann, Frauke (eds.). The Globalisation of English and the English Language Classroom. Tübingen: Narr, 177–191.

Europäische Kommission (2003): Aktionsplan zur Förderung des Sprachenlernens und der Sprachenvielfalt. http://europa.eu/scadplus/leg/de/cha/c11068.htm (28.06.2008).

Europäische Kommission (2006): Eurobarometer Spezial: Die Europäer und ihre Sprachen. http://ec.europa.eu/public_opinion/archives/ebs/ebs_243_sum_de.pdf (28.06.2008).
Europäische Kommission (2007): Arbeitsdokument der Kommission: Bericht über die Durchführung des Aktionsplans »Förderung des Sprachenlernens und der Sprachenvielfalt« [SEK (2007) 1222]. http://ec.europa.eu/education/policies/lang/doc/com554_de.pdf (28.06.2008).
Europarat (2001): Gemeinsamer europäischer Referenzrahmen für Sprachen: lernen, lehren und beurteilen. Berlin: Langenscheidt. Auch: http://www.goethe.de/referenzrahmen (28.06.2008).
Gompf, Gundi (2007): »Synopse: Fremdsprachenbeginn ab Klasse 1.« http://www.kles.org (28.06.2008).
Grotjahn, Rüdiger (2001): »Zur Einführung in den Themenschwerpunkt.« Fremdsprachen lehren und lernen. Themenschwerpunkt: Leistungsmessung und Leistungsevaluation. Tübingen: Narr, 3–12.
Kahl, Peter W. & Ulrike Knebler (1996): Englisch in der Grundschule – und dann?: Evaluation des Hamburger Schulversuchs Englisch ab Klasse 3. Berlin: Cornelsen.
Kolb, Annika (2007): Portfolioarbeit. Wie Grundschulkinder ihr Sprachenlernen reflektieren. Tübingen: Narr.
Legutke, Michael K.; Andreas Müller-Hartmann & Marita Schocker-von Ditfurth (im Druck): English in the Primary School. Stuttgart: Klett (= Uni Wissen).
Phillipson, Robert (2003): English-only Europe? Challenging language policy. London et al.: Routledge.
Piepho, Hans-Eberhard (2007, hg. von Otfried Börner und Christoph Edelhoff): Narrative Dimensionen im Fremdsprachenunterricht. Braunschweig: Bildungshaus Schulbuchverlage.
Vollmer, Helmut J. (2000): »Englisch als Basis für Mehrsprachigkeit?« In: Aguado, Karin & Hu, Adelheid (Hrsg.) Mehrsprachigkeit und Mehrkulturalität. BFF (Band 6). Berlin: Pädagogischer Zeitschriftenverlag, 75–88.
Vollmer, Helmut J. (2001): »Englisch und Mehrsprachigkeit: Interkulturelles Lernen durch Englisch als lingua franca?« In: Abendroth-Timmer, Dagmar & Bach, Gerhard (Hrsg.) Mehrsprachiges Europa. Tübingen: Narr, 91–109.

2 Mehrsprachigkeit in der Grundschule

HERBERT CHRIST

Lernen in zwei Sprachen

Vorbemerkung

Das schulpädagogische Konzept »Lernen in zwei Sprachen« (DOYÉ & HÉLOURY 2003; vgl. auch CHRIST 2002 & DOYÉ 1997) ist in den 90er Jahren des 20. Jahrhunderts entwickelt worden. Es ist ein grundschulspezifisches Konzept, und deshalb ist in diesem Bande davon die Rede. Die ersten Versuche wurden in Wolfsburg (vgl. SANDFUCHS & ZUMHASCH 1999), Berlin (vgl. GÖHLICH 1998; ZYDATISS 1998) und Frankfurt am Main (vgl. CHRIST 2002) gestartet. Inzwischen sind andere Orte hinzugekommen. Die Zahl der Klassen (nicht der Schulen!), in denen in zwei Sprachen gelehrt und gelernt wird, beträgt mehr als Zweihundert. Derzeit wird in neun verschiedenen Sprachenkombinationen – in Partnersprachen – gearbeitet (von Fremdsprachen zu reden ist hier nicht angebracht): In Deutsch kombiniert mit Englisch, Französisch, Griechisch, Italienisch, Polnisch, Portugiesisch, Russisch oder Spanisch.

Vergleichbare Versuche sind auch in anderen Ländern gemacht worden, z. B. in Frankreich und in Österreich. Ich werde aber darauf verzichten, diese in die Betrachtung einzubeziehen, denn die schulischen und die gesellschaftlichen Verhältnisse in den jeweiligen Ländern sind unterschiedlich. So wird z. B. in Frankreich – in erster Linie auf dem Lande – in zwei Sprachen gelernt (im Elsass, in der Bretagne, im Baskenland, im Languedoc), und zwar in der Kombination von Französisch und *langue régionale* (Baskisch, Bretonisch, Deutsch usw.). In Deutschland findet man die Schulen in Städten (zumeist in Großstädten). Die Sprachenkombinationen werden hier nicht mit Rücksicht auf eine autochthone, sesshafte, zweisprachige Bevölkerung, sondern auf die mobile Bevölkerung ausgewählt, die auf dem Weg zur Zweisprachigkeit ist. Anderssprachige Kinder sollen mit deutschsprachigen Kindern zusammen lernen.

Prinzipien des Lernens in zwei Sprachen

Ein erstes Prinzip des Lernens in zwei Sprachen in deutschen Grundschulen ist, dass Kinder zweier unterschiedlicher Muttersprachen zusammengeführt werden und sowohl miteinander als auch voneinander lernen. Die Klassen werden je zur Hälfte aus deutschsprachigen Kindern und Kindern der anderen Partnersprache gebildet. Nicht die Nationalität entscheidet bei der Auswahl, sondern die Sprache, die die Kinder zu Hause als ›starke‹ Sprache gelernt haben. Beispielsweise ist in deutsch-englischen, deutsch-französischen und deutsch-spanischen Klassen die Zahl der vertretenen Nationalitäten größer als in deutsch-türkischen oder deutsch-griechischen Klassen. Unter den Kindern finden sich natürlich auch (annähernd) zweisprachige Kinder, aber Zweisprachigkeit ist nicht Bedingung für die Aufnahme, sondern Ziel der Ausbildung. Alle sollen die beiden Sprachen partnerschaftlich lernen – miteinander und voneinander. Kinder, die Kenntnisse in beiden Sprachen mitbringen, sind gerade in den ersten Wochen und Monaten des gemeinsamen Unterrichts hilfreich, weil sie – aufgefordert oder unaufgefordert – als Sprachmittler auftreten können.

Der sprachliche Lernprozess beim Lernen in zwei Sprachen ist vorwiegend ein Erwerbsprozess; dies ist ein zweites Prinzip. Ohne dass ich die Debatte über das Begriffspaar ›Lernen‹ und ›Erwerben‹ hier weiterführen will (vgl. KÖNIGS 2003)[1], kann der Verweis auf den weiter gefassten Begriff Erwerben dazu verhelfen, die Eigenart der Lehr- und Lernsituation zu beschreiben. Die Kinder werden unmittelbar mit der anderen Sprache konfrontiert. Sie wird ihnen nicht in sorgfältig ausgewählten Redeteilen präsentiert, sondern die sprachliche Eingabe (der *Input*) ist groß und reich und nicht an eine Progression, sondern an Gegenstände gebunden (vgl. ZYDATISS 1998); sie wird als Sprachbad erlebt, in dem ein Inhalt vermittelt wird, z.B. ein Gedicht oder ein Lied, eine Geschichte oder ein Sachverhalt. Die Sprachaufnahme (der *Intake*) erfolgt bei der ersten Begegnung nur partiell und ist individuell sehr verschieden. Eine sprachliche Reaktion auf die Eingabe wird erst nach einer längeren Aufnahmephase erwartet. Wir erkennen hier Elemente der Methode der Immersion.

Anders als im Fremdsprachenunterricht wird die andere Sprache zunächst also nicht systematisch gestuft gelernt – geordnet nach Lauten, Wörtern, Strukturen und gefiltert nach Aspekten der Einfachheit und einer verzweigten Progression –, sondern die Kinder begegnen ihr von der ersten Stunde an in einem quasi authentischen Diskurs. Das hängt damit zusammen, dass der Erwerb inhaltlich und nicht sprachsystematisch aufgebaut ist. Im Verlauf der Unterrichtszeit wird Sprache jedoch auch systematisch gelehrt, der Altersstufe der Schüler und Schülerinnen entsprechend in kleinen Teilsystemen, z.B. bei der phonetischen Korrektur, der prosodischen Einübung, der Bewusstmachung grammatischer Regularitäten, der Zusammenstellung von Wortfeldern und Wortfamilien usw. Nach Einführung der Schrift werden die systematischen Lernphasen häufiger (Feststellung von Laut-Schrift-Entsprechungen, phonetische und grammatische Orthographie). Lernen in zwei Sprachen ist also nicht nur inhaltlich und thematisch gesteuerter Erwerb, sondern auch systematisches Sprachenlernen.

Ein drittes Prinzip des Lernens in zwei Sprachen klang schon an: Der Spracherwerb wird vorwiegend inhaltlich gesteuert. Ich kann dies an einem Beispiel erläutern. Für die Frankfurter Schulen mit deutsch-französischem bzw. deutsch-italienischem Zweig gelten die hessischen Lehrpläne für die Grundschule (vgl. HESSISCHES KULTUSMINISTERIUM 1995). Besondere Lehrpläne für die in zwei Sprachen lernenden Klassen sind nicht erstellt worden. Inhaltliche Steuerungsmomente für das Lernen in zwei Sprachen sind daher die Lernbereiche, so z. B. der Sachunterricht. Dem Sachunterricht kommt eine besondere Bedeutung zu, da er zweisprachig unterrichtet wird. Hier wirken Lehrkräfte beider Sprachen zusammen, wobei die eine den Gegenstand in deutscher Sprache, die andere in französischer bzw. italienischer Sprache unterrichtet. Hier lernen die Kinder im wörtlichen Sinn Sachverhalte in zwei Sprachen. Sie arbeiten über Raum und Zeit, Naturphänomene wie Wasser und Luft, Tiere und Pflanzen, ihren Körper, Arbeit und Freizeit, Technik und öffentliches Leben und sie verhandeln über diese Gegenstände in beiden Sprachen.

> Jedes Lernfeld soll im Verlauf der Jahrgangsstufen 1/2 und 3/4 mindestens einmal im Zentrum des Unterrichts stehen. [...] Der Unterricht ist so anzulegen, dass sinnvolle Verknüpfungen der Lernfelder untereinander möglich sind (HESSISCHES KULTUSMINISTERIUM 1995: 141).

Einen Sachverhalt in zwei Sprachen erarbeiten heißt also mit zwei Begrifflichkeiten, zwei Wortfeldern, zwei Sorten von Sprachstrukturen und Vertextungsformen umgehen. Diese Doppelungen erleben die Kinder als konkurrierende Ausdrucksformen. In manchen Fällen werden sie auf Kontraste aufmerksam und stellen dazu Fragen.

Ein weiteres Prinzip, welches das Lernen in zwei Sprachen bestimmt, ist die Tatsache, dass die Kinder von zwei Lehrkräften unterrichtet werden, von je einer für die beiden Sprachen. Diese sind die primären Vermittler der jeweiligen Partnersprache. Allerdings sind sie dabei nicht konkurrenzlos, denn die Schüler selbst vermitteln mit. Zur Rolle der Lehrer als Vermittler heißt es in den »Unterrichtsplänen der Staatlichen Europa-Schule Berlin (SESB)«:

> Die Lehrer der SESB unterrichten in ihrer Muttersprache. Trotzdem müssen die Lehrer der SESB weitgehend zweisprachig sein, um auf partnersprachliche und emotionale Äußerungen ihrer Schüler reagieren zu können. Bilinguales sprachliches Handeln der Lehrerinnen und Lehrer ist unbedingt notwendig, damit – trotz der angestrebten Einsprachigkeit im Unterricht – die emotionalen Beziehungen zum

> einzelnen Kind und zur Lerngruppe nicht eingeschränkt oder belastet werden. Darüber hinaus sollen die Lehrer durch ihre Erfahrungen in einer Fremdsprache für Fragen und Sprachprobleme der Kinder sensibilisiert sein. Zweisprachige Lehrer verfügen über Erklärungsmuster, die auf dem Vergleich der beiden Sprachsysteme beruhen und sie dazu befähigen, erste Sprachreflexionen der Kinder situativ und sprachadäquat zu unterstützen (SENATSVERWALTUNG 2000 und 2002: 2).

Die beiden Lehrkräfte arbeiten im Tandem, manchmal – wie am Beispiel Sachunterricht gezeigt – gemeinsam, zumeist jedoch getrennt, indem sie die gesamte Klasse in Lerngruppen aufteilen und in wechselnden Zusammensetzungen unterrichten: in Sprachgruppen oder in nach unterschiedlichen Gesichtspunkten zusammengesetzten Partnergruppen. Während z.B. die deutschsprachigen Kinder Deutsch lernen, lernen die anderssprachigen Kinder ihre Sprache, und genau so geht das umgekehrt. Der Vorteil dieser Verfahrenweise liegt auf der Hand. Denn die wechselnden Gruppierungen führen zu immer neuer sprachlicher Interaktion.

Ein letztes Prinzip ist noch zu erwähnen. Die Kinder sollen annähernd genau so viel Unterricht in der einen wie in der anderen Sprache haben. Das wird dadurch erreicht, dass die nicht-sprachlichen Lernbereiche gleichgewichtig in den beiden Sprachen unterrichtet werden, Musik also in der einen, Kunst in der anderen, Religion in dieser und Mathematik in jener Sprache. Die Sprachenverteilung auf die einzelnen Lernbereiche wird in manchen Schulen epochal gewechselt, in anderen bleibt sie im Wesentlichen im Verlauf der Zeit unangetastet.

Mit der annähernd gleichen Verteilung der beiden Sprachen auf die Lernzeit soll eine optimale Förderung in beiden Sprachen erreicht werden. Die sprachlichen Kenntnisse, Fähigkeiten und Fertigkeiten der Kinder sind beim Start höchst unterschiedlich. Manche Kinder hatten vor dem Schuleintritt noch keinen Kontakt mit der anderen Sprache, andere bringen geringe Vorkenntnisse mit, andere wiederum sind nahezu zweisprachig, wieder andere haben Defizite in ihrer Erstsprache. Es muss angestrebt werden, diese Unterschiede der sprachlichen Entwicklung im Verlauf der Schulzeit nach Möglichkeit auszugleichen.

> Diese von Gruppe zu Gruppe und von Kind zu Kind unterschiedlichen Voraussetzungen müssen in einem kindgerechten Unterricht akzeptiert und durch Lernangebote und/oder individuelle Förderung ergänzt werden, so dass jedes Kind gute Chancen für seine Sprachentwicklung erhält (SENATSVERWALTUNG 2000 und 2002: 2).

Lernen in zwei Sprachen geschieht also in sprachlich heterogenen Lerngruppen. Die Heterogenität muss diagnostiziert werden, sie soll nach Möglichkeit (annähernd) ausgeglichen werden.

Sprachenwachstum

In zwei Sprachen lernen bedeutet, dass Sprache(n) und Sache(n) (das sind Inhalte und Gegenstände des Unterrichts, aber ebenso soziale Kontakte und Konflikte und ihre Lösung) miteinander verbunden erworben und gelernt werden. Auf den an zweiter Stelle genannten Aspekt des sachlichen Lernweges gehe ich im fünften Abschnitt ein. In diesem Kapitel geht es um den Spracherwerb. Ich beschreibe ihn als »Sprachenwachstum« (BUTTARONI 1997). Der organische Begriff Wachstum signalisiert, dass es nicht nur um quantitative Zunahme der Informationen, sondern auch und vor allem um deren Verknüpfung und Vernetzung mit bereits vorhandenen sprachlichen Informationen geht. Ausgangspunkt des Sprachenwachstums im Kindesalter (wie auch in allen anderen Altersstufen) ist die vorhandene Sprachausstattung der Person. »Der Fremd- und Zweitsprachenerwerb erfolgt auf der Basis eines bereits voll aktivierten und differenzierten Sprachsystems« (BUTTARONI 1997: 191).

Sprachenwachstum wird durch sprachlich handelnde Personen und durch Texte im weitesten Sinne angeregt. Die Personen, mit denen Sprache erworben wird und die das Wachstum befördern, sind in erster Linie die Lehrer/innen, in zweiter Linie die Mitschüler (siehe das oben erwähnte Prinzip »miteinander und voneinander lernen«) und drittens alle Personen, mit denen Kontakte in den zu erwerbenden Sprachen zustande kommen: Gäste im Klassenraum, Korrespondenz- und Austauschpartner, Freunde und Verwandte (vgl. ZYDATISS 1998: 68).

Zu den Texten, die das Sprachenwachstum befördern, gehört alles Gehörte und alles Geschriebene, das Kindern in der Schule, im Umfeld und in der häuslichen Arbeit begegnet und auch jenes, das sie selbst erzeugen: Geschichten, die die Lehrkraft erzählt; Lieder und Gedichte, die das Kind hört und liest, singt und vorliest oder auswendig lernt; Theaterstücke, die die Kinder mit der Lehrerin entwerfen, in denen sie mitspielen oder denen sie zuschauen; Briefe, die sie empfangen oder schreiben; Bücher aller Art (darunter auch Lehrbücher), die sie durchblättern, lesen, bearbeiten; Lektionen im Sach- und Fachunterricht, zu denen sie Arbeitsblätter ausfüllen, ergänzen und ausmalen; Tests, Portfolios und Klassentagebücher, Wandzeitungen, Schülerzeitungen (vgl. CHRIST, HELLER & WÄCHTER 2002; CHRIST 2005). Bei unseren Beobachtungen der Aktivitäten von Schülern bei der freien Arbeit in der Schülerbibliothek konnten wir vielfältige Formen der Bearbeitung von Gelesenem feststellen: Malen zum Buch, Notizen machen, Unterstreichen, Rezensionen schreiben, andere auf bestimmte Bücher aufmerksam machen (vgl. CHRIST, HELLER & WÄCHTER 2002).

Diese eben aufgeführten Quellen – die personalen und die textuellen – kommen in einer Vielfalt von Lern- und Erwerbssituationen zur Wirkung: im frontalen Unterricht in der Klasse ebenso wie in der Gruppen-, Partner- und Individualarbeit, im Morgenkreis, im sportlichen Spiel und im Wettkampf, beim Schwimmunterricht, auf dem Pausenhof, bei Festen und Feiern, in der freien Arbeit in der Bibliothek, beim Schreiben einer Schülerzeitung oder in der Theater- und Gesangsprobe.

Die Vielzahl der personalen und textuellen Quellen des Sprachenwachstums und die Vielfalt der Lern- und Erwerbssituationen beim Lernen in zwei Sprachen in – wie bereits gesagt – heterogenen Lernergruppen machen deutlich, warum es sinnvoll ist, die organische Metapher Wachstum zu benutzen und auf die für den Fremdsprachenunterricht gewohnten Metaphern des Lernfortschritts bzw. der Progression (oder Stufung) zunächst zu verzichten. Sprachenwachstum fängt nicht an einem Punkt Null an und setzt sich auch nicht von einem solchen imaginären Punkt aus linear fort, es ist pro- und retroaktiv, es speist sich aus einer Vielzahl von Quellen, die ineinander fließen und aufeinander wirken.

Sprachenwachstum setzt beim Verstehen an. Dafür ist die Spracheingabe (der reiche und vielfältige *Input*) von entscheidender Bedeutung; sie ist der erste Schritt auf dem Wege zum Verstehen. Die Verarbeitung dieser Eingabe – die partielle Sprachaufnahme (der *Intake*) – erfolgt auf verschiedenen Ebenen. Sie erfolgt in Anknüpfung an bereits Gelerntes und Gewusstes, d.h. sie wird bei jedem Schüler und jeder Schülerin notwendigerweise anders, in verschiedenem Tempo, und in unterschiedlicher Reihenfolge und nicht im Gleichschritt geschehen. Daher sind typologische Erklärungen von Erwerbssequenzen, wie sie von Linguisten und Zweitsprachenerwerbsforschern versucht worden sind, wenig hilfreich.

Wenn die Lehrkraft zum Beispiel ein Lied vorsingt oder vom Band vorspielen lässt, dann gelingt es nach kurzer Zeit, dass die Kinder dieses Lied im Chor annähernd korrekt nachsingen. Daraus kann man jedoch nicht schließen, dass sie das Lied voll verstanden und es sich angeeignet hätten. Dazu brauchen sie Erläuterungen und wiederholte Übung. Bis sie einzelne Wörter oder Strukturen aus dem Gesungenen herauslösen können und diese in anderen Zusammenhängen anwenden können, vergeht in der Regel einige Zeit. Das Gleiche gilt für das Erkennen und die Aufnahme der sprachlichen Strukturen. Auch die Fähigkeit, das Lied allein zu singen, baut sich erst nach längerer Inkubationszeit auf. Ich nehme dieses Beispiel als *pars pro toto*: Von der Spracheingabe über die Sprachaufnahme bis zur Sprachwiedergabe in neuen Kontexten ist der Weg zumeist lang.

> Das Verstehen wahrgenommener Sprache gilt als zentraler und gemeinsamer Ausgangspunkt für den Erwerb der Zweit-, Fremd- und Muttersprache. Beim Verstehen bauen AnfängerInnen das der jeweiligen Sprache zugrunde liegende komplexe Strukturensystem *unbewusst* nach, um es nach einer gewissen Dauer zur Produktion von Äußerungen anzuwenden (Buttaroni 1997: 190; Hervorhebung durch H. C.).

Das Verstehen wahrgenommener (gehörter, gelesener) Sprache und die Erkenntnis der von ihr transportierten Inhalte sind Lernschritte, die am Anfang stehen. Schritte zur Bewusstmachung der Inhalte und zur Analyse sprachlicher Formen erfolgen erst später. Auch Kinder machen mit Hilfe der Lehrerin und ihrer Mitschüler solche Schritte. Manche von ihnen sind eifrige Hypothesenbildner. Sie gehen allerdings bei der Bewusstmachung und Analyse in kleineren Schritten vor als Erwachsene. So wird das Artikelsystem – hoch komplex in den romanischen Sprachen (wenn auch weniger komplex als im Deutschen) – in winzigen Schritten erarbeitet, in minimalen Paaren, die nach und nach durch andere minimale Paare ergänzt werden und erst allmählich zu komplexeren systematischen Einsichten zusammengefügt werden. Ähnlich ist das in anderen grammatischen Teilsystemen (z. B. Singular und Plural, Verbalformen).

Sprachenwachstum wird wie durch das Verstehen so auch durch den (mündlichen und schriftlichen) Ausdruck befördert. Denn jede Form von Ausdruck (nachahmen, wiederholen, variieren, aufschreiben, nachfragen, kommentieren, gestisch-mimisch begleiten) verstärkt (bekräftigt) das, was verstehend oder analysierend aufgenommen worden ist. Der Ausdruck verknüpft das neu Gelernte mit vorher Erworbenem. Er kann darüber hinaus zu wiederum Neuem führen, denn er ist ja, als ein individueller und persönlicher Ausdruck, für andere eine neue und bis dahin unbekannte Eingabe. Das gilt für den mündlichen wie den schriftlichen Ausdruck.

Ich führe als Beispiel für das Wachstum des Ausdrucks wie des Verstehens einen Ausschnitt aus einer Stunde im Sachunterricht der Frankfurter Textorschule zum Thema »Wachstum von Pflanzen« an, die Entwicklung vom Samen zur Pflanze und zur Frucht. Die deutsche und die französische Lehrerin teilen sich die Stunde. Die französische Lehrerin erklärt am Beispiel von Bohnenkernen, die die Kinder vor sich liegen haben, dass die Frucht als Samen für neue Früchte dienen kann. Jedes Kind pflanzt seine Kerne in einen kleinen Blumentopf ein und wird dafür sorgen, dass sie reichlich Feuchtigkeit haben. Beim Einpflanzen stellt die Lehrerin dem Begriff *grain* (Kern) den der gleichen Wortfamilie entstammenden *graine* (Samen) gegenüber. Sie erweitert damit zum einen das für den Sachunterricht dienliche Vokabular, zum anderen erklärt sie die doppelte Funktion des Bohnenkerns – Nahrungsmittel und Saatgut. Die beiden Begriffe werden auf dem Arbeitsblatt zum Thema »Pflanze« notiert.

Sprachenwachstum, Lernfortschritt und Lernkontrolle

Bei der Beschreibung des Sprachenwachstums haben wir bisher den Aspekt Lernfortschritt ausgeblendet, weil die lineare Metaphorik den Blick auf das organische Wachstum verstellen könnte. Hörendes und lesendes Verstehen und mündlicher, schriftlicher und mimisch-gestischer sowie körpersprachlicher Ausdruck wurden als Quellen, Motoren und Wege des Sprachenwachstums beschrieben. Sowohl das Verstehen als auch der Ausdruck entwickeln sich nicht einsträngig und in einer Zielrichtung, sondern sie setzen an vorher Gelerntem und Erworbenem an und verknüpfen Gelerntes mit neu Erworbenem oder ad hoc Gelerntem. Verstehen und Ausdruck sind in diesem Verstande sowohl inhaltliche wie prozessuale Größen und sie sind stets aufeinander bezogen.

Gleichwohl braucht man der Frage nach Lernfortschritten im Rahmen des Sprachenwachstums – beim Lernen in zwei Sprachen – nicht auszuweichen, wenn dabei auch die Perspektive verändert wird. Denn Lernfortschritt ist auf ein Ziel gerichtet, strebt Lernziele an und nicht organisches Wachstum.

Hierzu eine Vorbemerkung aus aktuellem Anlass. In der gegenwärtigen Diskussion in Bildungspolitik und Bildungswissenschaft wird das von der curricularen Theorie entwickelte ursprünglich subjektive Konzept der Lernziele (der Lerner selbst soll sich Lernziele setzen und sie erreichen) von dem ökonomischen Konzept einer von der Gesellschaft verlangten Effizienz überlagert. Maßgebend ist nicht der Weg des Lerners, ist nicht seine Autonomie und die angestrebte Bildung, sondern das, was er als messbare Leistung hervorbringt. Man nennt das *Output*-Orientierung. In diesem Rahmen ist vom Verstehen nur am Rande die Rede, es interessiert der sprachliche Ausdruck als überprüfbare Äußerung. Auf dem Hintergrund dieser Theorie sind die »Bildungsstandards« der Ständigen Konferenz der Kultusminister entwickelt worden.[2]

Wer Sprachenwachstum unter dem Aspekt Lernfortschritt beschreiben will (und darum geht es hier), der kann dies nicht einfach mit einem von einer prüfenden Instanz postulierten *Output* tun, sondern er muss darauf achten, dass der Prozess des Sprachenwachstums in seiner ganzen Bandbreite im Blick gehalten wird. Verstehen und Ausdruck sind in ihrer Entwicklung zu überprüfen. Es geht darum, den Umfang des Wachstums in der Zeit zu beschreiben, und zwar so, dass Veränderungen erkennbar werden. Diese Veränderung ist nicht unbedingt eine solche zum Besseren. Es ist auch damit zu rechnen, dass sich Kompetenzen zurückentwickeln (Sprachverlust, Vergessen).

Hier bietet sich der im »Gemeinsamen europäischen Referenzrahmen für Sprachen« (EUROPARAT 2001) entwickelte Begriff der Kompetenzen als Werkzeug an. Im Referenzrahmen geht es um die sprachlichen Kompetenzen der Person – d.h., die von jedem einzelnen Lerner erworbenen, sehr differenziert dargestellten Teilkompetenzen. Der Referenzrahmen stellt eine große Anzahl von Teilkompetenzen für das Verstehen und für den Ausdruck vor und er leitet dazu an, sie zu differenzieren, zu präzisieren, weitere zu benennen, sie zu definieren und diese jeweils auf einer Skala als gestufte Kompetenzen abzubilden. Die von den Autoren selbst beschriebenen Teilkompetenzen sind nicht als eine geschlossene, sakrosankte Liste zu verstehen. Das sind sie allein schon deshalb nicht, weil sie den erwachsenen europäischen Bürger als Adressaten im Auge haben, nicht dagegen Kinder. Daher sollte man den Referenzrahmen als Werkzeugkasten benutzen, um den jeweiligen Bedürfnissen – hier der Beschreibung des Sprachenwachstums von kindlichen Lernern – zu entsprechen.

Die Skalen des Referenzrahmens – die Stufengerüste – liefern operationale Beschreibungen in Form von Feststellungen, die das jeweilige Können in unterschiedlichen sprachlichen Domänen beschreiben (*Er/sie/ich kann dieses und jenes tun bzw. er/sie/ich kann dies noch nicht* – das sind die so genannten ›*can-do-statements*‹). Der Europarat hat in der Regel sechs Stufen definiert. Niemand ist gezwungen, sich an diese Zahl zu halten, wie auch niemand alle aufgeführten Teilkompetenzen zur Überprüfung übernehmen muss. Man kann durchaus neue formulieren: Bei Kindern fallen Teilkompetenzen wie *»Kann eine Konferenz in der Sprache X leiten«* oder *»Ist in der Lage, in einer Versammlung von Fachleuten eine Abschlusserklärung in der Sprache Y vorzuschlagen«* selbstverständlich weg. Dagegen können für Kinder Kompetenzbeschreibungen folgendermaßen lauten: *»Hat in einer Theateraufführung die Rolle des/der X souverän gespielt«* oder *»Kann einen persönlichen Brief annähernd formgerecht schreiben«* oder *»Füllt seine Arbeitsblätter umsichtig und korrekt aus«*. Ich füge einige weitere Könnensbeschreibungen an, die von Schülern und Eltern verstanden werden können und in Lernentwicklungsberichten oder Zeugnissen Platz finden können:

- *Lisa versteht alle Arbeitsanweisungen der Lehrerin.*
- *Hubert bedarf häufig einer Wiederholung der Arbeitsanweisungen, bevor er sie versteht.*
- *Günter zeigt durch seine Mitarbeit im Sachkundeunterricht, dass er so-*

wohl dem deutschen wie dem französischen Unterricht ohne Schwierigkeiten folgen kann.

- *Klara kann einen Text aus dem Lehrbuch deutlich und klar vorlesen.*
- *François kann einen Text aus dem Lehrbuch deutlich und klar und mit guter Intonation vorlesen, wenn er Gelegenheit hat, sich darauf vorzubereiten.*
- *Es fällt Claire noch sehr schwer, einen Text aus einem Buch abzuschreiben. Selbst wiederholte Korrekturen der Lehrerin verhelfen ihr nicht dazu, den Text korrekt zu schreiben.*

Mit der Beschreibung der Ergebnisse des Lernens in zwei Sprachen in Form von differenzierten, operationalen und kindgemäßen Kompetenzbeschreibungen lässt sich das Sprachenwachstum dokumentieren und kontrollieren. Eine bloße Feststellung dessen, was sprachlich geäußert wird, greift zu kurz.

Der ›sachliche‹ Lernweg

Das Lernen in zwei Sprachen wird wesentlich von den Inhalten des gesamten Unterrichts gesteuert; so lautet das bereits im zweiten Abschnitt erwähnte Prinzip des inhaltlich und nicht formal gesteuerten Spracherwerbs. Zum Unterricht in den Partnersprachen Deutsch und Spanisch heißt es dementsprechend im »Vorläufigen Unterrichtsplan für die Klassen 1 bis 6« der Staatlichen Europaschule Berlin: »Die Inhalte des Unterrichts in Deutsch als Partnersprache stehen in engem Zusammenhang mit der Sachkunde, mit soziokulturellen Erfahrungen sowie mit musisch-ästhetischen Themen« (Senatsverwaltung 2000: 20). Und gleichlautend für die Partnersprache Spanisch: »Die Inhalte des Unterrichts in Spanisch als Partnersprache stehen in engem Zusammenhang mit der Sachkunde, mit soziokulturellen Erfahrungen sowie mit musisch-ästhetischen Themen« (ebd.: 59).

Der Deutschunterricht und der Spanischunterricht stehen demnach in engem inhaltlichen Zusammenhang mit den anderen Lernbereichen, und umgekehrt behandeln die anderen Lernbereiche ihre Themen in Deutsch oder Spanisch als Arbeitssprachen, befördern dadurch das Sprachenwachstum in beiden Sprachen und arbeiten dem Deutsch- bzw. Spanischunterricht zu.

Alle Lernbereiche bestimmen also den sprachlichen Lernfortschritt. So wird der Lerner in zwei Sprachen notwendig in die Elemente diverser Fachsprachen – in die Spezialsprachen der Fächer und der Lernbereiche – eingeführt, denn es soll erreicht werden, »dass die Kinder am

Fachunterricht in (der) Partnersprache erfolgreich teilnehmen können« (SENATSVERWALTUNG 2000: 13), d.h. nach Abschluss der 4. Klasse. Sachlich-fachlich lernen heißt nicht nur, dass das Lexikon der Schüler um fachsprachliche Wörter erweitert wird (wie oben am Beispiel *la graine* im Biologieunterricht gezeigt), sondern es werden auch fachsprachliche Strukturen gelernt, etwa bei der Behandlung der Grundrechenarten im Mathematikunterricht.

Ein weiteres Beispiel aus dem Sachkundeunterricht in der Textorschule in Frankfurt mag den zugleich sachkundlichen und fachsprachlichen Lernweg exemplifizieren: Thema der Stunde ist »der Apfel«. Die deutsche Lehrerin lässt die Kinder die Äpfel beschreiben, die sie in der Hand haben – Schale, Blüte, Stängel, Farbe usw. – und, nachdem sie ihn in der Breite zweigeteilt haben, beschreiben sie sein Fleisch, sein Kerngehäuse, die Zahl der Häuschen und der Kerne, seinen Geruch, seinen Geschmack. Die Kinder sprechen alsdann über Apfelbäume im eigenen Garten, über die Bedeutung der Äpfel für die menschliche Ernährung. In Hessen wurde natürlich auch vom Apfelwein gesprochen, und die französische Lehrerin wies auf den bretonischen und normannischen *cidre* hin.

Die französische Lehrerin hatte inzwischen ein schematisches Tafelbild vorbereitet: eine Längsschnittskizze (nachdem in der deutschsprachigen Lernsequenz vom Querschnitt des wirklichen Apfels ausgegangen worden war). Die Schale *(la peau)*, der Stängel *(la tige)*, die Blüte *(la fleur)*, das Kerngehäuse *(le trognon)*, die Kerne *(les pépins)* wurden farbig hervorgehoben. Dieses Tafelbild fanden die Kinder anschließend auf einem Arbeitsblatt wieder, das sie nun zweisprachig beschriften konnten. Sie notierten, wie der Apfel sich von der Blüte zur Reife und zur Ernte entwickelt, fachsprachliches Lexikon und fachsprachliche Strukturen lernend und anwendend.

Der Berliner Unterrichtsplan führt als weiteres Steuerungsmoment für den sprachlichen Lernfortschritt die soziokulturellen Erfahrungen an, die die Kinder in der zweisprachigen Schule und in ihrem Umfeld machen und (was zu ergänzen wäre) die daraus erwachsenden Auseinandersetzungen, Diskurse, Konflikte, Konfliktlösungsstrategien (vgl. auch SANDFUCHS & ZUMHASCH 1999). Soziokulturelle Erfahrungen macht jedes Kind, beim Lernen in zwei Sprachen sind sie aber durch die enge Verbindung zweier Partnergruppen besonders intensiv und dauerhaft, und sie müssen sprachlich gefasst werden. Sie werden in beiden Sprachen dargestellt, diskutiert und eventuell aufgeschrieben.

Herausragende soziokulturelle Erfahrungen machen die Schüler und Schülerinnen in der Korrespondenz und in der Begegnung mit Partnern in anderen Ländern. Solche Ereignisse erleben nicht alle Kinder, die in zwei Sprachen lernen. Die Schulen agieren je nach örtlichen Bedingungen unterschiedlich. Ich kann hier nur auf die Erfahrungen der Frankfurter Schulen verweisen und andeuten, was in Schüleraustauschen mit Klassen im benachbarten Frankreich, Italien und in Frankfurt selbst vom zweiten Schuljahr an erlebt und erarbeitet worden ist. Die Tagebücher, Berichte für die Eltern, Briefe und Dokumente zeigen, welche Fülle von interkulturellen Erfahrungen gemacht wurden und was von Deutschen, Franzosen und Italienern sprachlich und sachlich gelernt worden ist.

Wer in zwei Sprachen lernt, erhält Zugang zu zwei Literaturen. Die Kinder singen von der ersten Stunde an in beiden Sprachen, sie lernen Gedichte und Abzählreime, sie hören Geschichten, und sobald sie lesen können, greifen sie nach Büchern. Literatur in jeder Form – oral und skriptural – ist ein besonders wirksames und nachhaltiges Instrument des Sprachenwachstums. Sie wird in der Schule vermittelt, und die Schule kann dafür sorgen, dass die Kinder sich auch in der Freizeit mit ihr beschäftigen, indem sie z. B. eine gute Bibliothek und Mediathek in zwei Sprachen bereitstellt, Theatergruppen arbeiten lässt, Schreibwerkstätten einrichtet (vgl. CHRIST 2005; CHRIST, HELLER & WÄCHTER 2002).

Ich zeige am Beispiel eines Erzähltextes in französischer Sprache, wie orale Literatur zur selbstständigen Sprachtätigkeit führt. *»L'Histoire du loup«* – die Geschichte vom Wolf – wurde von der Französischlehrerin in den ersten Wochen des 1. Schuljahres inszeniert. Die Geschichte verläuft so: Kinder spielen am Waldesrand. Sie wissen, dass in dem Wald ein Wolf ist, der sich gelegentlich eines Kindes bemächtigt und es entführt. Um sich zu vergewissern, ob er tatsächlich da ist, rufen sie in den Wald (man muss sich diesen in der äußersten Ecke des Klassenraumes vorstellen): *»Loup, y es-tu?«* (»Wolf, bist du da?«) Und dieser antwortet »aus dem Wald«: *»Oui, j'y suis«* Die Kinder sind entsetzt und fragen: *»Que fais-tu?«* Und er antwortet (und hier hat die den Wolf spielende Person viele Freiheiten), indem er beschreibt, wie er sich für sein Kommen vorbereitet. Er zieht seinen Mantel an, seinen Schal, seinen Hut, seine Brille, er nimmt sein Taschentuch und je nach Laune sein Gewehr, seine Pistole. Aber dann antwortet er schließlich auf die neuerliche Frage *»Que fais-tu?«* mit dem Schrecken verbreitenden, rituellen Satz: *»Maintenant, je m'approche à pas de loup, houe, houe, houe!«* (»Jetzt nähere ich mich im Wolfsschritt, hu, hu, hu!«) Auch nach der zwanzigsten Wiederholung versetzte dieser Satz die Kinder (oder die Mehrzahl von ihnen) in Schrecken. Es fehlte nie an Kandidaten für die Rolle des Wolfes.

Das Beispiel soll demonstrieren, wie Literatur – in diesem Fall orale Literatur – Sprachtätigkeit anregt: Rede wird gespeichert, sie wird variierend aufgenommen, sie wird in Dialog und Interaktion umgesetzt, sie wird inszeniert und visuell gestaltet (in diesem Fall z.B. durch das Arrangement des Klassenraums und die Kostümierung).

Im Sprachunterricht und im Sachunterricht werden Sprachen aber nicht nur in Texten erfahren, durch die das Sprachenwachstum ohne Zweifel nachhaltig gefördert wird, sondern Sprache wird auch analysiert. Lernen in zwei Sprachen ist auch systematisches Sprachenlernen. Dafür wurden im Abschnitt »Prinzipien« einige Beispiele gegeben. Sprache beschreiben, sprachliche Erscheinungsformen erklären, Redeteile ordnen, sprachliche Regularitäten erkennen, sprachlichen Ausdruck beurteilen und Sprachen vergleichen – das gehört auch zum Lernen in zwei Sprachen und ist Teil des ›sachlichen‹ Lernweges, der das Sprachenwachstum steuert. Dass hier eine weitere Fachsprache ins Spiel kommt – die Sprache der Sprachbeschreibung und der Grammatik – ist selbstverständlich.

Lernen in zwei Sprachen in der Grundschule – und was dann?

In den vorhergehenden Abschnitten haben wir die Frage gestellt, wie und in welcher Abfolge das Sprachenwachstum beim Lernen in zwei Sprachen verläuft, wie es zu beschreiben und zu kontrollieren ist. Es hat sich gezeigt, dass der so genannte ›sachliche‹ Lernweg für die Steuerung des Sprachenwachstums maßgeblich ist. Dieser ›sachliche‹ Lernweg – das sind Inhalte und Gegenstände des Unterrichts in allen Lernbereichen (inklusive der Sprachen) und die erlebten und reflektierten sozialen Kontakte und Konflikte – zeichnet sich in der Primarstufe durch eine große Geschlossenheit aus, da er nicht durch Fächergrenzen gegliedert ist und die Zahl der beteiligten Lehrpersonen begrenzt ist. In dieser Geschlossenheit ist große Flexibilität möglich.

Mit Eintritt in die Sekundarstufe I ändert sich das Bild. Es beginnt der Fachunterricht – auch Sprachen werden jetzt Fächer. Die gefächerte Schule ist eine polyzentrische Schule. Es bedarf besonderer Anstrengungen, eine Verbindung der Fächer (die wünschenswert und notwendig ist) zu erhalten. In diesen Verhältnissen liegt der Grund, warum Lernen in zwei Sprachen bisher nur in Grundschulen versucht worden ist und die gegliederten Schulen der Sekundarstufe I auf dieses Experiment verzichtet haben. Dort wird dagegen seit fast 40 Jahren erfolgreich bilingual gearbeitet. Einzelne Fächer werden in zwei Sprachen unterrichtet, von denen die eine explizit eine Fremdsprache ist (vgl. Überblick von Helbig 2003).

Auch in der sechsjährigen Berliner Grundschule zeigt sich mit dem Übergang von der 4. in die 5. Klasse – also von der Primarstufe zur Sekundarstufe I – eine deutliche Veränderung. Im »Vorläufigen Unterrichtsplan für die Klassen 1 bis 6« (Senatsverwaltung 2000) heißt es:

> In der 5. Klasse setzt Fachunterricht ein. [...] Die Partnersprachen gelten als erste Fremdsprachen. Die Themen der Sachfächer werden aus dem Katalog der »Vorläufigen Rahmenpläne« der einzelnen Sachfächer ausgewählt und – je nach Bedeutung für die jeweiligen Herkunftsländer der Schüler – verändert. [...] Ziele und fachimmanente Arbeitsweisen [...] gelten auch für den Unterricht in den Sachfächern der SESB (ebd.: 6).

Für die Klasse 5 wird die Möglichkeit eingeräumt, weiterhin fächerübergreifend zu arbeiten, wenn »eine enge und kontinuierliche Kooperation« (ebd.) der Lehrkräfte garantiert ist.

> Ein themenorientierter, fächerübergreifender und fächerverbindender Unterricht ist besonders in den 5. Klassen getrennten Fächern vorzuziehen. [...] Fächerübergreifende Organisationen setzen allerdings voraus, dass der Unterricht in den Sachfächern entweder von einer Lehrkraft erteilt wird oder dass zwischen den Lehrern eine enge, kontinuierliche Kooperation besteht (ebd.).

Während in der Staatlichen Europa-Schule Berlin also ein gleitender Übergang von der Primarstufe zur Sekundarstufe I im gleichen System angeboten wird, endet für die Schülerinnen und Schüler in anderen Ländern, die in zwei Sprachen gelernt haben, der bisherige Bildungsgang. Sie müssen ihren Weg in anderen Systemen fortsetzen. Sie gehen in Schulen mit unterschiedlichen Bildungsgängen. Wie die entlassenden Schulen jedoch haben feststellen können, haben sie das erworbene Kapital in der Regel gut eingesetzt. Sie haben gelernt, in zwei Sprachen zu arbeiten. Die besten von ihnen sind nach Aussage ihrer Lehrerinnen »annähernd zweisprachig«, die weniger Erfolgreichen verfügen über gute Kompetenzen, die ausbaufähig sind.

Anmerkungen

1 Königs macht deutlich, dass die vermeintliche Dichotomie nicht haltbar ist. Die beiden Begriffe und die beiden Erwerbsarten können nicht trennscharf einander gegenüber gestellt werden. So wird in der Schule der ›Erwerb‹, dem gerne das Epitheton ›ungesteuert‹ beigegeben wird, ohne Frage durch inhaltliche Vorgaben gesteuert. Lernen wird im Vergleich eher als ein bewusster, Erwerb eher als ein spontaner Prozess verstanden.

2 Ich verweise – statt auf die originalen und wenig kritischen einschlägigen Publikationen der KMK – auf eine kontroverse, kritische Darstellung dieser Bildungsstandards in Bausch et al. 2005.

Literaturverzeichnis

BAUSCH, KARL-RICHARD et al. (Hg.) (2005): Bildungsstandards für den Fremdsprachenunterricht auf dem Prüfstand. Tübingen: Gunter Narr.

BUTTARONI, SUSANNA (1997): Fremdsprachenwachstum. Sprachenpsychologischer Hintergrund und didaktische Anleitungen. Ismaning: Hueber.

CHRIST, HERBERT (2002): »In der Grundschule in zwei Sprachen lernen.« Finkbeiner, Claudia (Hg.): Bilingualität und Mehrsprachigkeit: Modelle, Projekte und Ergebnisse. Perspektiven Englisch Heft 3. Hannover: Schroedel, 43–51.

CHRIST, HERBERT (2005): »Schreiben für andere: Eine Fallstudie im Rahmen des Lernens in zwei Sprachen.« Burwitz-Melzer, Eva & Gert Solmecke (Hg.): Niemals zu früh und selten zu spät: Fremdsprachenunterricht in Schule und Erwachsenenbildung. Festschrift für Jürgen Quetz. Berlin: Cornelsen. 51–63.

CHRIST, HERBERT; KIM-HELEN HELLER & LEA WÄCHTER (2002): »Lesen in einer fremden Sprache im Grundschulalter.« Neusprachliche Mitteilungen 54. 194–201.

DOYÉ, PETER (1997): »Bilinguale Grundschulen.« Zeitschrift für Fremdsprachenforschung 8. 2. 161–195.

DOYÉ, PETER & MICHÈLE HÉLOURY (2003): »Lernen in zwei Sprachen in der Grundschule.« Bausch, Karl-Richard, Herbert Christ & Krumm, Hans-Jürgen (Hg.): Handbuch Fremdsprachenunterricht. Tübingen: Francke. 186–190. (Wieder abgedruckt in der 5. Auflage 2007).

EUROPARAT (2001): Gemeinsamer europäischer Referenzrahmen für Sprachen: Lernen, lehren und beurteilen. Berlin: Langenscheidt. Auch http://www.goethe.de/referenzrahmen.

GÖHLICH, MARTIN (Hg.) (1998): Europaschule: Das Berliner Modell. Beiträge zu Zweisprachigem Unterricht, Europäischer Dimension, Interkultureller Pädagogik und Schulentwicklung. Neuwied: Luchterhand.

HELBIG, BEATE (2003): »Bilinguales Lehren und Lernen.« Bausch, Karl-Richard, Herbert Christ & Krumm, Hans-Jürgen (Hg.): Handbuch Fremdsprachenunterricht. Tübingen: Francke. 435–439. (Wieder abgedruckt in der 5. Auflage 2007).

HESSISCHES KULTUSMINISTERIUM (1995): Rahmenplan Grundschule. Wiesbaden: Hessisches Kultusministerium.

KÖNIGS, FRANK G. (2003): »Die Dichotomie Lernen / Erwerben.« Bausch, Karl-Richard, Herbert Christ & Krumm, Hans-Jürgen (Hg.): Handbuch Fremdsprachenunterricht. Tübingen: Francke. 435–439. (Wieder abgedruckt in der 5. Auflage 2007).

SANDFUCHS, UWE & CLEMENS ZUMHASCH (1999): »Bilinguales und bikulturelles Lernen Planung, Konzept und Realität der deutsch-italienischen Grundschule in Wolfsburg.« Hermann-Brennecke, Gisela (Hg.): Frühes schulisches Fremdsprachenlernen zwischen Empirie & Theorie. Münster: Lit. 41–54.

SENATSVERWALTUNG FÜR SCHULE, JUGEND UND SPORT BERLIN (Hg.) (2000): Staatliche Europa-Schule Berlin. Vorläufiger Unterrichtsplan für die Klassen 1 bis 6. Partnersprachen Deutsch und Englisch / Französisch / Spanisch. Berlin.

Senatsverwaltung für Schule, Jugend und Sport Berlin (Hg.) (2002): Staatliche Europa-Schule Berlin. Vorläufiger Unterrichtsplan für die Klassen 1 bis 6. Partnersprachen Deutsch und Italienisch. Berlin.

Zydatiss, Wolfgang (1998): »Ein Spracherwerbskonzept für die staatliche Europaschule Berlin.« Göhlich, Martin (Hg.): Europaschule – Das Berliner Modell. Beiträge zu Zweisprachigem Unterricht, Europäischer Dimension, Interkultureller Pädagogik und Schulentwicklung. Neuwied: Luchterhand. 66–76.

Adelheid Kierepka

Mehrere Sprachen in der Grundschule

Aspekte der Förderung und Einschätzung von mehrsprachigen Schülerleistungen

Die Anbahnung bewusster Sprachbetrachtung ist eine neue Dimension des Lehrens und Lernens von Fremdsprachen in der Grundschule, die das vorrangig auf elementare kommunikative Handlungsfähigkeit abzielende Unterrichtskonzept durch das kognitive Element der bewussten Sprachbetrachtung ergänzt. Gerade letzteres verlangt ein behutsames Vorgehen in der unterrichtlichen Umsetzung, da die kognitive Entwicklung bei den Grundschülern unterschiedlich weit entwickelt ist, so dass nicht jeder Schüler die geforderten geistigen Leistungen gleichermaßen erfolgreich erbringen kann.

Daher empfiehlt es sich, die Phasen, in denen Sprachvergleiche vorgenommen werden, sorgfältig zu planen, sensibel an die Schüler herantragen und ein lernförderndes Feedback zu geben. Das kann vor allem erreicht werden, wenn

- Lernszenarien und Sprachumgebungen geschaffen werden, die einen kontinuierlichen mehrsprachigen Input bereitstellen, der sowohl implizit als auch explizit die Schüler anregt, sprachenübergreifend zu denken,
- bekannte Methoden des Grundschulfremdsprachenunterrichts beim Sprachvergleich zum Einsatz kommen, wie gemeinsames rhythmisches Mit- bzw. Nachsprechen, vielfältige Visualisierungshilfen zur Hervorhebung von Gemeinsamkeiten, Anfertigen von mehrsprachigen Produkten sowie motorisches Handeln mit Sprache durch Wortkarten,
- den Schülern ausreichend Raum und Zeit, auch über Unterrichts- und Fächergrenzen hinaus, gegeben wird, auf ›Entdeckungsreise‹ zu gehen, Erkenntnisse in *Peer*gruppen auszutauschen und mit Hilfe der Lehrkraft Hypothesen über Sprachaufbau und Sprachverwendung zu bilden,
- die Schülerinnen und Schüler aufgefordert werden, den vorgenommenen Sprachvergleich zu reflektieren und ihre Ergebnisse mit anderen auszutauschen,

- Kriterien zur Verfügung stehen, die es sowohl den Schülerinnen und Schülern selbst als auch den Lehrkräften ermöglichen, die mehrsprachige Kompetenz der Grundschüler angemessen einzuschätzen,
- die mitgebrachte Mehrsprachigkeit der Schülerinnen und Schüler wertgeschätzt wird.

Vorschläge für Unterrichtsszenarien zum sprachenübergreifenden Arbeiten und zur Entwicklung vernetzten sprachlichen Denkens in der Grundschule

Grundschulkinder erwerben mehrsprachiges Wissen vor allem durch das bewusste Wahrnehmen bzw. Entdecken von Gemeinsamkeiten / Ähnlichkeiten sprachlicher und soziokultureller Phänomene, durch das Erkennen und Vergleichen von zwischensprachlichen Gemeinsamkeiten / Ähnlichkeiten sowie durch den Transfer zwischensprachlichen Wissens (KRÜGER & KIEREPKA 2004). Nachfolgend werden einige Übungen vorgestellt, die diese Erkenntnisse aufgreifen und mögliche Wege für die Anbahnung von vernetztem, sprachenübergreifendem Denken im Fremdsprachenunterricht der Grundschule aufzeigen.

Die Übungen haben zum Ziel, die Schülerinnen und Schüler

- zu ermutigen, sich auf einen Sprachenvergleich einzulassen,
- positive Erfahrungen auf diesem Gebiet sammeln zu lassen,
- mit Techniken auszustatten, die ihnen helfen, den bewussten Sprachvergleich anzubahnen, über die Struktur von Sprachen nachzudenken bzw. zu reflektieren und gewonnene Erkenntnisse zu dokumentieren bzw. zu multiplizieren,
- sich ihrer mehrsprachigen Kompetenz bewusst werden zu lassen.

Der Sprachvergleich basiert in den Übungen auf den Sprachen Englisch, Französisch und Russisch, da diese Sprachen in der Thüringer Grundschule gelehrt und gelernt werden. Als Referenzsprache im Unterricht dient Deutsch.

Beispiel 1
Entdecken und bewusstes Vergleichen von sprachstrukturellen Gemeinsamkeiten / Ähnlichkeiten im Schriftbild auf Wortebene.

Sprachliche Vergleichsbasis

Simultane Präsenz mehrerer Sprachen in einer thematischen Liste zum Wortfeld Obst (Kierepka 2007: 52).

Deutsch	**Englisch**	**Französisch**	**Russisch**	…
Früchte (Obst)	*fruits*	*fruits*	*Фрукты*	…
der Apfel	*the apple*	*la pomme*	*Яблоко*	…
die Kiwi	*the kiwi*	*le kiwi*	*Киви*	…
die Banane	*the banana*	*la banane*	*Банан*	…
der Pfirsich	*the peach*	*la pêche*	*Персик*	…
die Zitrone/Limone	*the lemon*	*le citron*	*Лимон*	…
die Orange/ Apfelsine	*the orange*	*l' orange*	*апельсин*	…
die Mandarine	*the tangerine*	*la mandarine*	*мандарин*	…
…	…	…	…	…

Unterrichtspraktische Umsetzung

(1) Die Schülerinnen und Schüler haben die thematische Wortliste als Arbeitsblatt vor sich liegen. Sie werden aufgefordert, Gemeinsamkeiten in der Schriftsprache der aufgeführten Obstarten herauszufinden und durch entsprechende Visualisierungshilfen wie Unterstreichen und Einkreisen hervorzuheben.
(2) Im Anschluss daran tauschen sie ihre Ergebnisse in Gruppen untereinander aus und präsentieren sie der Klasse. Dadurch werden sie in ihrer individuellen Wahrnehmung bestärkt.
(3) Die Schülerinnen und Schüler leiten individuelle Schlussfolgerungen für das Lernen von Wörtern in mehreren Sprachen ab.
(4) Die Schülerinnen und Schüler formulieren *»Was mir beim Lernen der Wörter hilft«* und tragen die Erkenntnisse in ein Portfolio oder Lerntagebuch ein und reflektieren so über ihr Sprach(en)lernen.
(5) (Optional): Die Schülerinnen und Schüler ergänzen das Arbeitsblatt mit weiteren Früchten, die sprachliche Gemeinsamkeiten aufweisen bzw. mit weiteren Sprachen für die dargestellten Früchte. Damit wird erreicht, dass zum einen die in der Klasse vorkommenden Herkunftssprachen bewusst in die Sprachbetrachtung einbezogen und zum anderen die Schülerinnen und Schüler immanent an sprachenübergreifendes Lernhandeln herangeführt werden.

(6) Die Schülerinnen und Schüler hören die Namen der Früchte von der CD (Kierepka 2007, Begleit-CD) nacheinander in den verschiedenen Sprachen. Sie werden aufgefordert, den Arm zu heben, wenn sie Gemeinsamkeiten / Ähnlichkeiten in der Aussprache gehört haben. Im Anschluss daran werden die ähnlich klingenden Wörter noch einmal gemeinsam gesprochen, damit die Ähnlichkeiten in der Aussprache von allen Schülerinnen und Schülern bewusst aufgenommen werden.

Die auditive Vergleichsbasis ist insbesondere auf der Primarstufe anzubieten, da hier die Schüler vorrangig im mündlichen Bereich ihre Erfahrungen mit Sprachen machen. Die Erfahrungen in der gesprochenen Sprache werden um die Dimension eines auf elementarem Niveau stattfindenden Vergleiches von informell und formell angeeignetem Sprachwissen erweitert. Für die russische Sprache ist sie eine unbedingte Voraussetzung, da durch die kyrillischen Buchstaben das Schriftbild nur in Ansätzen für den Vergleich herangezogen werden kann.

Möglicher Erkenntnisgewinn bei den Schülern

Der Umfang der erfassten Merkmale variiert sehr stark. Er ist abhängig vom jeweiligen kognitiven Entwicklungsstand der Kinder, von der Qualität der vorhandenen Wissensbestände, aber auch von der vorhandenen Kompetenz zum Wahrnehmen und Vergleichen bzw. Reflektieren von Merkmalen verschiedener Sprachen.

Die Schüler können erfassen, dass

- ➢ es Früchte gibt, die in allen Sprachen gleich bzw. ähnlich geschrieben und gesprochen werden,
- ➢ es Gemeinsamkeiten auch nur in zwei Sprachen gibt,
- ➢ im Deutschen die Früchte groß geschrieben werden, in den anderen Sprachen aber nicht,
- ➢ es im Russischen keinen Artikel gibt, im Englischen der Artikel sich nicht verändert und im Deutschen und Französischen es verschiedene Artikel gibt,
- ➢ das Lernen von Wörtern in verschiedenen Sprachen durch gemeinsame Merkmale erleichtert wird.

Beispiel 2
Wahrnehmen und Entdecken von Gemeinsamkeiten im mündlichen und schriftlichen Sprachbereich auf Wortebene und bewusster Transfer von zwischensprachlichem Wissen auf weitere Sprachen mit dem Ziel, die Selbstständigkeit im Sprachenlernen zu erhöhen.

Sprachliche Vergleichsbasis

Hochfrequenter thematischer Wortschatz, der bei den Schülern automatisiert verfügbar ist und der einen hohen Anteil an gemeinsamen Merkmalen in den verschiedenen Sprachen aufweist, wie z.B. Farbwörter, Tierbezeichnungen, Monatsnamen, Früchte oder Zahlwörter.

Unterrichtspraktische Umsetzung

Unterrichtsmaterialien: CD-Player und CD mit o. g. Beispielen (Kierepka 2007: 16) und Arbeitsblatt 1 mit dem jeweiligen Anfangswort der Reihe.

Wir alle sind Sprachdetektive. Lasst uns auf Entdeckungsreise zwischen den Sprachen gehen.

Schritt 1 +
Hört Euch von der CD die ersten beiden Wörter in der ersten Reihe an. Sprecht die Wörter nach.

Schritt 2
Findet heraus, was die beiden Wörter gemeinsam haben. Tauscht Euer Ergebnis mit Eurem Banknachbarn aus.

Schritt 3 +
Hört Euch die beiden Wörter noch einmal an und vervollständigt die Reihe mit weiteren Wörtern aus der Wörtersammlung oder aus weiteren Sprachen.

Schritt 4
Verfahrt so weiter mit den Reihen 2 – 6.

(1) blue	bleu	______	______	______
(2) rouge	red	______	______	______
(3) Juli	July	______	______	______
(4) elephant	Elefant	______	______	______
(5) crocodile	крокодил	______	______	______
(6) лев	lion	______	______	______

Arbeitsblatt 1: Sprachendetektive

Die nebenstehend aufgelisteten Wörter liegen den Schülerinnen und Schülern als Wortkarten vor.

lion	Löwe	lion	леb
Krokodil	crocodile	crocodile	крокодил
elephant	Elefant	Слон	éléphant
июль	juillet	Juli	July
rouge	red	rot	Красный
blue	bleu	Голубой	blau

Methodische Schrittfolge

(1) Die Schülerinnen und Schüler bearbeiten schrittweise das Arbeitsblatt 1 *Sprachendetektive* entsprechend der Aufgabenstellungen.

(2) Die Schülerinnen und Schüler tauschen ihre Ergebnisse in Kleingruppen aus und ergänzen gegebenenfalls ihre Liste mit weiteren Wörtern. Auf diese Art und Weise erhalten sie die Bestätigung, inwieweit ihre Annahme richtig ist. Die Lehrkraft sammelt die Wörter an der Tafel.

(3) Die Schülerinnen und Schüler werden aufgefordert, über ihr Sprachenbewusstsein zu reflektieren, indem sie die Gründe benennen, die ihnen geholfen haben, die jeweilige Reihe fortzusetzen.

(4) Die Schülerinnen und Schüler bilden selbstständig Reihen zum Thema Monate, dabei werden die Monate, die eine hohe Ähnlichkeit in vielen Sprachen aufweisen, auf Deutsch vorgegeben.

Möglicher Erkenntnisgewinn bei den Schülern

Im Bereich der Aussprache, aber auch des Schriftbildes nehmen die Schüler wahr, dass

- ➢ die Wörter für die Farbe blau in verschiedenen Sprachen mit bl… beginnen,
- ➢ die Wörter für die Farbe rot mit r… beginnen,
- ➢ die Monatsnamen ähnlich klingen,
- ➢ die Tierbezeichnungen ähnlich klingen,
- ➢ die Tiere *elephant, crocodile* und *lion* im Englischen und Französischen (bis auf die Akzente) gleich geschrieben, aber unterschiedlich ausgesprochen werden,
- ➢ *rouge* das französische Wort für rot ist und die Farbe auf Englisch *red* und auf Russisch *красный* heißt,
- ➢ einige Monate im Englischen, Französischen und Deutschen fast gleich geschrieben werden und dass man sich deshalb diese Monate leicht merken kann.

Beispiel 3
Bewusstes Vergleichen von sprachstrukturellen syntaktischen Gemeinsamkeiten zwischen der Muttersprache und weiteren Sprachen.

Sprachliche Vergleichsbasis

Elementare syntaktische Strukturen vom Typ Subjekt – Prädikat – Objekt:

- ➢ Ich wohne in Erfurt.
- ➢ I live in Erfurt.
- ➢ J' habite à Erfurt.
- ➢ R живу в Эрфурте.

(Kierepka 2007: 15)

Unterrichtspraktische Umsetzung

Unterrichtsmaterialien: Satzbausteine zum »Legen« der Sätze

✎ Malt die Figuren einer Sprache in der gleichen Farbe aus:
rot: deutsch; blau: französisch; grün: englisch: gelb: russisch

✂ Schneidet die einzelnen Figuren aus und legt für jede Sprache einen Satz.

⚐ Wenn ihr wollt, könnt ihr einen entsprechenden Satz in einer weiteren Sprache ergänzen.

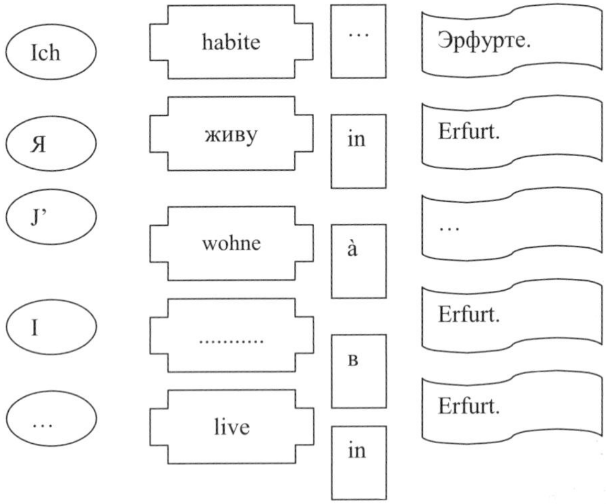

Arbeitsblatt 2: Wir können Sätze bauen

Methodische Schrittfolge

(1) Die Schülerinnen und Schüler erfüllen zunächst die Aufgaben auf Arbeitsblatt 2: *Wir können Sätze bauen.*
(2) Danach werden sie aufgefordert, den deutschen Satz mit Hilfe der Wortkarten zu bauen, der im weiteren Unterrichtsverlauf als Grundlage für den Vergleich dienen soll.
(3) Die Schülerinnen und Schüler bauen nun die Sätze in weiteren Sprachen und ordnen sie untereinander an. Dabei entscheiden sie selbst, mit welcher Sprache sie beginnen und wie viele Sprachen sie einbeziehen wollen.
(4) Die Schülerinnen und Schüler vergleichen ihre Ergebnisse mit einer Mustervorlage.
(5) Im Anschluss daran sprechen die Schülerinnen und Schüler die Sätze gemeinsam rhythmisch nach, um den visuellen Eindruck durch den auditiven satzrhythmischen Eindruck zu verstärken.
(6) Die Schülerinnen und Schüler erhalten nun die Aufgabe, die Sätze in den einzelnen Sprachen zu vergleichen und individuell, ohne externe Steuerung durch die Lehrkraft, gemeinsame Merkmale herauszufinden.
(7) Die Schülerinnen und Schüler tauschen ihre Erkenntnisse in der Gruppe aus, so dass jeder Gelegenheit hat, sein Reflexionsergebnis mitzuteilen.
(8) Die Schülerinnen und Schüler bilden mit Unterstützung der Lehrkraft Hypothesen über die syntaktische Struktur der vorliegenden Sprachen. Sie werden darin bestärkt, dass ihre Wahrnehmung richtig ist.

Möglicher Erkenntnisgewinn bei den Schülern

Im vorliegenden Beispiel können die Schüler erfassen, dass

- die Satzstellung Subjekt – Prädikat – Objekt in allen Sprachen gleich ist.
- im Deutschen und Englischen die gleiche Präposition, in, verwendet wird, im Französischen und Russischen allerdings nicht.
- Erfurt in allen Sprachen am Ende des Satzes steht und im Russischen die Endung -e angehängt wird.
- in allen Sprachen der Satz mit dem Personalpronomen ›ich‹ beginnt.

Beispiel 4
Transfer von strukturellen Regelhaftigkeiten der Wortbildung im Deutschen auf das Englische und Französische.

Sprachliche Vergleichsbasis

Komposita: ›Weihnachtswörter‹
(KIEREPKA 2007: 17).

Englisch	Französisch	Deutsch
Christmas tree	arbre de Noël	
Christmas card	carte de Noël	
Christmas present	cadeau de Noël	
Christmas holidays Christmas vacation	vacances de Noël	

Unterrichtspraktische Umsetzung

Methodische Schrittfolge

(1) Die Schülerinnen und Schüler erhalten die obige Wortliste und bekommen den Auftrag, in jeder Sprache das gemeinsame Wort auf der Liste herauszufinden und farblich hervorzuheben.
(2) Die Schülerinnen und Schüler tauschen ihre Ergebnisse aus.
(3) Danach ergänzen sie die deutschen Entsprechungen in der Tabelle mit der entsprechenden farblichen Markierung.
(4) Die Schülerinnen und Schüler wenden das strukturelle Wissen über die Wortbildung in jeweils einer Sprache ihrer Wahl an und bilden weitere Wortzusammensetzungen *(»Wer findet die meisten ›Weihnachtswörter‹?«)*. Die freie Entscheidung für eine Sprache vermittelt den Lernern Sicherheit in der Bewältigung der Aufgabe und gibt auch Raum für die in der Klasse vorkommenden Herkunftssprachen.
(5) Abschließend kann als Klassenprojekt ein mehrsprachiges Poster gestaltet werden, das die zwischensprachlichen Gemeinsamkeiten veranschaulicht.

Möglicher Erkenntnisgewinn bei den Schülern

➢ Die Schüler schärfen ihr Sprachenbewusstsein über Wortbildungsregeln in der Muttersprache (Deutsch).

➢ Die Schüler erkennen, dass die Bildung von Komposita im Englischen und Deutschen sehr ähnlich ist.
➢ Die Schüler erkennen, dass die Wortbildung im Französischen unterschiedlich zum Deutschen und Englischen ist.
➢ Die Schüler erkennen, dass sich durch das Zusammensetzen einzelner Wörter viele neue Wörter mit neuen Bedeutungen in den Sprachen Englisch, Französisch und Deutsch einfach bilden lassen.

Beispiel 5
Entwicklung von Erschließungskompetenzen durch bewussten Transfer englisch- und deutschsprachigen Wissens auf das Erschließen französischer Texte (KIEREPKA 2007: 92).

Sprachliche Erschließungsbasis
Text: La famille Dupont au zoo

Unterrichtspraktische Umsetzung

La famille Dupont au zoo
C'est dimanche. La famille Dupont, papa, maman, leur fils Pierre et leur fille Sandrine vont au zoo. Ils aiment beaucoup les animaux.
-Oh, voilà les zèbres en noir et blanc, dit Sandrine. Moi, j'aime bien les pingouins. Ils sont drôles, dit Pierre. Et là-bas, regardez les éléphants, crie Sandrine. Ils sont si grands! Il y a aussi des crocodiles, immobiles dans l'eau. La famille Dupont regarde tous les animaux. C'est très amusant. A la fin, la famille Dupont arrive devant la cage du chimpanzé qui mange une banane.
-Oh, c'est super drôle! Sandrine veut faire une photo. Elle s'approche de la cage. Mais le chimpanzé, hop, prend l'appareil. Et click, le chimpanzé fait une photo de la famille Dupont! (Text nach Hollstein & Wadlinger 2000: 33).

📖 Lest den Text und unterstreicht alle Tiere

✏ Schreibt die Tiere in die folgende Liste

_______________ _______________ _______________

_______________ _______________ _______________

_______________ _______________ _______________

_______________ _______________ _______________

✍ Schreibt die englischen und deutschen Wörter für diese Tiere daneben.

Ergänzt den folgenden Satz:
Beim Erkennen der französischen Tierwörter hat mir geholfen, dass
____

____

Arbeitsblatt 3: Tierdetektive unterwegs im Zoo

Methodische Schrittfolge

(1) Die Schülerinnen und Schüler lösen die Aufgabe auf Arbeitsblatt 3: *Tierdetektive unterwegs im Zoo.*

(2) Danach werden sie aufgefordert darüber nachzudenken, was ihnen geholfen hat, die Tierwörter zu erkennen. Sie ergänzen den folgenden Satz auf dem Arbeitsblatt:
Beim Erkennen der französischen Tierwörter hat mir geholfen, dass ....

(4) Die Schülerinnen und Schüler tauschen die von ihnen genutzten Erschließungstechniken aus.

(5) (Optional) Die Schülerinnen und Schüler lesen den Text noch einmal und unterstreichen weitere Wörter, die sie bereits aus dem Englischen kennen. Diese Aufgabe sollte gemeinsam in der Gruppe gelöst werden, um schwächere Schüler allmählich an den Vergleich von Sprachen heranzuführen. Durch die Übungsgestaltung in Form eines Wettbewerbs *(»Wer findet die meisten Wörter?«)* wird die Suche zusätzlich stimuliert.

(6) Im Anschluss daran stellen die Schülerinnen und Schüler mit Hilfe der herausgefundenen ›Signalwörter‹ Vermutungen über den Inhalt des Textes an.

(7) (Optional). Als Erweiterung der Übung hören die Kinder in einer weiteren Sprache, die sie noch nicht kennen, z. B. auf Russisch die folgenden Tiere: *крокодил, шимпанзе, зебра, пингвин, слон.* Sie haben die Bildkarten der Tiere vor sich liegen und halten das entsprechende Bild hoch oder nennen auf Deutsch bzw. Englisch das Tier. Die Schüler werden aufgefordert, Gründe zu nennen, warum sie in der Aufzählung das Wort *слон* nicht verstanden haben.

Möglicher Erkenntnisgewinn bei den Schülern

Die Schüler erkennen, dass

- ➢ durch Gemeinsamkeiten bzw. Ähnlichkeiten im Schriftbild bekannte Wörter aus dem Englischen und Deutschen helfen, Wörter in französischen Texten zu entdecken und zu verstehen,
- ➢ diese Signalwörter helfen, die Bedeutung eines Textes zu konstruieren.

Beispiel 6
Bewusstes Wahrnehmen und Entdecken von Gemeinsamkeiten und Unterschieden bei soziokulturellen Phänomenen
(Kierepka 2007: 123).

Vergleichsbasis

- Hexenbilder in der Kultur der jeweiligen Zielsprache
- Hexen, die für die jeweilige Kultur typisch sind: Baba Jaga in Russland, Ratatrouille in Frankreich sowie die Knusperhexe aus Hänsel und Gretel in Deutschland
- Kinderbücher und Märchen aus den jeweiligen Ländern
- Wörter, die Hexen beschreiben:

Englisch	Französisch	Russisch	Deutsch
witch	*sorcière*	*баба яга*	Hexe
a long nose	*un gros nez*	*длинный нос*	eine lange Nase
a black hat	*un chapeau noir*	*чёрная шапка*	ein schwarzer Hut
broom	*balai*	*Метла*	Besen

Unterrichtspraktische Umsetzung

Methodische Schrittfolge

(1) Die Schüler malen eine Hexe und schreiben das Wort ›Hexe‹ in den verschiedenen Sprachen in die Zeichnung.
(2) Die Schüler lernen Namen von Hexen anderer Länder kennen und wählen den lustigsten Namen aus. Hier können außer den oben genannten weitere in der Klasse vorhandene Herkunftssprachen thematisiert werden, zu denen Schülerinnen und Schüler als Experten Auskunft geben können.
(3) Die Schüler nennen die Gründe für ihre Wahl.
(4) Die Schüler schauen sich Illustrationen aus authentischen Kinderbüchern anderer Länder an und vergleichen die Hexenbilder im Buch mit ihrer eigenen Vorstellung von Hexen.
(5) Die Schüler finden Gemeinsamkeiten und Unterschiede heraus.
(6) Die Schüler malen die für eine Hexe typischen Merkmale auf und stellen sie vor.

(7) Die Schüler schreiben die entsprechenden Bezeichnungen in den Sprachen dazu.
(8) Die Schüler hören eine Geschichte über eine Hexe auf Englisch, Französisch oder Russisch.

Möglicher Erkenntnisgewinn der Schüler

Die Schüler erkennen, dass

- ➢ es in vielen Kulturen Hexen gibt,
- ➢ die Hexen gemeinsame, aber auch unterschiedliche Merkmale im Aussehen aufweisen.

Die beschriebenen unterrichtspraktischen Vorgehensweisen machen deutlich, dass die Fähigkeit zum bewussten Sprachenvergleich bereits in der Grundschule angelegt werden kann und auch kognitive Arbeitsformen mit allen Schülern möglich sind, wenn das didaktisch-methodische Vorgehen mit den grundschulspezifischen Lehr- und Lernprinzipien einhergeht. Grundschüler sind in der Regel aufgeschlossen gegenüber Neuem. Sie nähern sich ohne Vorbehalte neuen Sprachen an. Ihre Neugier wird geweckt und sie haben die größten Erfolge, wenn sie Sprachendetektive sein können. Durch entsprechende behutsame Steuerung von außen werden die Grundschüler ermutigt, Sprachen miteinander zu vergleichen und entsprechende Visualisierungshilfen zu nutzen, um die Ergebnisse ihres individuellen Verarbeitungsprozesses auch anderen zu zeigen bzw. in ihren eigenen Worten zu beschreiben.

Die auf ein Minimum reduzierte externe Steuerung dieses Prozesses und die Möglichkeit des Darlegens der individuell gewonnenen Erkenntnisse in den Lerngruppen unterstützt die Reflexion auf die eigenen Ergebnisse und gibt den Schülerinnen und Schülern die Gelegenheit und vor allem die Zeit, eigene Wege in der bewussten Sprachbetrachtung zu finden.

Vorschläge zur Einschätzung von mehrsprachigen Schülerleistungen

Die angeführten methodischen Wege zur Anbahnung von mehrsprachiger Kompetenz bei Grundschülern fokussieren vor allem auf den Lernprozess und die damit verbundenen sozial-kommunikativen, persönlichen und methodisch-strategischen Bereiche des Lernens. Mit diesem Ansatz gelingt es, mehrsprachige Kompetenz sensibel zu entwickeln, immer die kognitive Leistungsfähigkeit der Kinder in dieser Entwicklungsphase im Blick zu haben und alle Schüler individuell zu fördern, um sie für sprachenübergreifendes Denken und Handeln zu öffnen und zu befähigen. Gleichzeitig bieten sich vielfältige Möglichkeiten, den sprachlichen Reichtum in der Klasse aufzugreifen, die Herkunftssprachen der Kinder bewusst zu machen und produktiv zu nutzen.

So gesehen hat die Einschätzung von Schülerleistungen vor allem eine diagnostische und eine lernfördernde Funktion.

Aus Lehrersicht bietet sie die Grundlage für die Analyse des Lernprozesses der Schüler, aber auch für die Erfassung ihrer kognitiven Leistungsfähigkeit. Sie gibt Aufschluss darüber, ob und inwieweit die Grundschüler zum bewussten Sprachenvergleich in der Lage sind bzw. wie der Grad der Ausprägung des bewussten Sprachenvergleichs im Einzelnen ist. Sie veranlasst die Lehrkraft, Beobachtungen für die Wirkung ihres pädagogischen Handelns vorzunehmen und sie ist die Grundlage für Schülergespräche.

Aus Schülersicht schafft die Lehrperson die Gelegenheit, über das eigene sprachenübergreifende Lernen nachzudenken und Vergleiche mit den Mitschülern vorzunehmen zu können. Darüber hinaus erfahren die Schülerinnen und Schüler die Wirkung von mehrsprachigem Wissen auf ihr Sprachenlernen, was ihnen wiederum die Sinnhaftigkeit eines vernetzten Lernens bewusst werden lässt.

Um die Leistungseinschätzung so optimal wie möglich zu gestalten und sie als Instrument zur Lernförderung zu nutzen, ist es erforderlich, dass Kriterien entwickelt werden, die gleichermaßen von den Lehrkräften als auch von den Schülern genutzt werden. Diese Kriterien sind sachgerecht entsprechend der Aufgabenstellung und zielgerecht entsprechend des aktuellen Entwicklungsstandes der Schülerinnen und Schüler zu formulieren bzw. auszuwählen.

Für die Einschätzung der mehrsprachigen Schülerleistungen in den oben beschriebenen Übungen können die folgenden Kriterien dienen. Der Schüler / die Schülerin kann

- mit Unterstützung Gemeinsamkeiten bzw. Unterschiede im Lautbild bzw. im Schriftbild auf Wortebene erkennen und benennen,
- selbstständig Gemeinsamkeiten bzw. Unterschiede im Lautbild bzw. im Schriftbild auf Wortebene erkennen und benennen,
- syntaktische Gemeinsamkeiten zwischen den Sprachen unter Anleitung erkennen und benennen,
- soziokulturelle Gemeinsamkeiten erkennen und benennen,
- das erworbene soziokulturelle Wissen zueinander in Beziehung setzen,
- das Wissen aus einer Sprache auf eine oder mehrere weitere Sprachen übertragen,
- das erworbene fremdsprachliche Wissen bewusst für sein individuelles Lernen nutzen.

Eine Graduierung dieser Kriterien kann wie folgt vorgenommen werden:

- Das gelingt ihm / ihr gut.
- Das gelingt ihm / ihr in Ansätzen.
- Das gelingt ihm / ihr nur mit Unterstützung.

Durch die positive Formulierung und die Anzahl der Kriterien zur Graduierung, die keine direkten Schlüsse auf Ziffernnoten zulassen, hat diese Einschätzung immer eine lernfördernde Wirkung.

Die aus der Sicht der Lehrkraft formulierten Kriterien zur Einschätzung können in gleicher Weise von den Schülern als Element der Selbsteinschätzung im Sprachenportfolio genutzt werden. Es bietet sich dabei an, sie zunächst an bestimmte Lernhandlungen anzubinden, wie z.B. *Ich kann bei den Monatsnamen Gemeinsamkeiten feststellen.* Damit wird den Schülern ein Gefühl für die Bedeutung des *Items* gegeben und die Einschätzung erleichtert. Mit fortgeschrittener Erfahrung mit den Selbsteinschätzungsbögen des Portfolios können die Kriterien, in ähnlicher Weise wie für die Lehrkräfte, allgemeiner formuliert werden.
Die Formulierung der Graduierung verändert sich analog:

- Das gelingt mir gut.
- Das gelingt mir manchmal gut.
- Da muss ich noch üben.

Das Sprachenportfolio bietet in seiner Sprachenbiografie und in seinem Dossier den Schülerinnen und Schülern weitere Möglichkeiten, ihr mehrsprachiges Wissen, auch über die in der Schule gelernten Sprachen hinaus, zu dokumentieren. Sie können sich darüber bewusst werden, dass sie mit vielen unterschiedlichen Sprachen in informellen Situationen in Kontakt gekommen sind und sie dabei vieles verstanden haben. Sie erfahren auch, dass ihnen das Denken über Sprachgrenzen hinaus beim Erlernen weiterer Sprachen hilft. Damit ist die Grundlage für das lebenslange Lernen von Sprachen geschaffen worden.

Literaturverzeichnis

BISKUPEK, SIGRID; ADELHEID KIEREPKA & MANUELA METSCHER (2007): Beobachten, Einschätzen, Bewerten. Auf dem Weg zur neuen Lernkultur. Bad Berka: Thüringer Institut für Lehrerfortbildung, Lehrplanentwicklung und Medien.

HOLLSTEIN, GUDRUN & ELKE WADLINGER (2000): Französisch im Grundschulunterricht. Tiere im Zoo. Landau: Knecht Verlag.

KIEREPKA, ADELHEID & RENATE KRÜGER (2004): Abschlussbericht der wissenschaftlichen Begleitung des Projektes zur Schulentwicklung »Mehrsprachigkeit in der Grundschule«. Universität Erfurt. (Manuskript).

KIEREPKA, ADELHEID (2007): Mehrsprachigkeit in der Grundschule. Materialien Heft 13. Bad Berka: Thüringer Institut für Lehrerfortbildung, Lehrplanentwicklung und Medien.

KIEREPKA, ADELHEID; EBERHARD KLEIN & RENATE KRÜGER (Hg.): (2007): Fortschritte im frühen Fremdsprachenunterricht. Auf dem Weg zur Mehrsprachigkeit. Tübingen: Gunter Narr Verlag.

KIEREPKA, ADELHEID & RENATE KRÜGER (2007): »Mehrere Sprachen in der Grundschule – Vision oder Realität?« Kierepka, Adelheid, Eberhard Klein & Renate Krüger (Hg.): Fortschritte im frühen Fremdsprachenunterricht. Auf dem Weg zur Mehrsprachigkeit. Tübingen: Gunter Narr Verlag. 113–136.

3 Diagnose von Lernständen

Ulrich Bliesener

Diagnose des Lernfortschritts

Englischunterricht in der Grundschule und in den Jahrgangsstufen 5 und 6

Vorbemerkung

Ein zentrales Thema der Bildungsdiskussion der letzten Zeit ist die Forderung nach einer verstärkten Förderung derjenigen Lerner, die durch ihre persönlichen Umstände benachteiligt sind oder die, aus welchen Gründen auch immer, nicht mit ihren Mitschülern mithalten können. Bisher wurden solche Lerner eher vernachlässigt; eine entsprechende Benotung ihrer Leistungen bescheinigte den Misserfolg. Dabei wurde leicht übersehen, dass keineswegs immer ein objektives Unvermögen der Grund für das Versagen sein muss, sondern dass auch andere Gründe für das Scheitern mit den negativen Konsequenzen verantwortlich sein können. Eine Förderung kann deshalb nur dann effektiv und nachhaltig sein, wenn sie die Gründe kennt, die den angestrebten Lernerfolg behindern.

In der Bildungsdiskussion geht es aber nicht nur um Lerner, die Schwierigkeiten mit der Aneignung von Wissen und Können haben. Die Forderung nach einer besseren Förderung ist, weiter gefasst, zugleich auch eine Forderung nach einer Verbesserung des Unterrichts schlechthin. Auch hier geht es darum, genauer hinzuschauen und den Lernfortschritt nicht nur des einzelnen Lerners, sondern der ganzen Lerngruppe zu beobachten. Das verlangt ganz allgemein nach einer kritischen Betrachtung des Vermittlungs- und Aneignungsprozesses, aus der sich Korrekturen für die Planung und Durchführung des Unterrichts ergeben können. Insofern ist die Diagnose des Lernfortschritts eine sehr komplexe Aufgabe, die gleichwohl aber nicht vernachlässigt werden darf. Sie ist ein wichtiges Element in jeglichem Unterricht.

Alles hängt mit allem zusammen

Nun ist jeder Unterricht, unabhängig von Schulstufe und Schulform, ein überaus komplexer Vorgang, dessen Verlauf und Ergebnis von einer Vielzahl von Variablen abhängt. Da wäre zunächst der Lehrer, mit seinem Wissen und Können, der Einstellung zu seinem Fach und dem anstehenden Unterrichtsvorhaben, von seiner Vorbereitung und seiner Disposition am Tag des Unterrichts. Die Lerner, die Zusammensetzung der Lerngruppe, mit ihrem Vorwissen und Lernstand, Lernbereitschaft und Motivation sind weitere Variablen. Aber auch der Unterrichtsgegenstand und seine empfundene Relevanz sind von Bedeutung. Schließlich spielen auch die äußeren Gegebenheiten eine Rolle, von den in Standards oder Curricula festgelegten Zielvorgaben, von den Lehr- und Lernmaterialien bis hin zu der Platzierung im Stundenplan.

Man kann die einzelnen Variablen jede für sich betrachten, was unter bestimmten Bedingungen sicher sinnvoll ist. Aber zu keinem Zeitpunkt darf vergessen werden, dass alles mit allem zusammenhängt. Genau das aber macht die Diagnose und Feststellung des Lernfortschritts so schwierig und risikoreich, weil falsche Schlussfolgerungen hinsichtlich der Lehr- und Lernleistung ein unscharfes oder gar falsches Bild von den Ergebnissen des Unterrichts vermitteln können.

Jede Diagnose des Lernfortschritts muss sich am konkreten Unterricht orientieren, der von den amtlichen Inhalts- und Zielvorgaben sowie den geltenden didaktischen und methodischen Konzeptionen bestimmt wird. Nur dann ist sie aussagekräftig. Es macht wenig Sinn, bei der Diagnose von einem überholten Modell der Sprachvermittlung auszugehen, wenn die Vermittlung von kommunikativen Kompetenzen verbindliches Ziel eines modernen Fremdsprachenunterrichts ist. Das ist eine der unverrückbaren Vorbedingungen für jede aussagekräftige Diagnose des Lernfortschritts. Der Unterricht bestimmt die Blickrichtung der Diagnose.

Sollen die englischen Laute vermittelt oder bestimmte Strukturen eingeübt werden, dann wird sich das Augenmerk der Diagnose anders ausrichten, als wenn es um die Aneignung von Sprechfertigkeit, Sprechflüssigkeit (*fluency*) und Kommunikationsstrategien geht.

Schließlich soll der Fremdsprachenunterricht Wissen und Können vermitteln, auf denen weiteres Lernen aufbauen kann. Dies hat eine besondere Bedeutung für den Fremdsprachenunterricht in der Grundschule, denn Sprachunterricht ist ein Kontinuum, das von der Vorschule bis weit in den nachschulischen Bereich hinein andauert. Der Fremdsprachenunterricht in der Grundschule ist keine isolierte Veranstaltung, sondern legt die Basis für den Erwerb erweiterter Kompetenzen und für das tiefere Eindringen in die Möglichkeiten, sich in der fremden Sprache differenziert mitzuteilen. Er soll ferner den Boden für weiteres Fremdsprachenlernen mit dem Ziel der Mehrsprachigkeit bereiten. Das ist nicht als Vorarbeit für die weiterführenden Schulen abzutun, sondern ergibt sich vielmehr aus der Tatsache, dass angesichts der heutigen Anforderungen an fremdsprachliches Können, die sich aus dem weltweiten Austausch von Informationen und Wissen in vielsprachigen Kontexten ergeben, der Erwerb von fremden Sprachen als ein Kontinuum, als lebenslange Aufgabe zu verstehen ist, die über das institutionelle Bildungssystem hinausreicht.

Jegliche Diagnose des Lernfortschritts muss die genannten Eckpunkte – die eingangs angeführten Variablen, die amtlichen Vorgaben, den allgemeinen Auftrag des Fremdsprachenunterrichts – in seine diagnostischen Beobachtungen und die daraus folgenden Konsequenzen einbeziehen, weil eben alles mit allem zusammenhängt und einander bedingt.

Sinn und Zweck der Diagnose des Lernfortschritts

Unterricht dient der Vermittlung und Aneignung von Wissen und Können. Es ist daher sinnvoll und für die Planung des weiteren Unterrichts hilfreich zu fragen, wie effektiv und erfolgreich die Wissensvermittlung und die Aneignung der vermittelten Unterrichtsinhalte gewesen sind. Das ist althergebrachte und verbreitete Praxis; bekannte Formen sind Übungsarbeiten, Tests und auch Klassenarbeiten mit den verschiedenen inhaltlichen Konkretisierungen.

Auch die Diagnose des Lernfortschritts will feststellen, welchen Zugewinn an Wissen und Können der vorausgegangene Unterricht erbracht hat. Aber ihr methodischer Ansatz ist ein anderer: Die Diagnose will durch Beobachtung während des Unterrichtsgeschehens herausfinden, ob die Unterrichtsplanung sach- und adressatengerecht gewesen ist, ob die jeweilige Lerngruppe den angebotenen Lernstoff sich hat aneignen können, ob einzelne Lerner Schwierigkeiten hatten und warum, in wieweit das Lernumfeld eine positive oder negative Rolle gespielt, sich als fördernd und den Lernprozess stützend oder als erschwerend erwiesen hat. Damit wird die Diagnose des Lernfortschritts zu einem integralen, unverzichtbaren Element des komplexen Vorgangs Unterricht. Sie dient zum einen dazu, den Zuwachs an Wissen und Können festzustellen, damit die nachfolgenden Unterrichtseinheiten lernergerecht geplant werden können. Außerdem hilft sie, Aneignungsprobleme der Lerngruppe insgesamt zu erkennen und Schwierigkeiten Einzelner zu identifizieren. Auf die gewonnenen Einsichten kann dann sachgerecht, didaktisch und methodisch, aber auch pädagogisch bei der Vorbereitung der nächsten Vermittlungsschritte reagiert werden. Im Einzelfall können zielgerichtete Fördermaßnahmen eingeleitet werden.

Unabhängig vom Lernbereich bzw. vom Fach trägt die Diagnose des Lernfortschritts entscheidend dazu bei, die Vermittlung von Wissen und Können zu optimieren. Sie hilft damit gleichzeitig der Lerngruppe und dem einzelnen Lerner bei dem Bemühen, sich Wissen und Können anzueignen. Wie bereits angedeutet, hat es tendenziell die Diagnose des Lernfortschritts schon immer gegeben. Aber die Diagnose in der heutigen Form ist sachgerechter, differenzierter und anspruchsvoller in der Durchführung und sorgfältigen Auswertung der Ergebnisse. Sie schaut nicht nur auf das Ergebnis des Unterrichts, den objektiv erreichten Lernstand, sondern bezieht alle Variablen, die den Unterricht bestimmen, in die Beobachtung und Einschätzung des Lernfortschritts mit ein. Sie nimmt individuelle Lernanstrengungen oder Lernschwächen ebenso zur Kenntnis wie Stärken und besondere Leistungen. Sie liefert damit die notwendigen Daten für eine zielgerechtere Unterrichtsplanung und Durchführung. Und sie hilft, was besonders wichtig ist, bei der Entscheidung, welche Fördermaßnahmen in welcher Weise eingeleitet werden müssen. Sie ist, so gesehen, für jeden organisierten Unterricht, und damit auch für einen modernen Fremdsprachenunterricht, unverzichtbar.

Das macht deutlich, dass die Diagnose des Lernfortschritts kein Selbstzweck ist. Sie ist immer darauf gerichtet, die Aneignung von Wissen und Können begleitend zu unterstützen, Schwierigkeiten rechtzeitig zu erkennen und durch notwendige Therapien und Änderungen von Methoden auszuräumen. Das heißt aber auch, dass sie nicht als ein Instrument für die Beurteilung und Bewertung von Lernleistungen zu verstehen ist. Natürlich achtet die Diagnose auch auf Leistung und erreichten Zugewinn an Wissen und Können, aber eben nicht nur darauf, denn sie beachtet in erster Linie das Zusammenwirken von Vermittlung und Aneignung, von günstigen oder hinderlichen Gegebenheiten und Umständen, von Lernanstrengung und Motivation, von Ermunterung und fördernder Hilfestellung. Aber sie benotet das Ergebnis ihrer Beobachtung nicht, denn ihre eigentliche Bedeutung und Funktion liegt in der Begleitung und Unterstützung des Lehrens und Lernens. Die Zuordnung von Sprachleistungen zu Noten und die Einordnung in Notenskalen dienen in aller Regel nicht, wenigstens nicht unmittelbar, dem Lernfortschritt oder der Verbesserung der Lernleistung.

Blickrichtung der Diagnose – grundsätzliche Überlegungen

Die Blickrichtung der Diagnose ist zweigeteilt. Sie richtet sich primär auf den Lernprozess, das heißt auf den Prozess des Spracherwerbs. Es muss gefragt werden: Wie wird die neue Sprache gelernt, wie sicher, aber auch wie kreativ und selbstständig wird sie in kommunikativen Zusammenhängen angewendet? Und gleichzeitig gilt es zu untersuchen, ob es Schwierigkeiten, Missverständnisse oder gar Probleme gibt und wie sie zu erklären sind.

Im Gegensatz dazu richten Benotung und Bewertung von Sprachleistungen den Blick auf das zu einem bestimmten Zeitpunkt tatsächlich vorhandene Wissen und Können, etwa darauf, ob gesetzte Standards erreicht wurden oder nicht. Noten sind eine administrative, an allgemeinen, offiziellen Zielvorgaben orientierte Feststellung und Bewertung von Lernleistungen. Sie messen nur das Erreichte und ordnen es einer Skala zu, ohne einen direkten Bezug zum vorausgegangenen Prozess der Aneignung und Verarbeitung oder zu Aspekten wie Lernbereitschaft, Lernanstrengung, individuelle Lernbedingungen und entwicklungsbedingte Lernschübe, die den Aneignungsprozess beeinflussen können, herzustellen.

Gleichzeitig rückt damit auch der Prozess der Sprachvermittlung ins Blickfeld der Diagnose. Wie bereits angedeutet, liefert sie, wenn sachgerecht durchgeführt, neben Aufschlüssen über das Lernverhalten und den erreichten Grad des Wissens und Könnens wertvolle Anhaltspunkte für eine kritische Analyse des Unterrichts. Manche Schwierigkeiten und Probleme auf Seiten der Lernenden sind Konsequenzen aus den didaktischen und / oder methodischen Überlegungen, die dem konkreten Unterricht zugrunde liegen. Das heißt, die Diagnose gibt Auskunft darüber, ob die Unterrichtsplanung angemessen und ob die konkreten didaktischen und methodischen Entscheidungen effektiv waren. Gleichzeitig gibt sie Auskunft über das Wissen und Können des Lehrers bzw. der Lehrerin. Zum Beispiel:

- ist das fremdsprachliche Vorbild eine gute Orientierung für die Lernenden,
- ist die Auswahl der vermittelten Sprachmittel auf das selbstständige Sprechen hin orientiert, wird genügend Zeit für die Formulierung von Antworten gelassen und werden Lernende neben dem Wiederholen und Nachsprechen hinreichend oft zu eigenständigen Äußerungen aufgefordert,
- ist der Unterricht durchweg auf die Vermittlung kommunikativen Könnens hin angelegt,

- wird genügend Zeit eingeplant nicht nur für die Wiederholung, sondern auch für die Hilfestellung bei Schwierigkeiten der ganzen Lerngruppe (z.B. weil die Vermittlungsschritte zu groß sind) oder einzelner Lernender (z.B. weil die Frage / der Arbeitsauftrag nicht verstanden wurde)?

Jeder Lernfortschritt ist direkt abhängig von der Qualität des Unterrichts, die sich aus dem Zusammenspiel der genannten Variablen ergibt; dazu gehören eben auch eine sorgfältige Vorbereitung und Durchführung des Unterrichts, die auch ausreichend Zeit für Wiederholung, zusätzliche Übung oder auch Zurückgehen im Stoff mit einplant.

Für die Diagnose gelten also zwei Beobachtungsbereiche. Zum einen der pädagogische Bereich, in dem es wesentlich um die Lernenden und die ganze Lerngruppe geht, aber auch um den einzelnen Schüler und seinen individuellen Fortschritt, wobei die Förderung bei Aneignungsschwächen ein wichtiger Aspekt ist. Zum anderen ist der didaktisch-methodische Bereich von Bedeutung, der den Unterricht kritisch betrachtet und der Frage nachgeht, inwieweit die Organisation des Unterrichts den Prozess der Aneignung von Sprache und von kommunikativem Können befördert oder behindert.

Für beide Beobachtungsbereiche gilt, dass es vorrangig immer darum geht, den Prozess des Spracherwerbs voranzutreiben und ihn zu erleichtern, Schwierigkeiten auf Seiten der Lernenden und der Lehrenden zu identifizieren, diese durch entsprechende Maßnahmen auszuräumen oder Konsequenzen für eine veränderte Unterrichtsorganisation zu ziehen. Das verlangt, dass die Diagnoseergebnisse reflektiert werden, auf Seiten der Lehrkraft, aber auch in geeigneter und altersgerechter Form gemeinsam mit den Lernenden (vgl. dazu »Beratungsgespräche – Transparenz – Partnerschaft«).

Beobachtungskriterien – allgemeine Überlegungen

Wie kommt man zu geeigneten Beobachtungskriterien? Voraussetzung für eine Diagnose von Lernfortschritt und Zuwachs an Wissen und Können sind sachgerechte und verbindliche Kriterien und Indikatoren, mit deren Hilfe Gelungenes oder weniger Gelungenes identifiziert und gedeutet werden können. Dabei gilt, dass die Kriterien und Indikatoren, die die Beobachtung steuern, vom vorausgegangenen Unterricht abhängig sind. Inhalte und Ziele dieses Unterrichts bestimmen die Fragen, die bei der Diagnose des Lernfortschritts eine Rolle spielen. Man kann nur beobachten und einschätzen, was vorher im Unterricht verhandelt wurde.

Daneben gilt generell, dass sich Kriterien und Indikatoren an den für die Schulstufe gesetzten Zielvorgaben und / oder Standards orientieren müssen.

Wenn im Unterricht spezifische Aspekte der Zielsprache vermittelt und eingeübt wurden, wie z. B. die Produktion von schwierigen Lauten oder bestimmte Fragestrukturen, dann wird die Diagnose sich auf eben diese Aspekte konzentrieren. In diesem Falle werden vorwiegend die allgemeinen Indikatoren richtig / falsch eine Rolle spielen. Richtige (oder falsche) Aussprache, richtige Wortwahl (z. B. die Wahl des richtigen Farbadjektivs passend zu einer Bildtafel), Verwendung der richtigen Struktur, richtiges Reagieren auf Impulse des Lehrers etc. sind hier zu beachten. Die Betonung liegt auf richtig oder falsch. Dabei können die vielfach von Verlagen als Begleitmaterial zum Lehrbuch angebotenen Beobachtungsbögen nützlich sein. Sie widmen sich aber überwiegend dem einzelnen Phänomen oder der einzelnen Fertigkeit. Zum Beispiel: Der Lernende kann

- Laute imitieren / nachsprechen,
- einzelne Wörter, Sätze, Wendungen richtig aussprechen, laut lesen,
- mündliche / schriftliche Handlungsanweisungen umsetzen,
- Wörter / Sätze / Textteile zu Zahlen, Bildern etc. zuordnen,
- Wörter in Wortschlangen auffinden,
- unvollständige Satzteile, Sätze, Fragen ergänzen etc.

Oftmals enthalten solche Beobachtungsbögen auch noch Vorschläge zur Einstufung der Qualität der Antwort, der Häufigkeit (immer, nicht immer, manchmal, nie) der richtigen / falschen Antwort, manchmal auch der Länge der Zeit, die für die Antwort benötigt wird. Die einzelnen Leistungen, die beobachtet, eingestuft und notiert werden, beziehen sich überwiegend auf die Reproduktion von Gelerntem, auf das Nachsprechen, Ausführen, Anwenden, Zuordnen von vorgegebenen, vorher vermittelten und gelernten Items.

Individuelle Sprachleistungen und selbstständiges Verwenden von Sprachdaten zur Lösung einer Sprachaufgabe können von solchen Beobachtungsbögen nur unzureichend erfasst werden, weil sie auf das einzelne sprachliche Phänomen und die sprachrichtige Verwendung orientiert und daher zu eng gerastert sind. Die Gesamtheit einer produktiven Sprachleistung können sie deshalb nicht erfassen.

Für kommunikative Sprachaufgaben müssen sich die Diagnosekriterien und die Indikatoren auf die ganze Sprachleistung beziehen und eher allgemeiner Natur sein. Zum Beispiel:

- Wie wurde die sprachliche Aufgabe insgesamt bewältigt?
- In welcher Weise wurden die bereits erworbenen und verfügbaren Mitteilungsmöglichkeiten der fremden Sprache eingesetzt, um die gestellte Sprachaufgabe zu lösen?

Für eine solche Blickrichtung kommen Indikatoren in Betracht wie: Verständlichkeit, Sachgerechtigkeit, Umfang, Selbstständigkeit, Originalität, Kreativität, Zeitmanagement bis hin zu Strategien und Geschicklichkeit. Dabei ist das Bemühen, sich mit den zur Verfügung stehenden (d. h. bereits vermittelten) sprachlichen Daten eigenständig mitzuteilen, besonders positiv einzuschätzen. Die Effektivität einer Sprachleistung, ihre kommunikative Wertigkeit (Ziel: diese Aussage ist so verständlich, dass der Adressat sie versteht und entsprechend reagiert) werden in den Blick genommen. Verständlichkeit und Wirkung einer Mitteilung stehen an erster Stelle; erst in zweiter Linie geht es um richtig oder falsch. Damit verliert der Fehler (z. B. fehlerhafte Lautbildung, unangemessene Wortwahl, Ungeschicklichkeiten in der Handhabung von Strukturen, falsche Fragebildung etc.) an Gewicht, solange die Verständlichkeit dadurch nicht grundsätzlich behindert wird.

Eine solche Betrachtungsweise übersieht die Fehler nicht; damit wäre keinem Lernenden auf Dauer geholfen. Es wird aber nicht eingegriffen, um zu korrigieren, sondern der Fehler wird sozusagen aufgehoben, um den Mitteilungsfluss nicht zu stören, und wird an anderer Stelle der Unterrichtseinheit wieder aufgenommen und entweder bewusst gemacht (d. h. reflektiert: »Wenn man das sagen will, dann passt dieses Wort besser; … dann sagt man es eher so …«) oder schlicht noch einmal in geeigneter Weise geübt. Dabei wird man sich etwa bei Aussprachefehlern auf den einzelnen Laut, dann auf Wörter mit diesem Laut konzentrieren. Zum Beispiel: *bear, hair, wear, care, chair* etc. Wegen der unterschiedlichen Schreibweise werden die Wörter nicht angeschrieben. Danach kann man die Wörter nachsprechen lassen, besser in ganzen Sätzen, was der Geläufigkeit dient. Wenn es keine passenden *nursery rhymes* dazu gibt, dann kann man einen Rap-ähnlichen Singsang in der Klasse veranstalten. Etwa so:

Lehrer:	*I have no hair – I don't care.*
Schüler:	*You have no hair. You don't care.*
Und so fort:	*My father has no hair. I don't care.*
	That's Johnny bear, he has no hair. I don't care.
	I love Johnny bear.
	John / Anne etc. has a teddy bear. Has he got hair?

I have no teddy bear. That's not fair.
This is my chair. Your chair is there.
My kite is up in the air. It is up there.

Bei fehlerhaft gebildeten Strukturen *[I like not ice cream]* kann man Reihen von Beispielsätzen bilden lassen, die überdies noch vergnüglich sind. *What/Things we don't like.* Der Lehrer gibt das Stichwort vor, die Schüler (alle / einer) antworten:

homework:	*We / I don't like homework.*	*He doesn't like homework.*
football:	*We / I don't like football.*	*My brother ...*
summer:	*We / I don't like summer.*	*Anne doesn't like...*
ice-cream, chips :	*We / I don't like ice cream.*	
swimming:	*I don't like swimming.*	

Schüler sollten aufgefordert werden, die Antworten unter Beibehaltung der Grundstruktur *don't/ doesn't like* zu variieren: *John / Anne / he / we / she doesn't/ don't like chips.* Danach soll die Grundstruktur erweitert werden: *I don't mind homework* oder *I don't like ice cream, I prefer cake. I don't like chips, but my brother prefers/loves rice. I don't like sweets, they are not good for my teeth.* usw. Solche Übungssequenzen aktivieren und reaktivieren bereits Gelerntes, lassen den Schülern die Wahl der Antwort, solange die Grundstruktur verwendet wird, und üben auf diese Weise kommunikatives Sprechen ein. Dies wiederum kann dann zu gegebener Zeit Gegenstand der Diagnosebeobachtung sein (vgl. »Angemessene Sprachaufgaben«).

Es dürfte hinreichend deutlich geworden sein, dass die Blickrichtung der Diagnose direkt mit der Anlage und Ausrichtung des Fremdsprachenunterrichts (Englisch oder Französisch) korrespondiert. Zielt die Vermittlung der fremden Sprache primär auf die Beherrschung von sprachlichen Einzelphänomenen, sind die Diagnoseergebnisse deutlich unterschieden von denen, die sich in einem kommunikativen und aufgabenorientierten Unterricht ergeben. Die Erfahrung lehrt, dass auch im Anfangsunterricht der Grundschule die Bewältigung von komplexeren Sprachaufgaben sehr wohl möglich ist. Wenn es denn richtig ist, dass der Fremdsprachenunterricht in der Grundschule Teil eines Kontinuums ist, das über die Primarstufe in die folgenden Schulstufen und darüber hinaus reicht und wenn es weiterhin richtig ist, dass kommunikatives Können wesentliches Ziel der Fremdsprachenvermittlung sein soll, dann muss bereits in der Grundschule auf dieses Ziel – grundschulspezifisch – hingearbeitet werden. Damit leistet die

Grundschule im Rahmen des Kontinuums einen grundlegenden und vorbereitenden Beitrag für den weiteren Verlauf jeder Sprachlernbiographie.

Eine zu große Beachtung der Sprachrichtigkeit engt den Lernenden in seinem Eifer und seinem Wunsch, sich in der fremden Sprache mitzuteilen, ein. Das führt leider häufig dazu, ihm das Experimentieren mit der Sprache und das selbstständige Verwenden von Wörtern und Strukturen gewissermaßen abzugewöhnen. Ein schlechtes Beispiel ist folgende Aufforderung eines Lehrers: »Wer kann mir einen richtigen Satz sagen?« und dann, nach einer Runde von Schülermeldungen, »Wer kann mir zwei richtige Sätze sagen?«. Es geht nicht um eine Mitteilung, sondern um Sprachrichtigkeit. Schon im frühen Stadium des Sprachenlernens muss der Austausch von konkreten Mitteilungen immer im Mittelpunkt aller Aktivitäten stehen. Der Lernende darf nicht zum (bloßen) Nutzer der Sprache gemacht werden, statt ihm die Möglichkeit zu gewähren, Sprache quasi selber zu schaffen, kreativ mit ihr umzugehen und sie seinen Mitteilungsbedürfnissen anzupassen. Für den Prozess der Aneignung der fremden Sprache ist es außerordentlich wichtig, die Lernenden zu ermutigen, die fremde Sprache selbstständig zu nutzen und die Mitteilungsmöglichkeiten auszuprobieren. Und wenn sie erfolgreich sind, dann bewirkt das Genugtuung über das Erreichte und Freude am Lernen, was für den weiteren Aneignungsprozess von großer motivierender Kraft ist. Dabei ist es im Augenblick unerheblich, wenn die Sprachrichtigkeit etwas zu kurz kommt (s. o. zum Umgang mit dem Fehler).

Die Bereitschaft, sich mitzuteilen, wird besonders dann gefördert, geradezu herausgefordert, wenn die Inhalte sich zum Weiterspinnen, zum Fabulieren eignen. Eine nur auf Funktionalität ausgerichtete Vermittlung der Sprache (Frage nach dem Weg, Bitte um etwas, Mitteilung von Vorlieben und Abneigungen, Zahlen von 1 bis 20 etc. – so wichtig das auch ist) hat im Klassenzimmer nur einen eingeschränkten Realitätsbezug, regt die Fantasie nicht an und trägt nicht dazu bei, die fremde Sprache in ihren Möglichkeiten zu erleben und sie sich so zu Eigen zu machen. Darum sind Reime und Nonsense-Verse so wichtig und motivierend: *See you later, alligator* und die Antwort darauf *In a while with a smile* bleiben im Gedächtnis haften, verstärken den Prozess der Sprachaneignung, nicht zuletzt auch weil sie repetitiv sind. Man denke an den bekannten Reim *Humpty Dumpty sat on a wall, Humpty Dumpty had a big fall …*

In diesem Sinne kann man auch mit Grundschülern Gedichte in englischer Sprache verfassen. Das regt an, mit der Sprache und ihren

Möglichkeiten zu spielen, ist kreativ und hilft zugleich, sich die fremde Sprache zu Eigen zu machen. Nachfolgende Beispiele mögen dies verdeutlichen:

My kite
I have a new kite.
It is yellow and white.
There is my brother Mike.
He is flying my new kite.
I don't like my brother Mike
Flying my new kite.

About me
I am young, I am not old, my grandpa and grandma are old.
I go to school in the morning, but I find school very boring.
After school I read my book, here it is, have a look.
My dog Frisky is small, he often plays with my ball.
He loves sleeping in my bed, my mother says it is bad.

Solche kleinen Gedichte entstehen nicht ohne Hilfe. Zunächst sucht man Wörter, die miteinander reimen. Die *nursery rhymes* bieten genügend Beispiele. Dann wird entschieden, welche Wörter inhaltlich zusammenpassen, daraus ergibt sich das Thema des Gedichts, schließlich werden Zeilen aufgeschrieben – das kleine Gedicht entsteht. Es schadet dabei nichts, wenn Schüler auf Liedzeilen oder *nursery rhymes* zurückgreifen oder wenn sie die Satzstruktur zum Zwecke des Reimes etwas zurechtbiegen. Entscheidend ist das selbst bestimmte Verwenden von Sprache. Die obigen Beispiele bedürfen eines zeitlichen Vorlaufs, sind aber schon im Verlauf des zweiten, sicher im dritten Lehrjahr möglich. Und sie machen den Lernenden sehr viel Spaß, vor allem, wenn ihre kleinen Werke nachher ausgehängt oder sogar anderen Klassen zugänglich gemacht werden.

Für die Grundschule erscheint der beschriebene ganzheitliche Vermittlungsansatz in besonderem Maße angemessen. Dabei bleibt die Sprachrichtigkeit nach wie vor wichtig und der Aufmerksamkeit wert. Aber die Befassung mit der Sprachrichtigkeit im Detail steht nicht am Anfang des Prozesses, sondern ist nachrangig. Sie wird zeitlich nach hinten versetzt und erfolgt im Anschluss an die Mitteilung nur dann, wenn diese nicht voll verständlich ist. Gemeinsam mit der Lerngruppe wird überlegt, wie man es besser machen kann und woran es liegt, dass die Mitteilung nicht verstanden oder missverstanden wurde. Daraus ergibt sich ein unterrichtlicher Dreierschritt:

1. Bereitstellung des Sprachmaterials plus Wiederholung des schon vermittelten Sprachmaterials.
2. Anwendung des Sprachmaterials in neuen Zusammenhängen und neuen Sprachaufgaben.
3. Überprüfung und gegebenenfalls Korrektur und Verbesserung von Fehlern plus Wiederholung und Förderaktivitäten.

Beobachtungskriterien und Indikatoren – konkret

Diagnose und Feststellung des Lernfortschritts brauchen ein analytisches Instrumentarium, das heißt Kriterien und Indikatoren, um die Sprachleistung und den Lernfortschritt des einzelnen Lernenden und der ganzen Lerngruppe zu beschreiben und unter gewissen Gesichtspunkten zu ordnen. Bei vorwiegend kommunikativ orientiertem Unterricht kommt dem Aspekt ›Kommunikation / Mitteilung‹ besondere Bedeutung zu. Alle anderen Aspekte, Wortschatz, Aussprache, Sprachrichtigkeit, Geläufigkeit und Hörverstehen, sind nachgeordnet, indem sie nicht um ihrer selbst willen betrachtet werden. Sie sind aber keineswegs unwichtig, denn sie tragen zum Gelingen der Kommunikation bei oder können sie in ihrer Effektivität beeinträchtigen oder gar unverständlich machen (z.B. unklare Aussprache, ungeschickte Wortwahl, fehlerhaft gebildete Struktur).

Nicht leicht zu beurteilen ist ›Geläufigkeit‹. Es kommt nicht nur darauf an, dass auf eine Äußerung sofort oder innerhalb einer gesetzten Frist reagiert wird. Man braucht Zeit, das Mitgeteilte zu verstehen und die eigene Antwort zu formulieren. Zögern ist ein legitimes Mittel, sich Zeit zu verschaffen, um angemessen, auch unter Berücksichtigung der eigenen Interessen, zu antworten. Die Diagnose muss im Einzelfall abschätzen, ob ein Zögern kommunikativen Zwecken dient oder ihre Ursache darin hat, dass die notwendigen Sprachmittel nicht zur Verfügung stehen. Für das Gelingen einer Kommunikation spielt es aber schon eine Rolle, wie lange die Reaktion auf eine Mitteilung auf sich warten lässt. Dauert es zu lange, wird der kontinuierliche Wechsel von Rede und Gegenrede versiegen.

Auch das ›Hörverstehen‹ ist ebenfalls ein wichtiger Diagnoseaspekt, denn in einer Kommunikation setzt richtiges Reagieren auf eine Äußerung Hörverstehen voraus. Zusammengefasst ergibt sich folgende Übersicht:

	(1) Effektivität der Kommunikation (übergeordnetes Ziel).
Ihr zugeordnet folgen	(2) Wortschatz (Verfügbarkeit, Umfang),
	(3) Aussprache (Lautbildung),
	(4) Sprachrichtigkeit (Wortwahl, Strukturen),
	(5) Geläufigkeit
und schließlich	(6) Hörverstehen.

Aus der Reihenfolge in dieser Übersicht wird noch einmal deutlich, dass der Verstoß gegen die Sprachrichtigkeit nicht den ersten Platz einnimmt. Verstöße werden aber keineswegs vernachlässigt, sondern werden, wie beschrieben, aus lernpsychologischen Gründen erst nach der Kommunikation aufgenommen und durch entsprechende Übungs- und Förderaktivitäten abgearbeitet, vor allem dann, wenn sie die Kommunikation wesentlich behindert haben.

Den einzelnen Diagnoseaspekten müssen entsprechend der jeweiligen Lernstufe und den Zielvorgaben (Standards) bestimmte Indikatoren zugeordnet werden. Es ist eine Herausforderung, angemessene Formulierungen für Indikatoren zu finden. Ein Blick in die entsprechenden Kapitel des Gemeinsamen Europäischen Referenzrahmens zeigt, was von einer Sprachleistung in die Formulierungen einfließen kann. Zum Beispiel könnten – in Anlehnung an den europäischen Referenzrahmen – für eine untere, mittlere und obere Leistungsstufe die Indikatoren für den Bereich ›Effektivität der Kommunikation‹ etwa so ausfallen:

- ➢ benutzt einfache, kurze Sätze, mit Pausen, stützt sich vielfach auf Gesten und nonverbale Sprache;
- ➢ kann mit nur wenigen Unsicherheiten in der Wortwahl über vertraute Inhalte sprechen;
- ➢ kommuniziert flüssig über vertraute Inhalte, reagiert angemessen auf Äußerungen des Partners, verwendet die vermittelten Sprachdaten eigenständig und situationsangemessen.

Es könnte eingewendet werden, dass diese Formulierungen überzogen sind, weil sie zumindest teilweise Sprachleistungen vermuten lassen, die in der Grundschule nicht erwartet werden können. Dennoch gilt, dass Sprachleistungen von Grundschülern mit diesen Indikatoren beschrieben werden können. Wenn nämlich ein Lerner in der Muttersprache oder in der Fremdsprache mit Wörtern und Strukturen selbstständig umgeht und sich verständlich und der Sache angemessen mitteilt, dann kann man das mit den obigen Indikatoren beschreiben.

Das Beispiel soll auch nur deutlich machen, welche Aspekte einer Sprachleistung durch Indikatoren sozusagen dingfest gemacht werden können. Wenn man, um beim obigen Beispiel zu bleiben, für die obere Stufe nur formuliert »kommuniziert flüssig über vertraute Gegenstände«, dann muss man sich klar machen, welche verschiedenen Aspekte einer bestimmten Sprachleistung eine solche Beschreibung rechtfertigen.

Je nach Klassenstufe und erreichtem Lernstand ist aber zu Zurückhaltung in der Differenzierung und der Ausformulierung der einzelnen Indikatoren zu raten. Zum einen ist man leicht geneigt, die eigene Erwartungshaltung zu hoch anzusetzen; zum anderen ist eine zu große Differenzierung wenig hilfreich und praktikabel. Schließlich ist, wie schon gesagt, der Lernstand in der Grundschule noch niedrig. Die Indikatoren sollten darum realistisch sein und sich daran orientieren, was in der Grundschule unter den gegebenen Bedingungen tatsächlich möglich ist. Sie sollten ferner offen formuliert sein und die Möglichkeit zulassen, im Einzelfall erläuternde Bemerkungen hinzuzufügen. Die Kriterien und Indikatoren dürfen nicht zu einem starren System gerinnen. Sie sind als Anhaltspunkte zu verstehen, die vor allem sicherstellen sollen, dass alle Beobachtungen nach den gleichen Kriterien und Indikatoren erfolgen. Hier wird übrigens deutlich, wo die Grenzen der Beobachtungsbögen liegen, wenn es um die Einschätzung komplexer Sprachleistungen geht. Und noch ein Gesichtspunkt muss berücksichtigt werden: Mit Blick auf die Lernenden und deren Eltern sollten die Formulierungen einsichtig und nachvollziehbar sein. In der Regel genügen daher drei, höchstens vier Stufen, zum Beispiel zur

Effektivität der Kommunikation:
- gelungen
- gelungen, nur wenige Mängel
- im Ganzen gelungen, aber mit Mängeln
- nicht gelungen

Für die anderen genannten Diagnosebereiche könnten die Indikatoren entsprechend formuliert werden.

Für den Bereich Wortschatz:
- Wortwahl trifft die Sache
- benutzt nur Wörter mit hoher Häufigkeit
- sehr einfacher Wortschatz

Für den Bereich Aussprache:

- verständlich, ohne ernsthafte Mängel
- durchweg verständlich, nur wenige Mängel
- im Ganzen verständlich, mit Mängeln
- schwer verständlich

Es ist dringend anzuraten, die Indikatoren mit den Kolleginnen und Kollegen, die vorwiegend Sprache vermitteln – gleich ob Muttersprache, Fremdsprache oder Sprachförderkurs – für die jeweilige Jahrgangsstufe gemeinsam zu diskutieren und festzulegen. Im Laufe des Jahres mag es sich zudem als sinnvoll erweisen, die Indikatoren an das tatsächlich Erreichte oder Erreichbare anzupassen und sich dabei auf eine einfache Beschreibungssprache zu beschränken. Auch dies sollte gemeinsam erfolgen. Die Zusammenarbeit *aller* Lehrkräfte in einer Sprachenkonferenz ist für die Diagnose und Feststellung des Lernfortschritts in allen sprachlichen Lernbereichen von großer Bedeutung.

Angemessene Sprachaufgaben

Auf den Zusammenhang zwischen Unterricht und Diagnoseperspektive ist bereits hingewiesen worden. Je nach Anlage des jeweiligen Unterrichts – kommunikativ orientiert oder mehr auf die Vermittlung von Einzelphänomen gerichtet – wird die Diagnose des Lernfortschritts ihre Blickrichtung wählen. Um aber ausreichend Material für Beobachtungen zu haben, müssen entsprechende Sprachaufgaben gestellt werden, die den Lernenden genügend Gelegenheit geben, den erreichten Lernstand erkennbar zu machen.

Jede sprachliche Äußerung ist ein komplexes Produkt aus verschiedenen Elementen und Kompetenzen, wie schon im Abschnitt »Beobachtungskriterien und Indikatoren – konkret« deutlich geworden ist. Dies gilt ganz allgemein, also auch für Sprachleistungen von Kindern in der Grundschule. Jede Sprachleistung ist zudem einmalig, abhängig davon, wie der Lerner mit den erworbenen sprachlichen Mitteln umgeht. Dies gilt insbesondere für mündliche Sprachleistungen, bei welchen das Verstehen einer Äußerung und eine angemessene Reaktion darauf sich unterschiedlich konkretisieren können. Neben dem Verstehen der Wörter und Strukturen spielt auch das Erfassen der Tendenz einer Aussage und die dazu passende eigene Äußerung, für die bestimmte Entscheidungen notwendig werden (Wortwahl, Tendenz der eigenen Antwort, Intonation etc.), eine Rolle. Auch die schnelle oder verzögerte Reaktion, die eingesetzte Strategie oder die Intonation tragen neben der persönlichen Fantasie und gegebenen Originalität zur Einmaligkeit einer sprachlichen Äußerung bei. Dem muss die Diagnose des Lernfortschritts Rechnung tragen.

Darum ist es wichtig, im Unterricht Sprachaufgaben und unterrichtliche Aktivitäten so anzulegen, dass Beobachtungen von Sprachleistungen, vor allem solche mündlicher Art, für alle Lerner in einer Gruppe möglich werden, damit Lernfortschritt oder Lernschwierigkeiten erkannt und angemessen berücksichtigt werden können. Hier liegt ein grundsätzliches Problem. In der Grundschule – und darüber hinaus – werden Kinder dazu erzogen, zunächst die Frage des Lehrers abzuwarten, die sie dann beantworten. Sie werden viel zu wenig dazu angeleitet, von sich aus Äußerungen zu tun oder Fragen zu stellen. Dabei sind das Mitteilungsbedürfnis, die Neugier und das daraus resultierende Frageinteresse wichtige Elemente des Lernens. Alle Lernbereiche, vor allem aber die sprachlichen, sind gehalten, in diesem Sinne die Lerner anzuleiten, von sich aus Fragen zu stellen und sich mitzuteilen. Das bedarf des Umdenkens bei didaktischen und methodischen Entscheidungen; Impulse des Lehrers sollten weniger die Form von Fragen, sondern mehr Aufforderungscharakter haben. Der Einwand, dass dies für den Fremdsprachenunterricht eine Überforderung sei, ist nicht angemessen: Wenn der Mitteilungsdruck groß genug ist, dann zögern auch junge Lerner nicht (erfahrungsgemäß eher als ältere Lerner der Sekundarstufen), sich in der fremden Sprache mitzuteilen. Dabei gehen sie kreativ und eigenständig, manchmal auch eigenwillig, mit dem bis dato gelernten fremden Medium um und eignen es sich dabei an. Es bedarf einiger Mühe und eines zeitlichen Vorlaufs, um sie zu dieser Bereitschaft zu bewegen.

Ferner sollte versucht werden, Sprachaufgaben zu stellen, die komplexer Natur sind und die Bandbreite von Einzelaspekten einer Sprachleistung herausfordern sowie beobachtbar machen. Ein konkretes Beispiel mag dies veranschaulichen. Es wurden die Zahlen 1–20 vermittelt und zwar in der üblichen Reihenfolge 1, 2, 3, 4, 5 bis 20. Die Lerner können aber erst dann richtig mit den Zahlen umgehen, wenn sie auf die Frage »*How old are you? What's your age?*« nicht erst an den Fingern von 1 bis 9 zählen müssen, sondern sofort antworten können: ›*9*‹ (formeller: *I'm nine. / I'm nine years old).* Eine andere Aufgabe: Fred und Ed sollen den Nachmittag gemeinsam verbringen; sie wohnen relativ weit voneinander entfernt. Es geht um Annahme oder Ablehnung der Einladung mit Begründung. Die entsprechenden Wörter (*play, invite, like, walk, near, far, hot* etc.) wurden vorher eingeführt und verwendet.

Ed: *Fred, let's play football after school / this afternoon.*
We can play in our garden.

Fred: *Oh* – (zögert) – *No, that's / it's so / too far.*
I have no bike. It's too hot to walk.
You come to my place. There is a football Feld
near our house. You have a bike.

Ed: *No, I can't. My mother is ill. I have to stay at home.*

Fred will den weiten Weg zu Ed nicht machen. Seine Ablehnung begründet er mit dem weiten Weg und dem heißen Wetter: »*I have no bike. It's too far / hot to walk.*« Er lockt für seine Gegeneinladung mit dem Hinweis auf den nahen Fußballplatz. Die Forderung nach einer Begründung führt zu unterschiedlichen Antworten: »*My mother is ill. It is too hot. I must look after my little brother, because my mother is at work.*« Die gegebenen Antworten sind abhängig von dem, was vorher an Sprachmaterial vermittelt wurde. Daraus müssen die Lerner auswählen und eine eigene Antwort formulieren. Die zweite Antwort von Ed könnte auch lauten:

Ed: *That's bad. OK then.*
(sie verbringen den Nachmittag nicht zusammen;
der Dialog ist abgeschlossen.)

oder: *Oh, no – I don't like that football field. There are (always) so many big boys.*
(Daran könnte Ed einen erneuten Versuch
anschließen, Fred zum Kommen zu überreden)
I went to your place yesterday.
Why don't you come to my place?

oder: *Let's go swimming then.*
(neuer Vorschlag , weil Ed gerne den
Nachmittag mit Fred verbringen will)

Auch die Antworten von Fred können unterschiedlich ausfallen.

Fred: *Ok, see you tomorrow.*
(hat verstanden, dass der Dialog beendet ist.)

oder: *They (=the big boys) are my friends. They are nice / cool.*
They are good players.
(zögernd, weil nicht begeistert) *I don't know ...*
I was there yesterday!

oder: (stimmt zu): *Fine / OK – Let's meet at four o'clock.*

Die Lernenden müssen auf das zurückgreifen, was sie früher an anderer Stelle und in einem anderen Zusammenhang gelernt haben und daraus ihre Antwort frei formulieren. Darauf richtet die Diagnose ihr besonderes Augenmerk. Übrigens auch darauf, dass Fred das Wort *football field* nicht kennt. Er kennt aber *football* und hilft sich für die zweite Hälfte des Wortes mit dem deutschen Wort Feld, was auch ein *native speaker* verstehen würde. Gleichwohl ist dies ein Wortschatzfehler, der zu einem späteren Zeitpunkt – möglichst noch in der gleichen Stunde, aber nicht unmittelbar während des Dialogs – aufgenommen und durch Angabe des Wortes *field* behoben werden sollte.

Beobachtungen müssen in regelmäßigen Abständen erfolgen. Sie sind ein integraler Teil des Unterrichts und ein bewusster, eingeplanter Akt des Lehrers. Sie sollen möglichst unauffällig und ohne Ankündigung erfolgen, um die Unbefangenheit der Lerner nicht zu stören. Beobachtungen können während des laufenden Unterrichts gemacht werden: bei Neueinführungen, bei Übungen, bei erweiterten Sprachaufgaben, die den Rückgriff auf vermitteltes Sprachmaterial verlangen. Das Verhalten der Lerngruppe wird beobachtet, aber auch die Reaktionen einzelner Schüler. Man kann kleineren Gruppen bestimmte Sprachaufgaben stellen. Beobachtet wird dann, wie die einzelnen Lerner sich der gemeinsamen Aufgabe stellen und wie sie sich einbringen. Geeignet sind dazu vor allem Aufgaben, die im Anschluss eine Präsentation vor der ganzen Klasse verlangen. Die vorgetragenen Ergebnisse werden anschließend verglichen, weitere Alternativen gesammelt und erörtert. Auch in Einzelgesprächen ist die Feststellung des Lernfortschritts möglich. Zurückhaltende Schüler kommen in einer Gruppe oder in der Klasse nicht immer zum Zuge. Um den Charakter einer Einzelüberprüfung zu vermeiden, ist besondere Sensibilität seitens der Lehrkraft angebracht. Gewissermaßen nebenbei wird durch geschicktes Fragen oder einen stützenden Hinweis der Lerner zur Reaktion herausgefordert. Natürlich kann die Feststellung des Lernfortschritts auch unabhängig vom laufenden Unterricht in der Groß- oder Kleingruppe erfolgen.

Je mehr Ergebnisse zusammenkommen, desto aussagekräftiger werden sie, weil dadurch die einzelne Beobachtung, vor allem wenn sie negativ ausfällt, in ihrer Bedeutung relativiert wird. Erst die Summe aller Beobachtungen in einem gewissen Zeitabschnitt lässt individuelle Leistungskurven erkennen, die das Auf und Ab von Lernanstrengungen und Lernleistungen, die oftmals in Schüben erfolgen, widerspiegeln. Die wünschenswerte Häufigkeit ist abhängig vom Unterricht. In der Regel ist nach Abschluss einer thematischen Unterrichtseinheit mit den dazu gehörigen Redemitteln eine Beobachtungsphase sinnvoll. Das bietet zudem Gelegenheit, das Sachthema erneut im Zusammenhang aufzuarbeiten und Wörter und Strukturen noch einmal zu wiederholen. Dazu werden Sprachaufgaben gestellt, die das bereits gesicherte und verfügbare Sprachmaterial mit dem neuen aus dem Sachthema der letzten Unterrichtseinheit verbinden. Die Zahl der Beobachtungsphasen darf auch deswegen nicht zu klein sein, weil man sonst nicht schnell genug auf Lernprobleme durch Anpassung der Unterrichtsverfahren und durch Einleitung von gezielten Fördermaßnahmen reagieren kann. Am Ende eines Halbjahres oder gar eines Schuljahres ist es in jedem Falle zu spät; dann werden eher Noten gegeben oder abschließende Lernstandsberichte verfasst, die für den Lernprozess nicht mehr fruchtbar werden können.

Notieren der Beobachtungen

Unabhängig davon, in welcher Weise Beobachtungen durchgeführt werden – begleitend oder formalisiert, an den Unterricht gebunden oder davon unabhängig –, Ergebnisse müssen notiert werden. In der Erinnerung werden Beobachtungen oftmals durch andere Aspekte beeinflusst, die die tatsächlichen Ergebnisse positiv oder auch negativ verfälschen. Damit das nicht geschieht, dienen Kriterien und Indikatoren bei der Notierung der Beobachtungsergebnisse als Leitschnur. Zu beachten ist ferner, dass die Zeit für die Beobachtung pro Schüler angesichts der Klassengrößen relativ kurz ist. Bei aller Sorgfalt der Beobachtung und Notierung der Ergebnisse ist Vorsicht und ein gewisser Vorbehalt anzuraten. Nicht immer ist eindeutig zu erkennen, welche Anstrengungen ein Schüler / eine Schülerin beim Erwerb der fremden Sprache erbracht hat, welche Schwierigkeiten auf individuelle Bedingtheiten zurückzuführen sind und welche durch die Art der Vermittlung verursacht wurden. Aus diesem Grunde sollten, wie bereits dargelegt, Indikatoren eher offen als zu eng formuliert werden. Ergänzende Notierungen sind dann immer möglich.

Zu warnen ist vor zu schnellen abschließenden Bewertungen in Form von Noten, auch wenn das zunächst praktisch und weniger arbeitsintensiv erscheinen mag. Anders als die Diagnose beschreiben Noten, wie bereits betont, ein Endprodukt, einen erreichten Lernstand am Ende eines Zeitabschnitts. Aber man täusche sich nicht; auch ausformulierte Beobachtungen beinhalten Elemente der Bewertung. Die beobachtende Lehrkraft entscheidet, was sie als gelungen, weniger gelungen oder gar misslungen einordnet. Sie muss sich dieses Sachverhaltes stets bewusst sein. Aber ausformulierte Beobachtungen erlauben ein größeres Maß an Differenzierungen und Abstufungen als Schulnoten, denen man nur ein ›+‹ oder ein ›–‹ beifügen kann. Außerdem können pädagogische Aspekte berücksichtigt werden (»Hat trotz seiner ... Fortschritte gemacht; hat einen großen Sprung nach vorn gemacht, unbeschadet der Tatsache, dass ...«). Damit wird der individuellen Anstrengung, dem individuellen Zugewinn und der Individualität der erbrachten Sprachleistung Rechnung getragen.

Die Ergebnisse müssen einsichtig formuliert sein, damit Eltern und vor allem Schüler verstehen, was gemeint ist. Die Notierungen der Beobachtungsergebnisse sind keine Geheimpapiere; sie sind grundsätzlich für Schüler und Eltern einsehbar. Darum muss den Lernern erklärt werden, warum beobachtet wird und wie die Ergebnisse notiert werden. Ferner muss darauf hingewiesen werden, dass jeder Lerner die Notierungen jederzeit einsehen kann. Zwar sollen die Beobachtungen möglichst unauffällig erfolgen, aber die Lerner wissen, dass sie von Zeit zu Zeit stattfinden. Sie haben ein Recht darauf zu erfahren, was notiert wurde. Dieses Recht wird ihnen nicht immer eingeräumt, weshalb sie explizit darauf hingewiesen werden sollten.

Wie die Notizen konkret aussehen, kann der einzelnen Lehrkraft überlassen bleiben. Das Notieren der Ergebnisse wird anfangs als lästig und arbeitsintensiv empfunden werden, was durchaus verständlich ist. Die Erfahrung lehrt aber, dass nach einer Phase der Einarbeitung und Gewöhnung Lehrkräfte sehr bald ihr persönliches System für die Notierungen entwickeln. Allerdings darf der Rahmen, der durch Kriterien und Indikatoren vorgegeben ist, nicht verlassen werden, um sicherzustellen, dass alle Leistungen unter den gleichen Aspekten eingeschätzt werden. Grundsätzlich ist, wie bereits angedeutet, gegen die vielfach angebotenen Beobachtungsbögen, die in Form einer tabellarischen Übersicht Leistungen und ihre Einschätzungen zusammenfassen, nichts einzuwenden, solange der Bogen nicht zu einer Art Leistungsstatistik wird, die dann für objektiv gültig genommen wird. Die zugestandenermaßen aufwendigere Notierung ohne Beobachtungsbogen ist sachgerechter, lässt mehr Spielraum für pädagogische Ergänzungen und zwingt immer wieder dazu, Einschätzungen durch Rückgriff auf die Indikatoren und wofür sie stehen zu überprüfen.

Auch die Lerner sollten angehalten werden, ihren Lernfortschritt (»Das habe ich heute gelernt, das kann ich jetzt«) und Schwierigkeiten, die sie bei der Aneignung der Sprache hatten (»Das kann ich [immer] noch nicht«), nach Möglichkeit in ihrem Portfolio oder auf sonst eine angemessene Weise zu notieren (vgl. dazu auch die Beiträge von BURWITZ-MELZER, KOLB und RAU & LEGUTKE in diesem Band).

Beratungsgespräche – Transparenz – Partnerschaft

Diagnose und Beobachtung des Lernfortschritts und ihre Notierungen lohnen nur dann den tatsächlich gegebenen Arbeitsaufwand, wenn sie das Aneignen von Wissen und Können unterstützen. Sie sind die Grundlage für die Analyse des vorausgegangenen Unterrichts und bieten für die weitere Planung wichtige Anhaltspunkte. Schwierigkeiten bei der Vermittlung und bei der Aufnahme der fremden Sprache wurden erkannt und die notwendigen Konsequenzen daraus gezogen. Das ist vornehmlich Aufgabe der Lehrkraft. Die Notierungen der Lerner im Portfolio oder in anderer Form liefern dazu wichtige Ergänzungen.

Da es aber wesentlich um die Lerner und deren Fortschritte oder Schwierigkeiten geht, müssen diese in die Auswertung der Beobachtungsergebnisse einbezogen werden. Lob und Zuspruch, aber auch Kritik und Hilfsangebote tragen wesentlich zur Motivation und zum Lernerfolg bei. Dazu sind Beratungsgespräche mit dem einzelnen Lerner, im Einzelfalle auch mit den Eltern, besonders geeignet. Sie sind ein notwendiger Bestandteil in der Auswertung der Beobachtungsergebnisse. Der Lehrer kann bei Unklarheiten oder Auffälligkeiten nachfragen, der Lerner kann erklären, warum ihm bestimmte Dinge leicht oder schwer gefallen sind. Grundlage dabei sind die Notierungen des beobachtenden Lehrers ergänzt durch die Notierungen der Schüler im Portfolio. Darum ist es wichtig, dass Beobachtungsergebnisse verständlich und für den Lerner und seine Eltern nachvollziehbar formuliert sind.

Bei den Beratungsgesprächen geht es darum, was der einzelne Lerner erreicht hat, ob und wie er sich bemüht hat und welche weiteren Ziele er sich stecken könnte. Die positive Rückmeldung, die Anerkennung der Lernanstrengung und des Erreichten sollte dabei im Mittelpunkt stehen. Das, was noch nicht gelungen ist, sollte ebenfalls zur Sprache kommen (»... aber das kannst Du noch nicht so gut ... Achte mal auf ... Das kannst Du auch noch erreichen ...«). Solche Gespräche sind Teil des Diagnoseverfahrens und unverzichtbar.

Zu beachten ist, dass die Gespräche mit allen Kindern geführt werden müssen; sie werden sonst als Hinweis auf besondere Lernprobleme verstanden und kolportiert. Außerdem sind es oft die Lernstarken, die dem Lehrer wichtige Hinweise auf Vorzüge und Schwächen seines Unterrichts geben können. Auch darum müssen die Notierungen im Portfolio in diese Beratungsgespräche eingebracht werden. Lerner sind sehr wohl in der Lage, auf ihre Weise und in ihrer Sprache, nicht nur ihren Lernfortschritt richtig einzuschätzen und darzustellen, sondern sie können auch oft die Gründe für ihre Schwierigkeiten darlegen (»Das war zu schnell … das haben Sie nicht gut erklärt … das war zu schwer …«). Lehrer sind darum gut beraten, wenn sie die Lerner dazu anregen, aufzuschreiben, was ihnen am Unterricht gefallen hat, was nicht und wie sie den Unterricht erlebt haben. Darüber hinaus sollten Lehrer, wann immer möglich und sinnvoll, erläutern, warum sie einen Lernabschnitt so und nicht anders angegangen sind. Die Fähigkeit der Lerner, auch in der Grundschule, Stärken und Schwächen eines Unterrichts zu erkennen und in ihrer Sprache zu benennen, wird immer unterschätzt. Lehrkräfte müssen nur lernen, diese Sprache richtig zu verstehen.

Eine wichtige Voraussetzung für das Gelingen solcher Beratungsgespräche ist gegenseitiges Vertrauen zwischen Lehrer und Lerner. Das hat nichts mit Anbiederung zu tun, sondern mit der gegenseitigen Erwartung, dass der jeweils andere offen und ehrlich ist und dass man bei Schwierigkeiten und Problemen Hilfe und Förderung erwarten kann. Dieses Vertrauen, vor allem das der Lerner zu ihrem Lehrer, kann nur durch Offenheit gewonnen werden, auch wenn sie Kritik enthält, die nicht immer freundlich sein kann. Kinder müssen lernen, Lehrer übrigens auch, dass Kritik nicht generell negativ gemeint ist, sondern als Aufforderung und Hilfe zum Nachdenken, zum ›Besser-Machen‹ verstanden werden muss. Das setzt voraus, dass der Lerner den Lehrer als Partner akzeptiert, dass der Lehrer sich als Partner des Lerners versteht und beide Seiten das Einverständnis darüber teilen, dass Lehrer und Lerner nur gemeinsam erfolgreich sein können. Wichtig ist auch das Einverständnis darüber, dass Kritik nicht abwertend oder herabsetzend gemeint ist. Darum ist die Offenheit so entscheidend: Der Lehrer erläutert sein Vorgehen und seine Ziele, die Schüler teilen mit, was gefallen und was Schwierigkeiten bereitet hat. Befunde von Beobachtungen werden verständlich abgefasst und allen Beteiligten zugänglich gemacht. Erst dann wird die Diagnose des Lernfortschritts zu einem Instrument, das, richtig eingesetzt und genutzt, entscheidend zum Lernerfolg beitragen kann.

In dieser Partnerschaft spielen auch die Eltern eine wichtige Rolle. Sie sollen wissen, was im Unterricht geschieht, in welchen Bereichen ihr Kind erfolgreich ist, Defizite hat und woran dies liegen kann. Es geht um Kinder, die am Anfang einer langen Entwicklung stehen, für die sich täglich neue Aspekte des Lebens erschließen, die sie verarbeiten und in ihre noch begrenzte Weltkenntnis einbeziehen müssen. Den Eltern muss verständlich gemacht werden, dass Diagnose und Feststellung des Lernfortschritts nicht der Bewertung durch Schulnoten dienen, sondern Instrumente sind, die das Lernen erleichtern und befördern sollen, die den zurückgelegten Weg erkennen lassen und Erwartungen begründen, welche Wegstrecke noch geschafft werden kann. Sie können das Bewusstsein dafür schärfen, wie Lernen sich entwickelt und welchen Faktoren und Bedingungen es unterworfen ist.

Aus diesem Grund müssen die Eltern als Partner in diesem wichtigen Prozess gewonnen werden. Das nötige Vertrauen für diese Partnerschaft entsteht ebenfalls nur durch Transparenz, durch Erläuterung der didaktischen und methodischen Entscheidungen und durch Offenlegung der Diagnoseergebnisse. Es sei nicht unterschlagen, dass dies alles einer besonderen Anstrengung des Lehrers bedarf; aber diese Anstrengung lohnt sich.

Literaturempfehlungen

Arendt, Manfred (2006): »Beurteilung mündlicher Leistungen. Eine Untersuchung (Teil 1).« PRAXIS Fremdsprachenunterricht. 3. 3–10.

Arendt, Manfred (2006): »Beurteilung mündlicher Leistungen. Eine Untersuchung (Teil 2).« PRAXIS Fremdsprachenunterricht. 4. 3–8.

Bailey, Kathleen M. (1998): Learning about language assessment – Dilemmas, decisions, and directions. Pacific Grove: Heinle & Heinle.

Behr, Ursula & Adelheid Kierepka (2004): »Zur Einschätzung von Schülerleistungen im Fremdsprachenunterricht der Thüringer Grundschule.« Adelheid Kierepka et al. (Hg.): Frühes Fremdsprachenlernen im Blickpunkt. Status quo und Perspektiven. Tübingen: Narr.

Brown, Douglas H. (2004): Language Assessment – Principles and Classroom practices. New York: Pearson / Longman.

Diehr, Bärbel (2006): »Fünf Thesen zur Beurteilung der Sprechleistung im ergebnisorientierten Englischunterricht in der Grundschule.« Norbert Schlüter (Hg.): Fortschritte im Frühen Fremdsprachenlernen. Berlin: Cornelsen. 10–18.

Europarat für kulturelle Zusammenarbeit (2001): Gemeinsamer Europäischer Referenzrahmen für Sprachen: lernen, lehren, beurteilen. München: Langenscheidt.

Grotjahn, Rüdiger (2001): Fremdsprachen lehren und lernen. Leistungsmessung und Leistungsevaluation. Tübingen: Narr.

Havranek, Gertraud (2002): Die Rolle der Korrektur beim Fremdsprachenlernen. Frankfurt am Main: Lang.

Kunnan, Antony J. (Hg.) (2000): Fairness and validation in language assessment. Cambridge: Cambridge University Press.

Kieweg, Werner (2004): »Der Übergang: Zäsur oder Kontinuität? Vorschläge zur Leistungsstandserhebung.« Der fremdsprachliche Unterricht Englisch 69. 34–41.

Macht, Konrad (1982): Leistungsaspekte des Englischlernens. Frankfurt am Main: Diesterweg.

Mindt, Dieter & Gudrun Wagner (2007): Lernstand im Englischunterricht – Ermittlung und Bewertung für die Klassen 3 und 4. Berlin: Cornelsen Scriptor.

Siebold, Jörg (2003): »Kurztexte, Emotionen und kreative Leistungen.« Der fremdsprachliche Unterricht Englisch 63. 22–28.

Thüringer Institut für Lehrerfortbildung, Lehrplanentwicklung und Medien (2007): Beobachten – Einschätzen – Bewerten. Auf dem Wege zur neuen Lernkultur. Bad Berka: ThILLM.

Vogt, Karin (2006): »Instrumente zur Leistungsbeurteilung der mündlichen Sprachproduktion.« Norbert Schlüter (Hg.): Fortschritte im Frühen Fremdsprachenlernen. Berlin: Cornelsen. 19–26.

Winter, Felix (2006): Leistungsmessung. Eine neue Lernkultur braucht einen anderen Umgang mit den Schülerleistungen. Hohengehren: Schneider.

Zydatiss, Wolfgang (2002): Leistungsentwicklung und Sprachstandserhebungen im Englischunterricht. Frankfurt am Main: Lang.

Zydatiss, Wolfgang (2005): »Leistungen feststellen und bewerten. Im Spiegel der neuesten bildungspolitischen Entwicklungen.« PRAXIS Fremdsprachenunterricht 5. 3–8.

Heiner Böttger

Hören und Verstehen effizient diagnostizieren

Die Fertigkeit, die englische Sprache hören und verstehen zu können, bedeutet fähig zu sein, detaillierte Informationen aufnehmen und weiterverarbeiten zu können. Es reicht dabei für ein erfolgreiches Kommunizieren nicht aus, einen Sprecher nur zu hören, sondern ihm muss aktiv zugehört werden. Der Unterschied zwischen Hören und Zuhören wird im Englischen durch die Worte *hear* und *listen* sehr präzise zum Ausdruck gebracht. Vom Hörer wird Aufmerksamkeit und Konzentration verlangt, um das Gesagte zu verarbeiten, es zu verstehen, zu interpretieren, zu bewerten und gegebenenfalls angemessen darauf zu reagieren (vgl. Ur 1984: 8). Neben der reinen Dekodierungs- und Entschlüsselungsleistung werden also die Intention sowie die Wirkung des Gesagten vom Hörer eingeschätzt.

Zusätzlich können je nach Hörmedium unter anderem formal- und außersprachliche Elemente, akustische Bedingungen und parasprachliche Elemente wie Stimmqualität, nichtsprachliche Äußerungen durch Mimik und Gestik, sprachliches Zögern und Stimmlage des Gesprächspartners eine entscheidende Rolle für den Kommunikationserfolg im Allgemeinen und das Hörverstehen im Speziellen spielen.

In der Grundschule beginnt man damit, die elementarste Form des Hörverstehens zu schulen, zuerst in der Muttersprache und etwas später auch in der ersten Fremdsprache. Auf ihr baut jedes fremdsprachliche Lernen auf, das später zur mündlichen Produktion führt (vgl. Timm 1999: 221). Grundschulkinder müssen zuerst erlernen, das vom Lehrer auf Englisch Gesprochene zu dekodieren, zu interpretieren und es dann nonverbal umzusetzen bzw. auszuführen, also in eine noch rezeptive Wechselbeziehung zum Sprecher zu treten.

Der Hörverstehensprozess muss scheitern, wenn

- einzelne englische Laute nicht richtig gehört werden, weil sie noch gar nicht oder nur etwas anders aus der Muttersprache bekannt sind,
- Betonung und Melodie der englischen Sprache noch nicht vertraut sind,
- ähnlich klingende Wörter verwechselt werden,
- für das Verständnis grundlegende Vokabeln und Ausdrücke nicht bekannt sind,

- der Lerner sich ablenken lässt,
- das Gesagte auf Grund von mangelndem kulturspezifischen Hintergrundwissen falsch interpretiert wird,
- grundlegende Fähigkeiten wie Themenerkennung oder Antizipation der möglichen Entwicklung des Themas nicht ausgeprägt sind, der Lerner also gar nicht weiß, worum es eigentlich geht,
- der Lerner aus unterschiedlichen Gründen nicht zeigt, dass er nicht genug verstanden hat, z. B. weil ihm möglicherweise dazu notwendige Kommunikationsstrategien fehlen.

Aus dem Wissen um den Hörverstehensprozess selbst und die möglichen Gründe für Schwierigkeiten in seiner Abfolge resultieren geeignete didaktisch-methodische Maßnahmen zum Auf- und Ausbau des Hörverstehens, zur effizienten Leistungsdiagnose dieser sprachlichen Teilfertigkeit und auch zur Therapie von Defiziten in diesem Bereich.

Vorerwägungen zur Diagnostik

Die Hörverstehenstests im Englischunterricht nahezu aller Schularten und -stufen, also auch in der Grundschule, sind in der Regel weitgehend gleich strukturiert: *Pre-listening activities* bereiten auf die Höraufgabe oder den darauf folgenden Hörtext vor, *while-listening activities* können im Grunde nur im ganz begrenzten Umfang durchgeführt werden, und hierarchisch aufgebaute *post-listening*-Phasen runden die Unterrichtszeiteinheit ab. Ein solches Vorgehen ist Konsens in der englischen Didaktik. Es vermittelt Sicherheit und baut grundlegende Kompetenzen innerhalb dieser wichtigen rezeptiven Fertigkeit auf.

Evaluiert wird das Hörverstehen jedoch oft noch in Verbindung mit der produktiven Fertigkeit des Schreibens und der rezeptiven Fertigkeit des Leseverstehens beim sinnentnehmenden Lesen der englischen Arbeitsanweisung. Das Bild vom Lernstand im Bereich Hörverstehen ist deshalb nur verzerrt darstellbar.
Nicht klar wird aber,

- ob der englische Arbeitsauftrag zu den Aufgaben der *while-* und *post-listening*-Phasen überhaupt inhaltlich verstanden wurde,
- ob die Höraufgabe an sich bewältigt hätte werden können, wenn der Auftrag verstanden worden wäre,
- ob der Arbeitsauftrag verstanden wurde und die Höraufgabe hätte gelöst werden können, die produktive Umsetzung dazu aber zu schwer war (Lesen / Schreiben von Wörtern, Satzteilen oder ganzen Sätzen etc.).

Beim Hörverstehen handelt es sich nicht nur um das Erkennen von sprachlichen Einzelelementen, sondern um eine globale Leistung. Um den Lernstand bezüglich des Hörverstehens aber aussagekräftig, reliabel, objektiv und valide erheben zu können, muss immer wieder sichergestellt werden, dass diese Teilfertigkeit weitgehend isoliert überprüft wird.

Listening comprehension-Leistungen im Primarbereich zu testen bedeutet vor allem geeignete Aufgabentypen zu wählen bzw. zu entwickeln. Welche das sein können, wird im Folgenden angedeutet.

Grundvoraussetzungen schaffen: Das Hören-Können absichern

Physiologische Voraussetzung überprüfen

Jeder Lernende muss auch wirklich hören können. So banal es zunächst klingen mag. Das betrifft auch und vor allem den Bereich der physiologischen Voraussetzungen. Durch die Kürzungen im Schuluntersuchungswesen bleiben mehr Defizite im Bereich der komplexen Hörorgane lange Zeit unentdeckt als bisher angenommen. Gleiches gilt übrigens auch für den Bereich Sehen.

Hörschäden und -defizite entstehen auch durch den Gebrauch von mp3-Playern und ähnlichen Hörmedien mit immer leistungsfähigeren *headsets*, deren Bass- und Höhenfrequenzen wichtige Hörorgane empfindlich beeinträchtigen und manchmal auch nachhaltig schädigen können. Für jede Lehrkraft bedeutet dies, sich bei geringsten Zweifeln an der Hörfähigkeit eines Kindes zunächst seiner Gesundheit in diesem physiologischen Bereich zu versichern (Schülerunterlagen, Gespräche mit Eltern, Kindern, betreuenden Ärzten etc.), wie es auch beim Sehen üblich ist.

Sprachenlernen allgemein, auch das Erlernen der Muttersprache, sowie speziell die Fähigkeit zur differenzierten Aussprache funktioniert nur bei gesundem Gehör ohne Einschränkungen. Hinzu kommt eine ausreichende Konzentrationsfähigkeit, die es im Vorfeld mit geeigneten Übungen zu schulen gilt.

Hörarrangements planen

Hören können zu gewährleisten heißt auch abzusichern, dass jeder Lernende unter gleichen Voraussetzungen, also zur selben Zeit und in gleicher Qualität, den Hörtext dargeboten bekommt.

Der kleine CD-Player vor der Lerngruppe schließt sich in dieser Hinsicht eigentlich von selbst aus, ist aber oft (noch notwendige) Unterrichtsrealität: Die Lernenden in der ersten Reihe müssen in der Regel eine höhere Lautstärke ertragen, die aber für die weiter hinten Sitzenden eventuell gerade richtig oder auch viel zu gering sein kann.

Abhilfe schaffen diesbezüglich nur gut ausgestattete Lernräume mit hochwertigen Lautsprechern in allen vier Zimmerecken, wie es beispielsweise viele Multimedia-Labs bieten. Mindestens sind aber zwei Lautsprecher in den Diagonalecken eines Zimmers zu fordern.

Besonders in Grundschulklassen ist diese Forderung nachdrücklich zu stellen, denn die hervorragende Imitationsfähigkeit gehörter Laute, Worte und Sätze kann so gezielt gefördert und Fehler im Ausspracheebereich können präventiv reduziert werden.

Ist die Lehrkraft selbst das Medium, so gilt es, den Lehrerstandort so zu wählen, dass alle Schüler die nahezu gleiche Möglichkeit haben, in guter Qualität verstehen zu können.
Geeignet ist (vgl. Abb. 1)

- eine Hörpräsentation mittig vorne vor der Klasse, die mittig hinter den Sitzreihen (nach vorne sprechend) wiederholt wird (1a/b).
- eine Hörpräsentation z. B. aus der linken vorderen Ecke des Klassenzimmers, die in der Diagonalecke hinten wiederholt wird (2a/b).

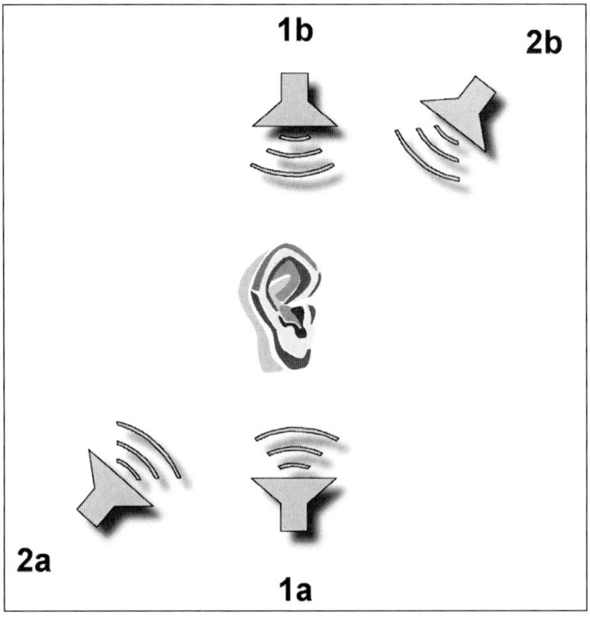

Abb. 1: Standorte bei Hörpräsentationen

Vorbereitung der Lernstandserhebung: Hörmedium und Hörmaterial planen

Die Vorbereitung einer diagnostischen Hörverstehens-Lernstandserhebung mit genauer Planung der Hörmedien und -materialien bedarf eines höchst professionellen Vorgehens.

Planungskriterien

Bei der Planung des Hörmaterials selbst, die Lehrersprache eingeschlossen, gilt es folgende Kriterien zu beachten:

1. Sprache:
Neues im Hörtext, z.B. der Wortschatz, sollte durch bestehendes Wissen schnell herleitbar oder aber durch Vorentlastung weitgehend geklärt sein.

2. Länge:
Hier handelt es sich um eine variable, der Lerngruppe anzupassende, Größe. Grundschulgerechte Hörtexte im Englischen beispielsweise überschreiten eine durchgehende Dauer von zwei Minuten generell nicht; beim *storytelling* sind interaktive Pausen einzubauen. Die Konzentrationsfähigkeit nahezu aller Kinder gelangt sonst an ihre Grenzen. Längere Texte ab 30 Sekunden können generell durch mehrmaliges Anhalten in Portionen zerlegt werden, vorbereitende und einleitende *prelistening-activities* entlasten auch bei Lernstandserhebungen.

Zu beachten ist aber auch, dass sich Lernende bei Hörtexten unter 30 Sekunden wiederum nicht genügend einhören bzw. auf den Sprecher sowie den Inhalt einstellen können. Je nach Lernergruppe müssen gerade wegen dieses Umstands einzelne Laute, Wörter, Satzteile und kurze Sätze mehrfach wiederholt werden.

3. Inhalt:
In der Grundschule beginnt man mit ganz einfachen Texten, ohne eventuelle Sprünge z.B. zwischen Zeitformen und -bezügen im Text, ohne jedes abstrakte Konzept und mit klarer Gliederung bzw. *storyline*. Jeder dieser Aspekte lässt sich dann je nach Lernstufe und Erhebungsziel verändern. Die Texte sollen generell altersgerecht, attraktiv, interessant, relevant und abwechslungsreich sein.

4. Grad der visuellen Unterstützung:
Bildliches Material jeder Art, Wortkarten und Strukturhilfen können helfen, einen Hörtext verfolgen, erschließen und verstehen zu können. Dazu gehört auch der Einsatz von audiovisuellem Material, bei dem das Hörverstehen z. B. durch den situativen Kontext, Mimik und Gestik u. Ä. unterstützt wird.

5. Stil:
Sprecher unterschiedlicher Sprachstile und -varianten sollten anfangs nur bedingt eingesetzt werden. Eine begrenzte Anzahl von Sprechern, z. B. in Dialogsituationen mit zwei Sprechern, schafft Vertrautheit und besitzt Wiedererkennungswert. Der Anspruch an dieses Kriterium kann mit der Entwicklung der Sprachkompetenz langsam gesteigert werden.

6. Geschwindigkeit:
Die Normalität ist auch bei diesem Kriterium das Maß aller Dinge: Verlangsamte Hörtexte sind und wirken nicht authentisch, sondern oft gekünstelt. Im Englischunterricht der Grundschule unterstützen Sprechpausen den Verstehensprozess, da so das Gehörte in kurzen Abschnitten rekapituliert werden kann.

7. Authentizität:
Ein grundlegendes Prinzip des Englischunterrichts besonders an Grundschulen ist die Authentizität. Unbearbeitete, reale Texte sind näher an Merkmalen der alltäglichen englischen Sprache mit Wiederholungen, Bindungen, falschen Starts, Stocken, Ellipsen und Verschleifungen von Wörtern. Sie allerdings sind für Grundschüler noch nicht relevant. Der Weg zu absolut authentischen Texten führt über didaktisierte, genauer auf die Lehrpläne der Bundesländer ausgerichteten Texte wie *storybooks* (z. B. *Brown Bear* oder *Today is Monday* von Eric Carle), die ebenfalls Bestandteil eines Hörverstehenstests in einer bestimmten Lernphase sein können.

8. Qualität:
Geräusche, beispielsweise Tierlaute, Schritte oder Türenquietschen, können zur Bedeutungsklärung gezielt eingesetzt werden und so den Verständnisprozess unterstützen. Zusätzliche Geräusche stellen aber auch eine erhöhte Anforderung an die Kinder dar, da der gesprochene oder gesungene Text von den Hintergrundgeräuschen zuerst getrennt werden muss. Auch dieser Teil der Hörleistung muss bei der Auswertung und Diagnose berücksichtigt werden.

Kein unnötiger Dogmatismus: Einsatz der deutschen Sprache

An zwei Stellen der Hörverstehenserhebung ist der Einsatz der deutschen Sprache – trotz des Prinzips der Einsprachigkeit – logisch richtig und kann eingeplant werden: Ganz am Anfang, bei der Stellung der Höraufgabe sowie bei der Testform der mündlichen Zusammenfassung.

Aufgabenstellung

Die Aufgabenstellung zur Lernstandserhebung muss immer verstanden worden sein, nicht nur im Bereich des Hörverstehens. Sicherstellen lässt sich dies nur durch die Formulierung und Besprechung der Arbeitsaufgabe auf Deutsch. Ansonsten ist das Verstehen des Arbeitsauftrages eine weitere Höraufgabe und muss ebenfalls in die Erhebung eingeplant werden.

Grob-Zusammenfassungen

Man kann der Gefahr, dass das Messen der Dekodierleistung durch die zugleich geforderte fremdsprachliche Enkodierleistung infolge von Kriterienvermischung unzuverlässig wird, am einfachsten durch eine kurze, sinngemäße Zusammenfassung des Gehörten auf Deutsch entgehen.

Dabei wird keine Übersetzung angestrebt, sondern lediglich die Erfassung des Wesentlichen der Aussage. Dieses Verfahren bietet mehrere Vorteile:

1. Aus der deutschsprachigen Zusammenfassung lässt sich mit Sicherheit feststellen, ob der Schüler das Wesentliche erfasst hat.
2. Eine Kriterienvermischung im Bereich der Fremdsprache erfolgt nicht, denn der Lerner muss weder mündliches noch schriftliches Englisch produzieren.
3. Es ist möglich, komplexere Zusammenhänge des Hörverstehens zu überprüfen als z. B. bei Alternativaufgaben *(true/false)*.
4. Das aufwändige, oft künstliche Auswahlverfahren unter mehreren Lösungen, das eine eigene Technik darstellt und verwirren kann, entfällt. Außerdem erübrigt sich die Vermischung mit dem Leseverständnis.
5. Im Gegensatz zu allen übrigen Testaufgabentypen besitzt die Zusammenfassung des Gehörten auf Deutsch auch einen praktischen Wert – bei der Vorform des Dolmetschens, der Mediation.

Formate geeigneter diagnostischer Testaufgaben auswählen

Das Testen einzelner Hörverstehensaufgaben entspricht nicht einer normalen Gesprächssituation. In der Lernstandserhebung muss jeder Aufgabe sogleich der Sinn entnommen und das Verständnis bestätigt werden, während in einer lebendigen Situation im Laufe des Gesprächs der Sinn oft mehr ertastet wird, ohne dass er gleich wiedergegeben werden muss.

Soll ein Lerner die Antwort beispielsweise aus mehreren Alternativen aussuchen, bleibt weitgehend unklar, ob er die Frage nicht verstehen konnte oder nur mit der zu wählenden Antwort nicht zurechtkam. Dann nämlich misst der Test nicht mehr das, was er messen soll – er wird eigentlich ungültig.

Für das isolierte, objektive Messen der englischen Hörverstehensleistung in der Grundschule kommen somit nur Aufgabenformen in Betracht, die keine oder nur sehr geringe Anteile an produktiven Fertigkeiten (Sprechen / Schreiben) und Leseverstehen erfordern. Der Grund dafür liegt in der diesbezüglich noch geringeren Entwicklung gegenüber dem Hörverstehen und dem elementaren Sprechen.

Das Hörverstehen isolierende Aufgaben sind generell

- Aufgaben ohne erforderliche verbale Antwort *(nonverbal response)* und sehr eingeschränkt
- Aufgaben mit ganz kurzer verbaler Antwort *(short verbal response).*

Ausgewählte Aufgaben mit nonverbal response

Folgende Aufgabenformen eignen sich nicht nur ganz besonders für den Anfangsunterricht, sondern stellen, mit erhöhtem Schwierigkeitsgrad, auch geeignete Anforderungen für höhere Klassenstufen dar.

- Hören und Aktionen ausführen / Anweisungen und Anordnungen befolgen
  Beispiel: Simon says; Tanzlieder *(Square dance)*; Signalkarten zeigen
- Hören und (aus)malen / ankreuzen
  Beispiel: Mal- / Farbendiktate; Bilder ankreuzen; *picture dictation*
- Sachfehler berichtigen
  Beispiel: Bildbeschreibung; Hörtext mit Fehlern und Widersprüchen
- Hören und etwas herstellen / bauen
  Beispiel: Legosteine nach Anweisung zusammenbauen
- Hören und beschriften
  Beispiel: Namen in einen Stammbaum eintragen

- Hören und zeichnen
  Beispiel: Wege auf einer Karte einzeichnen; Stimmungen charakterisieren *(smileys)*; Verbinden verschiedener Elemente
- Hören und zusammenfinden
  Beispiel: Bingo spielen
- Hören und Reihenfolge festlegen
  Beispiel: Bildergeschichte ordnen; Gegenstände sortieren; *key words* auf Streifen ordnen.

Ausgewählte Aufgaben mit short verbal response

Diese Aufgaben erfordern einen minimalen Einsatz produktiver Fertigkeiten:

- *True / false*-Übungen
- Hören und raten
  Beispiel: Lehrer beschreibt eine Person / Situation / … des Textes
- Hören und Fehler entdecken; die Fehler benennen
  Beispiel: Bildbeschreibung, widersprüchliche Texte
- Lückentexte; Satzergänzungen; einfache Tabellen ergänzen
  Beispiel: Ergänzen von Namen / Begriffen / … in einem weiteren kleinen Hör- oder Lesetext
- W-Fragen beantworten
  Beispiel: Who is Gruffalo's friend? etc.
- Hören und beschriebene Begriffe aus dem Gehörten erkennen und nennen
- Hören und wichtige von unwichtigen Informationen unterscheiden

Ausgewählte Aufgaben nach Länge / Dauer des Gehörten

Die Auswahl der Aufgabenformate hängt maßgeblich von der Entwicklungsstufe des englischsprachigen Hörverstehens ab. Länge und Dauer der Höreinheiten nehmen stetig zu, bei Lernstandserhebungen können Textteile wie Einzellaute, Lautkombinationen und Wörter jederzeit isoliert getestet werden.

Dazu eine Übersicht über die Auswahl möglicher Aufgaben (siehe nächste Seite).

Einzelne Laute	– Laute voneinander unterscheiden (*minimal pairs*, z. B. *pen-pan*) – Zuordnungsaufgaben: Laute werden Lautsymbolen zugeordnet – Reimwörter wiedererkennen und nennen – Abweichende Laute wiedererkennen (*odd word out)* – Einzelwörter isoliert nachsprechen
Einzelne Wörter	– Zeigen auf Gegenstände, Personen etc. – Zuordnungsaufgaben (z. B. Körperteile richtig zuordnen) – Wörter in Bewegung, Gestik oder Mimik umsetzen – Bekannte Wörter aus gesprochenen Texten heraushören – Bilder nummerieren, ankreuzen, anmalen, umkreisen – Unpassende Begriffe herausstreichen *(odd man out)* – Hörverständnisspiele wie: *Simon says, Change places* u. a.
Einzelne Sätze	– *Classroom phrases* befolgen – Gehörten Sätzen passende Bilder zuordnen – Sätze mit Bildern verbinden – Nach Anweisung basteln, zeichnen, malen, spielen, sich bewegen – Auf einfache Aufforderungen angemessenes, nonverbales Verhalten zeigen, Arbeitsaufträge ausführen (*Total Physical Response*) – Bilder ankreuzen, nummerieren oder färben – Maldiktat: Bilder vervollständigen, zu Ende malen – Bekannte Sätze aus gesprochenen Texten heraushören – *right / wrong*-Aufgaben – Bilder ordnen – Sinngetreue Übersetzung der gehörten Sätze mit eigenen Worten – Nach Anleitungen / Spielregeln spielen (*Bingo*)
Ganze Geschichten / ganze Texte	– Sinngemäßes Nacherzählen der Geschichte auf Deutsch – W-Fragen beantworten: *Who, where, when, what, which, why?* – Ankreuzaufgaben mit richtigen und falschen Aussagen – Alternativfragen mit zwei Wörtern zur Auswahl – Ankreuzen von zugehörigen Bildern – Bilder zur Geschichte in eine richtige Reihenfolge bringen – Wegstreichen von Bildern, die nicht zur Geschichte gehören – Vorkommende Wörter oder Satzteile in der richtigen Reihenfolge nummerieren – Textteile in Bewegung umsetzen – Textteile in Standbilder umsetzen *(video stills)* – Nach Anleitungen / Spielregeln spielen

Übersicht über die Auswahl möglicher Aufgaben

Ergebnisse der Überprüfung des Hörverstehens dokumentieren

Die fertigkeitsbezogene Erfassung des Gelernten in einer Lernstandsermittlung kann in unterschiedlicher Weise (Selbstevaluation / Fremdevaluation) dokumentiert werden:

- Ergebnisse auf Testbögen
- Beobachtungsbögen
- Diverse individuelle Notationssysteme
- Videodokumentationen
- Lerngespräche mit den Schülern
- Selbsteinschätzungsbögen und Arbeitsrückschauen
  (Das kann ich schon – noch nicht – nicht)

Das Beobachten spielt dabei eine Schlüsselrolle. Ob zeitgleich oder zeitversetzt mit medialer Aufzeichnung, die Beobachtungskompetenz und -routine der Lehrkraft entscheidet über die Güte der gewonnenen Erkenntnisse. Beobachtet werden können maximal zwei bis drei Schüler pro Unterrichtsstunde. Minimal sollte jeder Schüler zweimal im Schuljahr fertigkeitsbezogen beobachtet werden, bei Bedarf (offensichtlicher Förderbedarf) bis zu viermal.

Es empfiehlt sich, dazu zunächst auf geeignete Vorschläge aus der Literatur zurückzugreifen (vgl. dazu Mindt / Wagner 2007) und zunehmend individualisierte Bögen und Notationssysteme zu erstellen. Kriterien und Deskriptoren für die Formulierung von Aussagen für die Beobachtungsbögen finden sich im *Europäischen Referenzrahmen* GER (2001) sowie in den *BIG-Standards* der Stiftung Lernen (2005).

Ein mögliches Beispiel sei hier skizziert:

(Name)	Termin 1	Termin 2	Termin 3	Termin 4
... versteht *classroom phrases* und reagiert darauf.				
... kann schwierige Laute imitieren.				
... kann längeren Texten folgen und den Sinngehalt global verstehen.				

Die Deskriptoren können beispielsweise jeweils abgestuft konstruktiv und positiv kommentiert werden mit:

Ja. – Noch nicht immer. – Noch nicht.

Differenzierter könnte die Kommentierung lauten:

Zügig und spontan. – Noch zögernd. – Unterstützung notwendig. – Noch nicht.

Dies entspräche der Anlage von Könnensprofilen und ließe die Möglichkeit deutlich offen, dass Nichtgekonntes noch gelernt werden kann.

Aufgabenbeispiele

Aufgabentyp: Maldiktat

Beim Maldiktat wird nonverbal reagiert und das Gehörte umgesetzt in die richtige Auswahl der Stifte. Die zweite Leistung besteht im Anmalen des dazu genannten Teils.

	My name is	I'm in class

Picture dictation

1. **Listen to your teacher.**
2. **Colour Humpty Dumpty:**
   Colour his socks yellow.
   Colour his trousers red and blue.
   Colour the ladder brown.
   Colour ...

3. **When you are ready, draw a frame or finish the picture.**

Abb. 2: Picture dictation (PALMER & BÖTTGER 2005: 17)

Aufgabentyp: Fehler finden

Erfahrungsgemäß macht es viel Spaß, Fehler in Bildern zu entdecken. Diese Variante bietet eine geeignete Abwechslung zu den trockenen *true/false*-Übungen und mündlichen Aussagen zum Text.

Find the mistakes

1. **Look at the picture.**
2. **Listen to what I read.**
3. **Find out the mistakes and make a cross in the picture.**

This is a nice comfortable room, with a sofa, chairs, television and a rug.
What a lovely little puppy under the table!
And there are plates and cups on the table - and spoons, forks and knives.
There's a vase with a tree in it.
Behind the table on the wall there's a picture of a horse, and if you look out of the window you can see the full moon shining on the sea.
There's a black cat under the table.
On the shelf you can see three books, an English book, the bible and a children's book.
And look at the big sofa, six people can easily sit on it.
What a nice comfortable room!

Abb. 3: Find the mistakes (PALMER & BÖTTGER 2005: 18)

Das ausgewählte Beispiel (vgl. Abb. 3 auf der vorherigen Seite) ist für die Primarstufe sehr gut geeignet (GER A2). Der Bildbeschreibung als Hörtext wird zu den einzelnen Bilddetails gefolgt, die Hörer müssen sich entscheiden, ob das Gehörte dem Gesehenen entspricht. Sinnvoll und bewährt ist die vorherige Angabe der Fehlerzahl. Beim zweiten Hören kann dann leichter verglichen werden.

Auch wenn sich der Aufgabentyp mit einer gewissen Anzahl von entdeckten bzw. nichtentdeckten Fehlern für Notenschemata zu eignen scheint: Sein restriktionsfreier Diagnosecharakter entspricht dem affektiven Lernzugang, die Umrechnung in Zensuren wäre kontraproduktiv.

Aufgabentyp: Ein Modell bauen

Die Bau-Aufgabe zielt zwar vor allem auf die taktil-konstruktiven Bedürfnisse junger Lerner, ist aber für alle Altersstufen ansprechend. Das Arbeiten mit Bausteinen wie denen der Firma LEGO oder anderen in allen Farben entspricht dem Prinzip des multisensorischen Englischlernens.

Die Konstruktionszeit muss beim Vortragen des Hörtextes mit beachtet werden, Probier- und Experimentierzeit ist nötig. Einzelne Sätze können verstärkend wiederholt, Begriffe und Textteile vereinfacht werden.

Wieder gilt es, Könnensstufen zu beschreiben. Dazu können bei den nachfolgenden Figuren auch kleine Abweichungen durchaus richtig sein.

Ein Beispiel für einen Hörtext zum Bild unten (Abb. 4):

You take the orange rod and you put it on the table — the orange rod. And on the orange rod you put the yellow, so that the orange rod is now under the yellow one. Now you take the blue rod and you put it on the yellow, and on the blue you put the two white ones, not very near each other, one at one side and one at

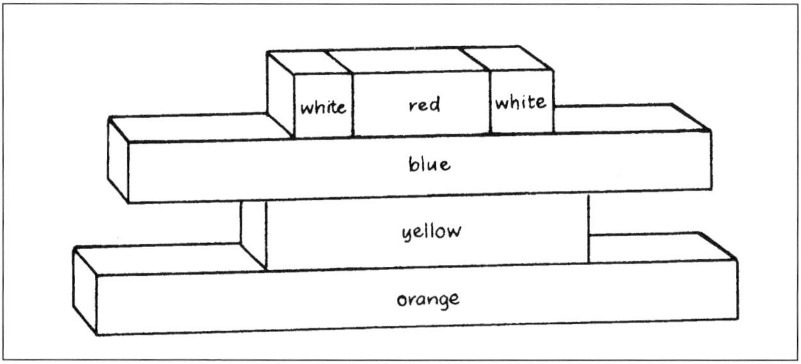

Abb. 4: Bauanleitung: Listen and build (Ur 1984: 70f)

the other side . . . and between these two white rods you put the red rod, so the red rod is in the middle, with one white rod on one side of it, and the other on the other side. And the two white rods and the red are sitting on the blue one and the blue is on the yellow, with the orange one underneath.

School things

Pen and pencil, ruler, book, ruler, book,

pen and pencil, ruler, book, ruler, book,

and schoolbag, rubber, scissors, glue

pen and pencil, ruler, book, ruler, book.

1. Gemeinsam mit den Kindern langsam sprechen, Sachen zeigen.
2. Singen und hoch zeigen.
3. Tempo steigern.
4. Mitlesen, auf das richtige Bild zeigen.
5. Anschließend zeigen und mitsprechen.
6. Jetzt nochmals singen.

Abb. 5: Song: Listen and point (Palmer & Böttger 2005: 106)

Aufgabentyp: Total Physical Response

Spiele und Songs sind bestens geeignet, um zu testen, ob Handlungsanweisungen verstanden und befolgt werden können (siehe Abb. 5 auf S. 112).

Nach dem Testen

Aus dem Wissen um den Status quo des Hörverstehensprozesses bei einzelnen Schülern und den möglichen Gründen für Schwierigkeiten in seiner Abfolge resultieren geeignete didaktisch-methodische Maßnahmen zum Auf- und Ausbau des Hörverstehens.

Gelungene Lernstandserhebungen und Leistungsevaluationen müssen letztlich zur Therapie von Defiziten in diesem Bereich bzw. zur positiven Rückmeldung von schon vorhandenen Kompetenzen führen.

Standardbeschreibungen zur Ergebnisobjektivierung

Hilfreich können dabei Mindeststandards zur Beschreibung von *Can do*-Profilen sein (vgl. *Gemeinsamer Europäischer Referenzrahmen* 2001; *BIG-Standards* der Stiftung Lernen 2005). Das derzeitige Instrumentarium zur Beschreibung von Kompetenzen in der englischen Sprache, wie es im Schulalltag eingesetzt wird (Notengebung bzw. in der Regel Beschreibung der Defizite), reicht dazu bei weitem nicht aus.

Hörverstehensleistungen – und nicht nur sie – lassen sich im beschriebenen Sinne nur durch positive Deskriptoren einordnen. Dazu gehört auch, dass beschrieben wird, was ein Lerner noch nicht kann, aber eben durch die Diagnostik und anschließende Therapie noch lernen wird.

Professionelle kollegiale Auswertung

Alle an der Schule tätigen Fachlehrkräfte treffen sich in einer Fachkonferenz zum Austausch der Testerfahrungen. Zur Vorbereitung empfiehlt es sich, dass alle Lehrkräfte ihre Erfahrungen und Eindrücke mit der Lernstandserhebung anhand folgender Fragen aufbereiten:

- Gab es eine angemessene Vorbereitung der Lernstandserhebung?
- Waren die Aufgabentypen aus dem Unterricht bekannt?
- Welche Ergebnisse sind für mich auffällig / unerwartet / erklärungsbedürftig?
- In welchem Verhältnis stehen die Ergebnisse zu anderen Lernstandserhebungen?
- Waren die eigenen Leistungserwartungen realistisch?

- Handelt es sich bei den Fehlerschwerpunkten um zufällige oder systematische Fehler?
- Sind die Schwierigkeiten offensichtlich grundsätzlicher Natur oder auf einen bestimmten Bereich / Aufgabentypus bezogen?
- Lassen sich sofort unmittelbare Konsequenzen für den eigenen Unterricht ziehen?
- Welche individualisierenden / differenzierenden Maßnahmen müssen geplant werden?

Eine klare Konsensbildung im Kollegium über Form und Funktion von Lernstandserhebungen ist ein deutlicher Schritt in Richtung Qualitätsverbesserung von Englischunterricht. In einem diagnostischen Bereich, der im Gesamtzusammenhang mit der Diskussion um Noten noch nicht völlig erschlossen ist, ist der kollegiale Austausch über gute Unterrichtspraxis *(best practice)* auch der beste Weg, da er Lehrkräften Hilfe und Reflexionsmöglichkeit bietet.

Literaturverzeichnis

BIG-Kreis in der Stiftung Lernen (Hg.) (2005): Fremdsprachenunterricht in der Grundschule. Standards, Unterrichtsqualität, Lehrerbildung. München: Domino.

Böttger, Heiner (2005): Englisch lernen in der Grundschule. Klinkhardt: Bad Heilbrunn 2005.

Brown, Gillian et al. (Hg.) (1994): Language and Understanding. Oxford: Oxford University Press.

Europarat (2001): Gemeinsamer europäischer Referenzrahmen für Sprachen: Lernen, lehren und beurteilen. Berlin: Langenscheidt. Auch: http://www.goethe.de/referenzrahmen (26.06.08).

Mindt, Dieter & Gudrun Wagner (2007): Lernstand im Englischunterricht. Für die Klassen 3 und 4. Berlin: Cornelsen.

Palmer, Susanne & Heiner Böttger (2005): Englisch in der Grundschule. Spracherlebnis mit Ergebnis. Puchheim: Pädagogischer Buchverlag.

Underwood, Mary (1996): Teaching Listening. New York: Longman.

Ur, Penny (1999): Teaching Listening Comprehension. Cambridge: Cambridge University Press.

Timm, Johannes-Peter (Hg.) (1999): Englisch lernen und lehren. Didaktik des Englischunterrichts. Berlin: Cornelsen.

Karin Drese

Englischunterricht in der Grundschule: Produktive mündliche Leistung im Fokus

Nothing succeeds like success ist eine Erfahrung, die im Englischunterricht der Grundschule tagtäglich beobachtet werden kann: Alina ist begeistert, als sie merkt, dass sie auf Englisch fragen kann, welche Telefonnummer ihr Klassenkamerad Tarek hat – und seine Antwort auf Englisch versteht. Mit Arbeitsblatt und Stift bewaffnet, will sie nun auch die Telefonnummern der anderen Mitschüler/innen auf Englisch herausfinden und beteiligt sich anschließend rege, als das Ratespiel beginnt: »*Whose number is it?*« Alina macht in dieser Stunde – ebenso wie ihre Mitschüler – die Erfahrung, dass sie bereits nach wenigen Stunden Englischunterricht, in denen sie Zahlen und Frage- und Antwortstrukturen gelernt hat, erfolgreich in der Fremdsprache kommunizieren kann. Sie verfügt über erste, elementare Kompetenzen in der Fremdsprache, die sie zum weiteren Lernen motivieren.

Erfolg beflügelt – Der erfolgsorientierte Englischunterricht

Durch den Blick in die Klasse wird anschaulich, was Konzept und Absicht des »systematische[n] und themenorientierte[n] Fremdsprachenlernen[s] auf Grundlage eines (Rahmen-) Lehrplans mit ergebnisorientierter Progression« (Sekretariat der Ständigen Konferenz der Kultusminister der Länder in der Bundesrepublik Deutschland 2005: 2) ist: Der erfolgs- bzw. kompetenzorientierte Englischunterricht der Grundschule zielt darauf, dass die Lerner fremdsprachliche Kompetenzen erwerben, welche sie nutzen, wenn sie im Rahmen entsprechender Aufgaben (innerhalb und außerhalb des schulischen Unterrichts) dazu herausgefordert werden. Die Schüler sollen zum funktionalen und bedeutungsvollen Sprachgebrauch sowie zur Verständigung und zum Austausch in der Fremdsprache befähigt werden. Schwerpunkte bilden dabei – darüber ist sich die Fachdidaktik einig – die mündlichen Fertigkeiten Hörverstehen und Sprechen. So hebt Cameron die elementare Rolle des gesprochenen Wortes (der Lehrkraft und der Lerner) hervor, wenn sie sagt:

> For young learners, spoken language is the medium through which the new language is encountered, understood, practised and learnt. Rather than oral skills being simply one aspect of learning language, the spoken form in the young learner classroom acts as the prime source and site of language learning. New language is largely introduced orally, understood orally and aurally, practised and automatised orally (CAMERON 2001: 18).

Diesen Fokus des Unterrichts auf den mündlichen Bereich haben alle Bundesländer in ihre Bildungspläne und Rahmenrichtlinien aufgenommen, wenngleich dort – wie auch in der Praxis – der Stellenwert der Fertigkeiten Leseverstehen und Schreiben zunehmend wächst.

Geht man also von der Prämisse eines ergebnis- und erfolgsorientierten Fremdsprachenunterrichts mit Betonung des mündlichen Bereichs aus, so stellt sich erstens die Frage, über welche Kompetenzen die Lerner, vor allem im mündlichen Bereich, nach zwei bzw. vier Jahren meist ein- oder zweistündigen Englischunterrichts verfügen sollen. Zweitens ist zu bedenken, mit Hilfe welcher altersgemäßen Aufgaben die Kinder dieses Können und Wissen zeigen können. Drittens muss es darum gehen, Wege zu finden, die es der Lehrkraft in der Komplexität des pädagogischen Handlungsfeldes erlauben, diese Leistungen und Erfolge systematisch und gezielt zu beobachten, zu dokumentieren und zu beurteilen (vgl. DRESE 2004A; DRESE 2004B; DRESE 2005). Grundlage und Ziel der Leistungseinschätzung soll die Würdigung der Leistung im Sinne einer pädagogischen Leistungskultur sein (vgl. Vorwort BARTNITZKY). Diese soll eine aussagekräftige Rückmeldung sowohl an die Lerner über ihr Können und ihre Fortschritte als auch an die Lehrkräfte über ihre Unterrichtsarbeit ermöglichen.

In einer Forschungsarbeit, die in Hessen im zweistündigen Englischunterricht der Klassen drei und vier durchgeführt wurde, wurde u. a. diesen beschriebenen Fragen und Überlegungen nachgegangen, die hier als Brennpunkte dargestellt sind. Forschungsgegenstand war die Leistungseinschätzung des Sprechens im vierten Schuljahr. Die Ergebnisse werden im Folgenden dargestellt.

Die fremdsprachliche Sprechkompetenz der Lerner – Brennpunkt 1

Die rezeptive Fertigkeit Hörverstehen und die produktive Fertigkeit Sprechen stehen in einem engen Zusammenhang miteinander. BREWSTER et al. verdeutlichen diese Verbindung, indem sie von »Learning to speak (in order to be understood)« (Brewster, Ellis & Girard 1991: 28) sprechen. Bevor die Lerner jedoch sprechen, um verstanden zu werden, müssen sie verstehen, um sprechen zu lernen. Ebenso wie in der Muttersprache und der Zweitsprache gibt es in der Anfangszeit des schulischen Fremdsprachenlernens einen Zeitraum, in dem das Hörverstehen von zentraler Bedeutung ist. In dieser Phase geht es um das Einhören in die Fremdsprache, das Vertraut-Werden mit der fremden Sprache und die Sammlung von Sprachmaterial zur Produktion. Während einige Kinder die neue Sprache unmittelbar ausprobieren wollen, sprechen viele Lerner in der Anfangsphase nicht oder nur wenig. Deswegen wird sie häufig, in Anlehnung an den L1-Erwerb, als *silent period* (Schweigephase) bezeichnet. Hasiba, Jantscher & Peltzer-Karpf geben zu bedenken, dass diese silent period »im Vergleich zum Erstspracherwerb nicht obligatorisch ist und kürzer sein kann« (Hasiba, Jantscher & Peltzer-Karpf 1997: 16). In dieser Zeit reagieren die Kinder oft nonverbal. Statt zu bejahen, nicken sie mit dem Kopf, statt einen Begriff zu nennen, zeigen sie darauf. Auch die Kommunikationssprache Deutsch wird in dieser Phase häufig verwendet (vgl. Peltzer-Karpf & Zangl 1998: 130,145). Die Tatsache, dass sich die Kinder in der *silent period* nicht verbal äußern, ist nicht als Verweigerung zu interpretieren, sondern:

> [A]n extended listening period gives learners the opportunity to gather meanings and associate them with language. They can give their full attention to understanding the messages that are being communicated, without the pressure to imitate or respond immediately (Curtain & Pesola 1994: 54).

Aus diesem Grunde bezeichnet Sarter diesen Zeitraum als »aktive Verarbeitungsphase« (Sarter 1997: 33).

Nach dem Einhören in die Fremdsprache folgt eine Phase, in der die Kinder die Fremdsprache weitgehend imitieren und reproduzieren (vgl. Sarter 1997: 33; Peltzer-Karpf & Zangl 1998: 130). Sie wiederholen die sprachlichen Vorgaben der Lehrkraft und benutzen darüber hinaus meist Ein- und Zwei-Wort-Antworten, die oft Nomen und Adjektive, selten nur Verben beinhalten. Die Lexik nimmt im Laufe der Zeit linear zu: »Leistungszuwächse werden vor allem durch gesteigerte Speicherkapazität für fremdsprachliches Material erreicht und sind somit lexikalisch motiviert« (Peltzer-Karpf & Zangl 1998: 163). Auch typisch für diese Phase ist der Gebrauch von *chunks* oder *formulas*, die die Ausdrucksmöglichkeiten der Kinder erheblich erweitern. Hasiba, Jantscher und Peltzer-Karpf heben die Bedeutung dieser *chunks* hervor und skizzieren gleichzeitig die weitere Entwicklung:

> Diese vorfabrizierten Satzgebilde können vor allem in der Anfangsphase des Fremdsprachenerwerbs hilfreich sein, da sie vielseitig einsetzbar sind und den Einstieg in den aktiven Sprachgebrauch erleichtern. Mit steigendem (Fremd)sprachenniveau werden sie als *frame* verwendet, in dessen *open slots* verschiedene Konstituenten eingefügt werden können, was wiederum die Flexibilität der Ausdrucksweise erhöht (HASIBA, JANTSCHER & PELTZER-KARPF 1997: 71f).

Die meisten Schüler erreichen am Ende der Klasse 4 die Entwicklungsstufe der elementaren Kommunikationsfähigkeit, bei der sie *chunks* recht oberflächlich analysieren und segmentieren, indem sie einfache offene Variablen erkennen. Diese nutzen sie flexibel, um affirmative, kurze und einfache Sätze in der Gegenwartsform zu bilden. Einige Kinder analysieren die *chunks* jedoch tiefer, so dass kreative und freie Produktionen entstehen.

In diesen Phasen, in denen die Kinder sich nicht mehr an die Norm halten und das vorgegebene Modell verlassen, nehmen ihre Fehler zu. Das geschieht erst dann, wenn die Kinder eine kritische Masse an sprachlichen Informationen aufgenommen haben. Auf dieser Grundlage können Reorganisationsprozesse stattfinden, in denen die Kinder den »strukturellen Code« knacken (vgl. HASIBA, JANTSCHER & PELTZER-KARPF 1997: 94). Somit stellen Kreativformen, die teilweise auch »intelligente Fehler« genannt werden, nicht einen Rückschritt, sondern vielmehr einen Fortschritt der Kompetenz dar. Typische intelligente Fehler zeigen sich bei der Strategie der Übergeneralisierung von Regeln, wenn die Kinder z.B. von *»sheeps«* und *»fishes«* sprechen.

Neben dieser Strategie gibt es noch einige weitere Strategien, die die Fremdsprachenlerner nutzen, um ihre elementare sprachliche Kommunikationsfähigkeit zu bereichern bzw. zu kompensieren. Eine in der Grundschule häufig gebrauchte ist das *code-switching*, bei der die Erstsprache zum Füllen von Wortschatzlücken genutzt wird. So sagte z.B. ein Viertklässler in der Studie, als er ein Bild beschrieb: *»I can see a dog. Brown* Haar und weiß Haar.« Statt also in dieser Situation zu schweigen und die Kommunikation zum Abbruch zu bringen, sicherte sich der Schüler in dem begrenzten Aufgabenbereich einen Erfolg, indem er positiv mit seinen Ressourcen umging.

Eine weitere typische Strategie ist das *foreignizing*, bei der die L1-Form morphologisch und / oder phonologisch an die L2-Form angepasst wird. Beispiele für die Anwendung dieser Strategie in der Studie waren: [əuma:] (Oma), [oˈrã:ʒənseft] (Orangensaft), [vent] (Wand) und [blu:z] (Bluse). Darüber hinaus nutzten die Lerner auch die Paraphrase bzw. Substitution, das Erfinden von Neologismen, den übergeneralisierten

Gebrauch von Strukturen und analogen Wörtern sowie die Entschleunigung des Sprechprozesses durch Füllsel wie »hm«, »äh« und kurze Pausen. Neben diesen Problemlösestrategien waren in der Studie aber auch Reduktionsstrategien zu beobachten: Kinder nutzten vornehmlich das Deutsche oder vermieden eine Äußerung, wenn sie bei der Aussprache, der Formulierung oder dem Thema Schwierigkeiten hatten. Interessanterweise waren aber die Reduktionsstrategien weitaus weniger in den Äußerungen der Schüler festzustellen als die Problemlösestrategien.

Grundsätzlich wurden die Strategien jedoch nicht nur genutzt, um die elementare Kommunikationskompetenz zu bereichern oder zu kompensieren, sondern auch, weil sie aufgrund der besonderen Merkmale des Sprechens, wie der Reziprozität, zu den typischen Strategien gehören, die auch Muttersprachler anwenden.

Die Reziprozität des Sprechens ließ sich z. B. in der eingangs beschriebenen Situation eines Interviews beobachten. Im Verlauf des Gesprächs mussten die Lerner spontan, sensibel, situationsgerecht und flexibel auf die Entwicklung der Kommunikation eingehen, wenn sich folgende typische Situationen ergaben: ein weiterer Kommunikationspartner kam hinzu, Lärm störte das Gespräch, die Unterhaltung brach zusammen, das Gegenüber wurde nicht verstanden oder verstand einen selbst nicht etc. Hierbei kamen sowohl soziale Beziehungen, materielle Bedingungen als auch Zeitdruck zum Tragen (vgl. Europarat 2001: 55; Bygate 2001: 16). Insbesondere der Zeitdruck, der sich dadurch ergibt, dass Sprechen unmittelbar *(hic et nunc)* bzw. *»online«* stattfindet, führte dazu, dass der Sprecher – anders als ein Schreibender – nur wenig Zeit hatte, seine Äußerungen zu planen sowie diese zu formulieren, zu artikulieren und zu kontrollieren.

Dies führte neben dem Gebrauch von Strategien u. a. zu unvollständigen Sätzen, grammatisch unkorrekten Äußerungen, (Wort-)Wiederholungen, Fehlern und Korrekturen, erneutem Satzanfang etc. Diese sind in der muttersprachlichen Interaktion so selbstverständlich und alltäglich, dass sie in der Regel akzeptiert und toleriert werden. Hierbei ist grundsätzlich von Vorteil, dass Sprechen in der Regel als *face-to-face situation* stattfindet und der Gesprächspartner unmittelbar zeigen kann, wenn er etwas nicht versteht oder mit etwas nicht einverstanden ist. Der Gesprächspartner kann helfend eingreifen oder korrigieren, und auch elliptische Äußerungen werden meist verstanden, da den Beteiligten der Kontext und das Thema in einer Kommunikationssituation bekannt sind.

Im Rahmen der Forschungsarbeit konnte in diesem Zusammenhang ein weiterer Aspekt beobachtet werden, der für das Fremdsprachenlernen

Planung

Die inhaltliche Planung der Äußerung geschieht auf Grundlage des Hintergrundwissens, der Kenntnis über das Thema, des Kontextes und der Sprechsituation.

⇩

Formulierung

Bei der Formulierung wird die geplante Äußerung in eine sprachliche Form umgesetzt. Diese Komponente umfasst lexikalische, grammatikalische und phonologische Prozesse.

⇩

Artikulation

Bei der Artikulation geht es um die Motorik des Stimmapparats: Die phonologischen Prozesse werden in Bewegungen der Sprechorgane umgewandelt, so dass es zu koordinierten Schallwellen kommt, die wiederum die Äußerung konstituieren.

⇩

Kontrolle

Durch die Kontrolle, der strategischen Komponente, werden Fehler identifiziert und behoben. In einem erweiterten Sinne geht es bei der Kontrolle auch um die Bewältigung des sich ständig weiter entwickelnden Kommunikationsprozesses:

- Umgang mit Unerwartetem (z.B. Wechsel des Themas, der Situation, z.B. wenn ein weiterer Kommunikationspartner plötzlich hinzukommt, wenn es Störungen durch Lärm gibt)
- Kompensation der geringen kommunikativen Kompetenz durch Strategien (*foreignizing*, Bildung von Neologismen, Gebrauch des Deutschen etc.)
- Umgang mit dem Stocken oder Zusammenbruch der Kommunikation
- Umgang mit Versprechern, falsch Gehörtem etc.

Abb. 1: Die Prozesse des Sprechens (vgl. MÜLLER-HARTMANN & SCHOCKER-VON DITFURTH 2004: 60; BYGATE 2001: 14)

in der Grundschule von besonderer Bedeutung ist. Da das Sprechen als *face-to-face situation* stattfand, konnten die Lerner extensiven Gebrauch von parasprachlichen Mitteln (z. B. Gestik, Gesichtsausdruck, Haltung, Blickkontakt) und prosodischen Mitteln (z. B. Stimmklang, Lautstärke, Stimmqualität und -höhe, Betonung) machen. Ein Beispiel für den erfolgreichen Einsatz der nonverbalen Mittel zur Bedeutungsvermittlung ist das folgende Einkaufsgespräch, bei dem sich ein Kind (K8) einen braunen Hund ausgesucht hatte, den es nun erwerben wollte:

K8: *Thank you. How much is it?*
K9: *Twenty pound.*
K8: (zählt Geld in der Hand) *One, five, ten, fifteen pound. Fifteen pound?* (schaut K9 an)
K9: (schüttelt den Kopf, nimmt den Hund) *Oh, I'm sorry.*
K8: *Oh. Bye-bye.* (geht weg)
K9: *Bye.*
K8: (Kommt wieder, hebt Arme in die Höhe und ruft freudig) *Twenty pound. Twenty pound.*
K9: *Here.* (Gibt K8 den Hund und lächelt)

Die Frage *»Fifteen pound?«* mit der entsprechenden Tonhöhe, Intonation und dem Gesichtsausdruck vermittelte in dieser Situation das, was ein fortgeschrittener Lerner wahrscheinlich linguistisch ausgedrückt hätte mit den Worten *»Look, I have only got 15 pounds. Don't you think you could sell it cheaper?«* Auch im weiteren Verlauf, als das Kind mit 20 Pfund wiederkam, wurde die Freude darüber, dass sie den Hund nun kaufen konnte, weitgehend durch paralinguistische (Arme in die Höhe heben) und prosodische Mittel (freudig rufen) ausgedrückt.

Sprechen ist ein äußerst komplexer Vorgang, nicht zuletzt weil Planung, Formulierung, Artikulation und Kontrolle von Äußerungen fast zeitgleich ausgeführt werden (vgl. Abb. 1). Die dargestellte Entwicklung der Sprechkompetenz im Englischunterricht der Grundschule ist Grundlage für die Auseinandersetzung mit geeigneten Aufgaben, die es den Kindern ermöglichen, ihr Können und Wissen zu zeigen.

Sprechaufgaben im Englischunterricht der Grundschule – Brennpunkt 2

Aufgaben bilden den Dreh- und Angelpunkt des Fremdsprachenunterrichts: »Classroom tasks and activities are seen as the ›environment‹ or ›ecosystem‹ (van Geert 1995) in which the growth of skills in the foreign language takes place« (Cameron 2001: 21). Bei Aufgaben, bei denen die

Kompetenz Sprechen zum Tragen kommt, kann die Lehrkraft die Fortschritte des Schülers, wie oben dargestellt, erkennen, beobachten und einschätzen. Aufgaben, die im Sinne des aufgabenorientierten Unterrichts *(task-based language learning)* verstanden werden, zeichnen sich durch mehrere Merkmale aus (vgl. MÜLLER-HARTMANN & SCHOCKER-VON DITFURTH 2005 und 2006), von denen drei (*perspective, cognitive processes* und *outcome*) hier diskutiert werden sollen.

Merkmale von Sprechaufgaben

Bedeutungsvoller Inhalt:
Zu den primären Eigenschaften von Aufgaben zählt ihre Fokussierung auf den bedeutungsvollen Inhalt statt der Form *(perspective)*. Anders als bei der Übung soll bei Aufgaben im Fremdsprachenunterricht im Vordergrund stehen, was die Kinder zu sagen haben. Benennen sie z. B. die Personen und Tiere auf einem Foto, das sie mit in die Schule gebracht haben *(father, mother, brother, dog)*, so findet – wenn auch mit elementaren sprachlichen Mitteln – ein Austausch von Bedeutung statt. Ebenso wird dem kommunikativen Bedürfnis der Kinder Rechnung getragen, wenn sie sich beschreibend vorstellen und dabei über persönliche Daten und ihre Vorlieben und Abneigungen sprechen *(My telephone number is …; I like chips and hamburgers, but I don't like spinach)* bzw. wenn sie sich darüber gegenseitig austauschen, z. B. im Rahmen von Interviews, *Questionnaires*, *Information Gaps* oder *Surveys (My favourite animal is an elephant. What is your favourite animal?)*. Inhalte können im frühen Fremdsprachenunterricht bedeutsam sein, wenn sie von den Lernern subjektiv als wichtig empfunden werden und / oder wenn sie objektiv für Gegenwart und Zukunft eine entscheidende Rolle spielen, da es sich um Schlüsselthemen zur Teilhabe an der gesellschaftlichen und kulturellen Welt handelt (vgl. BARTNITZKY S. 8 in diesem Band).

Kognitive Herausforderung:
Darüber hinaus können Lerner durch Aufgaben einen Impuls erhalten, der sie kognitiv anregen und dazu herausfordern soll, sich mit Inhalten in der Zielsprache auseinander zu setzen *(cognitive processes)*. Sprachliches Handeln bedarf einer herausfordernden Situation, die die Lerner dazu anregt, (fremd-)sprachlich zu agieren, also die (Fremd-)Sprache funktional zu nutzen (ebd.). Dies geschieht z. B., wenn Lernende einander die Hobbys abfragen, um sie anschließend in einem Überblick für die gesamte Klasse zu sammeln (Wie viele Kinder schwimmen gerne? Wie viele sind davon Mädchen / Jungen?).

Kommunikatives und realitätsbezogenes Ziel:
Schließlich spielt bei Aufgaben eine entscheidende Rolle, dass sie ein klar umrissenes, kommunikatives und realitätsbezogenes Handlungsziel haben, das von den Schülern realisiert werden soll *(outcome)*. So kann es z. B. beim Austausch von Informationen darum gehen, dass die Schüler in Erfahrung bringen, welche Haustiere ihre Mitschüler haben oder wer bei ihnen zur Familie gehört. Bei einem Einkaufsdialog kann das Ziel sein, passende Geschenke für eine Freundin auszusuchen und diese dann zu bezahlen (passend oder mit entsprechendem Wechselgeld).

Kategorisierung von Sprechaufgaben

Sprechaufgaben, die in der Fachliteratur dargestellt werden, sind oft nicht systematisch beschrieben, sondern einzeln aufgelistet. Dadurch wird ein gezielter Zugriff, der für eine systematische, gezielte Leistungseinschätzung erforderlich ist, erschwert. Eine Kategorisierung von Sprechaufgaben, wie sie bereits für den Sekundarbereich vorliegt, ist demnach anzustreben.

Geschlossene, halboffene und offene Sprechaufgaben:
Eine weit verbreitete Unterscheidung der Sprechaufgaben, die gerade auch im Rahmen von Leistungsbewertung genutzt wird (vgl. ALBERS & BOLTON 1995: 27ff; GENESEE & UPSHUR 1996: 168), ist die Unterscheidung der Aufgaben nach dem Grad an Offenheit. Es gibt demnach drei Typen von Aufgaben, die im Folgenden dargestellt werden (vgl. ALBERS & BOLTON 1995: 27; GENESEE & UPSHUR 1996: 168; WILLIS 1996: 28):

➢ Geschlossene Aufgaben
Bei den geschlossenen Aufgaben geht es darum, unter den vorgegebenen Antworten eine auszuwählen. Die Lerner formulieren also nicht selbst, sondern erkennen lediglich eine Antwort (*Multiple Choice*, Alternativantwort-Aufgaben (Ja / Nein, Richtig / Falsch) oder Zuordnungsaufgaben). Diese Aufgaben eignen sich nicht für das Sprechen (vgl. GENESEE & UPSHUR 1996: 168).

➢ Halboffene Aufgaben
Bei den halboffenen Aufgaben müssen die Lerner selbst formulieren, und zwar innerhalb eines klar umgrenzten (sprachlichen und inhaltlichen) Kontextes, so dass die Variationsmöglichkeiten stark begrenzt sind (vgl. GENESEE & UPSHUR 1996: 170f). Im frühen Fremdsprachenunterricht werden viele solcher Aufgaben eingesetzt.

➢ Offene Aufgaben

Die offenen Aufgaben bieten dem Lerner die Möglichkeit, relativ frei zu formulieren. Auch wenn die Äußerung durch die Aufgabenstellung, das Thema, Format und die Sozialform an einen gewissen Kontext gebunden ist, kann der Schüler über eine Fülle an sprachlichen Ressourcen verfügen und diese variabel nutzen sowie eigene inhaltliche Ideen formulieren. Überraschenderweise zeigten Beobachtungen bei der empirischen Studie, dass schon Grundschulkinder im Rahmen ihrer elementaren sprachlichen Möglichkeiten bei relativ offen gestellten Aufgaben Äußerungen von sich geben, die die Lehrkraft nicht vorhergesehen hatte. Deswegen kann bereits hier der Begriff ›offene Aufgaben‹ verwendet werden.

Oft ist der Übergang von einer Kategorie zur nächsten fließend, so dass es nicht um ein Entweder-Oder hinsichtlich einer der drei Kategorien gehen kann, sondern vielmehr der unterschiedliche Grad an Offenheit auch innerhalb der Kategorien eine Rolle spielt. Daher muss statt in einer rigiden Abgrenzung der Aufgabentypen vielmehr in einem Kontinuum gedacht werden, auf dem sich die unterschiedlichen Aufgaben aus dem frühen Fremdsprachenunterricht einordnen lassen. Hierbei ist jedoch zu berücksichtigen, dass die Umsetzung einer Aufgabe immer von den Kontextbedingungen abhängig ist und sich in jeder Klasse und zu jedem Zeitpunkt anders entwickelt. Dementsprechend kann eine Einordnung auf dem Kontinuum immer nur ungefähr erfolgen.

Zusammenhängendes Sprechen und mündliche Interaktion:
Neben der Kategorisierung nach dem Grad der Offenheit wird bei Sprechaufgaben zwischen den Aufgaben der mündlichen Interaktion und des zusammenhängenden Sprechens unterschieden.

➢ Mündliche Interaktion

Die mündliche Interaktion wird im Gemeinsamen Europäischen Referenzrahmen (GER) wie folgt definiert:

> Bei der mündlichen Interaktion handeln Sprachverwendende abwechselnd als Sprechende und Hörende mit einem oder mehreren Gesprächspartnern, um durch das Aushandeln von Bedeutung auf der Basis des Prinzips der Kooperation das Gespräch gemeinsam entstehen zu lassen (Europarat 2001: 78).

Im Mittelpunkt steht hier die Reziprozität, die es für den Sprecher erforderlich macht, sich ständig spontan auf unvorhersehbare Reaktionen und Situationen einzustellen.

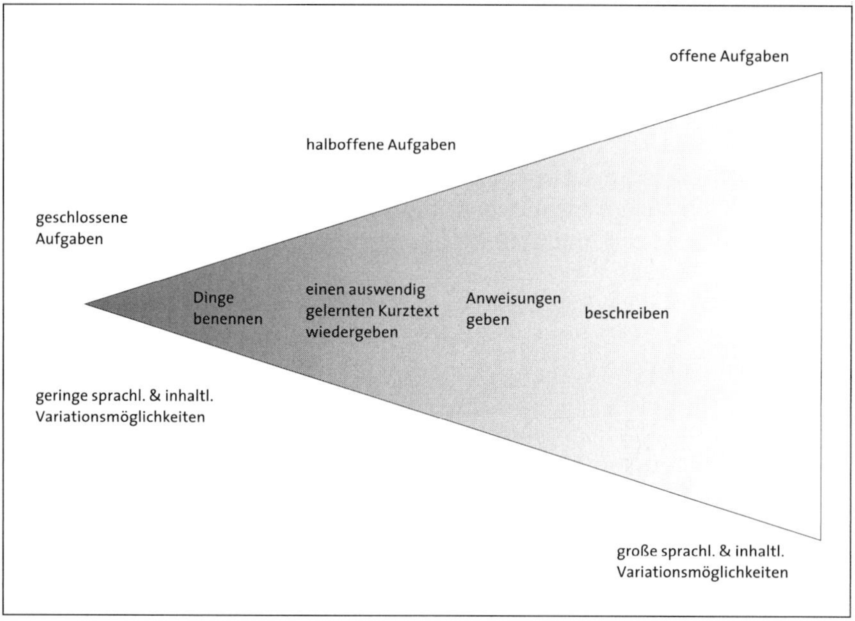

Abb. 2a: Aufgaben des zusammenhängenden Sprechens

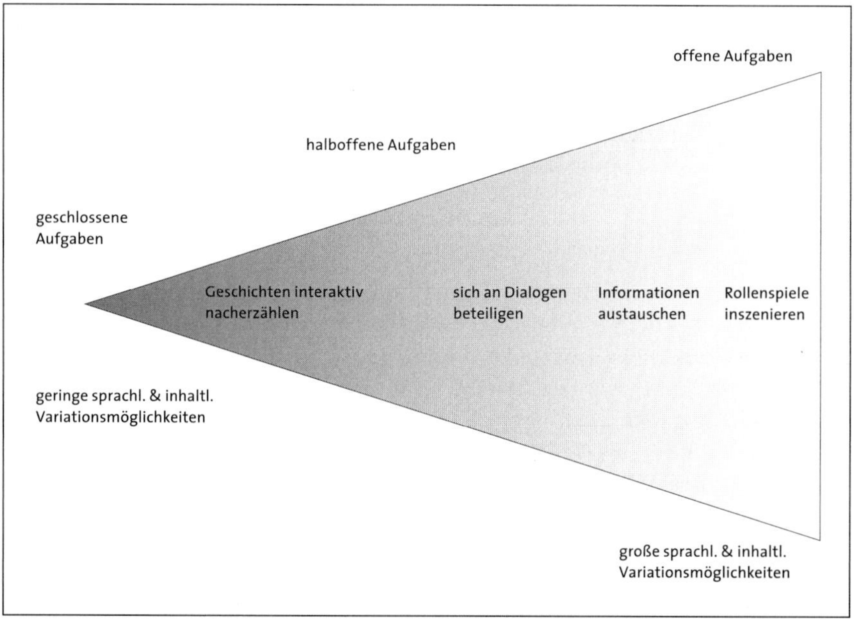

Abb. 2b: Aufgaben der mündlichen Interaktion

- Zusammenhängendes Sprechen
  Beim zusammenhängenden Sprechen hingegen handelt es sich in der Regel um gesprochene, meist schon zu einem früheren Zeitpunkt vorbereitete, längere Äußerungen (z. B. Vorträge, Durchsagen, Referate), die im Rahmen einer Kommunikationssituation von einem oder mehreren Zuhörern empfangen werden, auf die der Sprecher sich vornehmlich in der Artikulation anpassen muss (u. a. Geschwindigkeit, Lautstärke). Dabei werden vom Sprecher Kompetenzen erwartet, die sehr anspruchsvoll und schwierig sind (vgl. EUROPARAT 2001: 158) und die es demnach im Unterricht zu üben gilt. Im Alltag dominieren interaktive Gespräche gegenüber Monologen (vgl. UNDERHILL 1987: 2).

Die Sprechaufgaben in der hier dargelegten Studie wurden nach diesen zwei Kategorien (›Grad der Offenheit‹, ›Zusammenhängendes Sprechen und Mündliche Interaktion‹) geordnet und in einem Kontinuum dargestellt (vgl. Abb. 2a und b). Dadurch konnte sichergestellt werden, dass unterschiedliche Aufgabentypen bei der Leistungseinschätzung berücksichtigt wurden, was wiederum die Reliabilität erhöhen sollte.

Praktische Umsetzung der Leistungseinschätzung – Brennpunkt 3

Nimmt man als Lehrkraft die Herausforderung an, in seiner Klasse pädagogische Leistungskultur umsetzen zu wollen, so kann es nur darum gehen, formative Leistungseinschätzung in der Komplexität des pädagogischen Handlungsfeldes durchzuführen. Anders als bei der summativen Leistungsbeurteilung wird bei der formativen nicht (nur) eine zusammenfassende Beurteilung am Ende eines Schul(halb)jahres, also die Darstellung des Ergebnisses des Lernens, angestrebt. Vielmehr steht die Entwicklung der Schüler, ihre Fortschritte und damit der Prozess ihres Lernens im Mittelpunkt. An die Ergebnisse dieser Einschätzung werden auch Entscheidungen über die weitere Unterrichtsarbeit geknüpft: Wie kann die Lehrkraft ihren Unterricht gestalten und die Schüler weiter gezielt fördern? Welche Inhalte müssen noch einmal aufgegriffen und vertieft werden? So entsteht ein Kreislauf, der sich im Laufe des Schuljahres mehrfach wiederholt (siehe Abb. 3).

Dabei bestimmt nicht die Leistungsbeurteilung den Unterricht, sondern aus dem Unterricht geht hervor, wie die Leistungsbeurteilung gestaltet

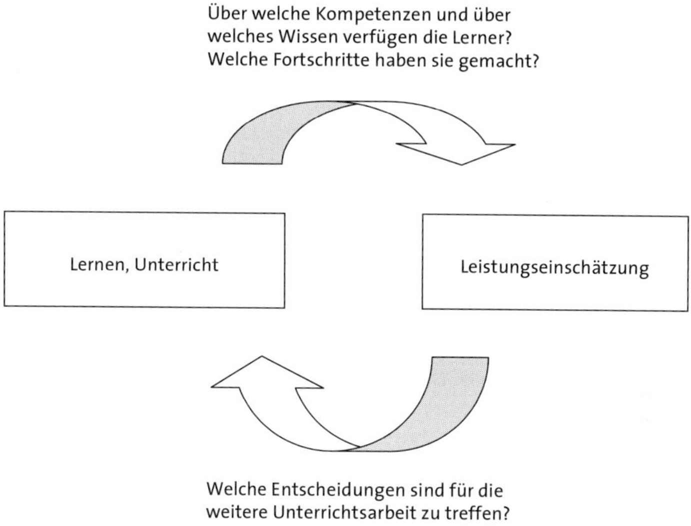

Abb. 3: Zusammenhang zwischen Unterricht und Leistungsbeurteilung

werden soll *(backwash effect)*. CAMERON weist darauf hin, dass gerade das in der Praxis oft anders gehandhabt wird:

> It would seem reasonable to require assessment to *serve* teaching, by providing feedback on pupils' learning that would make the next teaching even more effective, in a positive, upwards direction. Teaching and learning needs should dictate the form and timing of assessment. In practice, the scenario is quite different: assessment seems to *drive* teaching by forcing teachers to teach what is going to be assessed (CAMERON 2001: 215).

Da es bei der formativen Leistungsbeurteilung um den Prozess des Lernens und seine Ergebnisse geht, wird die Leistung der Schüler nicht – wie bei der summativen – einmalig zu einem bestimmten Zeitpunkt ermittelt, sondern kontinuierlich innerhalb eines gewissen Zeitraumes. Das hat den Vorteil, dass die Kompetenzen der Schüler verlässlicher, also reliabler, beschrieben werden können.

Für die formative Leistungseinschätzung des Sprechens im Englischunterricht der Grundschule werden unterschiedliche Varianten vorgeschlagen. Leistungsbeurteilungen, die von externen Testern durchgeführt werden, sind hier nicht aufgeführt, da sie sich in ihren Bedingungen erheblich von denen der Lehrkraft unterscheiden.

Varianten der formativen Leistungseinschätzung des Sprechens

Variante 1: Intuitive, implizite Leistungsbeurteilung
Eine Variante ist, dass Lehrkräfte ihre Schüler wie in jedem anderen Fach während des Unterrichts beobachten und sich so ein globales Bild von der Mitarbeit und dem Leistungsstand und -fortschritt ihrer Schüler in der Kompetenz Sprechen machen. Diese intuitive Leistungsbeurteilung, die nur *impliziter* Natur ist, wird ohne Vorbereitung und Aufwand durchgeführt und ist für konkrete Entscheidungen im Unterricht unabdinglich: Welche Fragen stelle ich als nächstes? Welchen Schüler rufe ich auf? Kann ich das Thema abschließen? Kann ich eine neue Aufgabe stellen? Oft geben die Lehrkräfte nach ihrer *impliziten* Beurteilung auch unmittelbar eine Rückmeldung an die Schüler. Hierbei handelt es sich um ein explizites Urteil *(Yes, that's right. Okay. You've done a good job. Try again, please. That's not correct.).* Allerdings gibt es bei dieser Form der Leistungseinschätzung zwei erhebliche Schwachpunkte. Zum einen ist sie nicht systematisch und zielorientiert und zum anderen wird sie nicht dokumentiert. Das hat u.a. zur Folge, dass nicht unbedingt alle Schüler erfasst werden und dass später nicht mehr nachvollzogen werden kann, wie ein Schüler vor einiger Zeit eingeschätzt wurde. Außerdem erfolgt die Einschätzung nicht nach zuvor festgelegten Überlegungen bzgl. der Kompetenzen und Kriterien, was die Vergleichbarkeit und Zuverlässigkeit der Beurteilung erheblich einschränkt. Insgesamt besteht bei dieser Variante der Leistungseinschätzung die Gefahr, dass sie nicht nachhaltig ist: »Without a coherent strategy, teachers' observations and the inferences that they derive from them run the risk of being fragmented and disorganized and, consequently, ineffective« (Genesee & Upshur 1996: 81). Deswegen müssen andere Formen der Leistungsbeurteilung gefunden werden.

Variante 2: Rotierendes Beobachtungssystem
In der Literatur wird als Antwort auf diese Herausforderung eine Variante der Leistungsbeurteilung vorgeschlagen, die ein explizites und zugleich dokumentiertes Urteil als Ziel hat und systematisch ist: Die Lehrkraft plant, in einer Stunde eine geringe Anzahl an Schülern (drei bis fünf) bei verschiedenen Aufgaben im Unterricht gezielt zu beobachten und dabei die Sprechkompetenz der Lerner einzuschätzen (vgl. Cameron 2001: 232f; Harris & McCann 1994: 11). Während oder nach der Stunde macht sie sich Notizen. In der nächsten Stunde konzentriert sich die

Lehrkraft auf andere Schüler (vgl. IOANNOU-GEORGIOU & PAVLOU 2003: 43). Dieses systematische und gezielte Vorgehen hat mehrere Vorteile: Die Lehrkraft beobachtet im Laufe des Schuljahres *alle* Schüler und kann sie dadurch individuell begleiten und fördern. Außerdem verfügt sie über zahlreiche Aufzeichnungen. Als Letztes ist noch die entspannte Atmosphäre der Leistungsbeurteilung zu nennen: Die Schüler werden nicht unter Leistungsdruck gesetzt, da sie gar nicht wissen, dass ihre Kompetenzen eingeschätzt werden.

Auch wenn ein solches Vorgehen viele Vorteile mit sich bringt und valider und reliabler als die erste Variante ist, stellt die kontinuierliche Umsetzung in der Unterrichtspraxis oft eine Überforderung für Lehrkräfte dar. Denn in der Komplexität des pädagogischen Handlungsfeldes überlagern häufig die vielzähligen didaktischen, methodischen und disziplinarischen Entscheidungen, die spontan und flexibel getroffen werden müssen, die Möglichkeiten zur konzentrierten und gezielten Beobachtung einzelner Schüler:

> Classroom teachers, unlike researchers, are engaged in teaching and classroom management while simultaneously trying to observe and make sense of their student's learning and their own teaching (GENESEE & UPSHUR 1996: 81).

Deswegen ist es nicht verwunderlich, dass sich bei dieser »Vermischung von Unterrichten und Beurteilen klare Aussagen in Hinblick auf Schülerleistungen nur sehr schwer machen lassen« (GERNGROSS 2005: 12).

Hinzu kommt, dass die Eingebundenheit der Lehrkraft in den Unterrichtsprozess nicht nur die Leistungseinschätzung, sondern auch die Dokumentation der Leistung während der Stunde nur bedingt möglich macht. Und auch nach der Stunde hat kaum eine Lehrkraft Zeit, sich Notizen zu machen. Kinder, Kollegen oder Eltern möchten mit ihr sprechen, sie ist für die Pausenaufsicht verantwortlich oder muss den Raum wechseln. Am Nachmittag hingegen, wenn die Lehrkraft Zeit zur Dokumentation ihrer Beobachtungen hat, sind diese oft überlagert von anderen Eindrücken und Erlebnissen des Schulvormittages. Insgesamt ist die Praktikabilität also nur bedingt gewährleistet.

Ein weiterer Aspekt, der bei dieser Form der Leistungseinschätzung problematisch erscheint, ist die mangelnde Transparenz der Beurteilung für die Schüler: Sie wissen nicht, dass ihre Leistung eingeschätzt wird, erfahren nicht, nach welchen Kriterien ihre Leistung beurteilt wird und erhalten keine unmittelbare Rückmeldung von der Lehrkraft. Dementsprechend ist diese Variante nur bedingt fair und reliabel.

Variante 3: Das ABT-Konzept
Eine dritte Variante der formativen Leistungseinschätzung, die im Rahmen der bereits erwähnten Studie entwickelt und erprobt wurde, versucht, die Schwachpunkte der anderen Varianten zu umgehen. Bei dieser Variante geht es einerseits darum, dass die Leistungseinschätzung inhaltlich kongruent zum Unterricht ist. Andererseits soll die Lehrkraft in einem zeitlich begrenzten Rahmen eine Situation schaffen können, bei der sie alle Schüler nacheinander systematisch und gezielt in einer entspannten und nicht von Leistungsdruck geprägten Atmosphäre beobachten kann und bei der sie nur bedingt in das Unterrichtsgeschehen eingebunden ist. Diese Beobachtungen sollen das allgemeine Bild, das die Lehrkraft im Unterricht von der Kompetenz der Schüler gewinnt, ergänzen und Konsequenzen für das weitere Lehren und Lernen im Fremdsprachenunterricht haben.

Bei dieser Variante der Leistungseinschätzung werden regelmäßig teilformalisierte Situationen zur Bearbeitung von ausgewählten Aufgaben geschaffen, im Rahmen derer auf Grundlage eines Beobachtungsbogens die Sprechkompetenz der Schüler eingeschätzt und dokumentiert wird. Die Buchstaben ABT stehen für die drei Hauptelemente des Konzeptes:

A – Ausgewählte Aufgaben
B – Beobachtungsbögen
T – Teilformalisierte Situationen

Während die beiden ersten Begriffe häufig in der Literatur verwendet werden, stellt der Begriff ›teilformalisiert‹ einen neuen Terminus dar, der sich im Rahmen der Studie aufgrund folgender Überlegungen ergab:

Das in der Studie erprobte Konzept der Leistungsbeurteilung unterscheidet sich von formalen Leistungseinschätzungen, bei denen die Rahmenbedingungen sehr strikt vorgegeben sind. Typisch für die Formalität ist, dass die Schüler unter besonderen und beschränkten Bedingungen ihren Leistungsstand zeigen sollen. In der Regel gilt, dass die Aufgaben genau umschrieben und für alle gleich sind, dass die Zeit begrenzt ist, individuell gearbeitet werden muss und Hilfsmittel (wie Bücher oder Aufzeichnungen) nicht benutzt werden dürfen (vgl. Winter 2004: 33). Während auch beim ABT-Konzept die Aufgabe grundsätzlich für alle gleich ist, sind die weiteren Bedingungen nicht so rigide: Jedem Kind wird die Zeit gegeben, die es benötigt, um die Aufgabe bewältigen zu können. Sie sollen sich nicht gehetzt fühlen und unter unnötigen Druck gesetzt werden. Auch arbeiten die Kinder nicht immer nur individuell, sondern mit anderen Kindern oder der Lehrkraft. Das hat zum einen den Vorteil, dass auch Aufgaben der mündlichen Interaktion gewählt werden können und zum anderen, dass die Kinder Hilfe und Unterstützung voneinander oder von der Lehrkraft erfahren können. Dementsprechend kann eine angstfreie bzw. -reduzierte Atmosphäre geschaffen werden, in der die Kinder sich sicher fühlen und ihre Kompetenzen bestmöglich zeigen können.

Leistungseinschätzung des Sprechens nach dem ABT-Konzept

Die Festlegung zu erfassender Kompetenzen

Will die Lehrkraft die Sprechleistung ihrer Schüler einschätzen, überlegt sie zunächst, welche konkreten Kompetenzen der Lerner sie erfassen möchte. Grundlage hierfür können die Vorgaben des betreffenden Bundeslandes sein (Rahmenrichtlinien, Rahmenpläne) bzw. der GER.

Die Auswahl von Aufgabe und Thema

Anschließend überlegt die Lehrkraft, welche Aufgaben und Themen sie auswählen möchte. Um der Vielfalt an Kompetenzen, Interessen und Bedürfnissen innerhalb einer Klasse gerecht zu werden und die Reliabilität zu erhöhen, sind sowohl Aufgaben des zusammenhängenden Sprechens und der mündlichen Interaktion als auch halboffene und offene Aufgaben zu wählen:

> Formative evaluation is more effective when diversified. Since language performance requires students to demonstrate a wide range of knowledge, skills, and attitudes, a single instrument or the performance of a single task is not enough to provide these students with an accurate picture of their strengths and weaknesses (Vandergrift 2000: 294).

Anfangs stehen halboffene Aufgaben im Mittelpunkt, bei denen sich die Kinder innerhalb eines klar umgrenzten Kontexts äußern und nur sehr geringe Variationsmöglichkeiten haben. Später werden auch offene Aufgaben im Unterricht und zur Leistungseinschätzung eingesetzt, bei denen die Kinder über die Fülle ihrer sprachlichen Kompetenzen verfügen können und sich relativ frei äußern.

Da bei den Aufgaben im Mittelpunkt steht, dass die Schüler herausgefordert werden, sich über einen bedeutungsvollen Inhalt auszutauschen, sind die Themen von elementarer Bedeutung. Dabei geht es im Sinne des lernorientierten Ansatzes vor allem darum, dass solche gewählt werden, die die Lerner zum Sprechen motivieren, da sie für sie aktuell und von Interesse sind. Weil die einzelnen Schüler innerhalb einer Klasse unterschiedliche Vorlieben, Abneigungen und Interessen haben, spiegelt sich diese Heterogenität auch bei der Leistungseinschätzung wider. So werden im Laufe eines Schuljahres bei der Leistungsbeurteilung verschiedene Themen berücksichtigt und / oder den Schülern eine freie Wahl des Themas angeboten, z. B. wenn sie eine Präsentation halten (*»My day«, »My family«* oder *»My pet«*). Durch solch ein breites Spektrum an Themen ist die Zuverlässigkeit und Fairness der Leistungseinschätzung erhöht.

Die Präzisierung der Erwartungen

Nach Festlegung der Aufgabe und des Themas präzisiert die Lehrkraft ihre Erwartungen an die Sprechkompetenz der Kinder. Welche Kompetenzen kann ein Kind bei der Bewältigung dieser konkreten Aufgabe zum jetzigen Zeitpunkt zeigen? Diese Erwartung hängt von den Kontextbedingungen und dem vorangegangenen Unterricht ab: Die Lehrkraft weiß z. B., welche Strukturen und Lexik im Unterricht erarbeitet wurden und möchte nun erfahren, ob bzw. in welchem Umfang die einzelnen Lerner über diese in Aussprache und Verwendung verfügen, wenn sie einen Inhalt vermitteln wollen.

Grundsätzlich werden die Erwartungen bei der Planung durch die Lehrkräfte implizit mitbedacht. In der Studie konnte beobachtet werden, dass die Lehrkräfte es als positiv erachteten, ihren Erwartungshorizont schriftlich darzulegen. Ihrer Ansicht nach wurde die Leistungsbeurteilung dadurch zuverlässiger und erleichterte die für die Einschätzung des Sprechens unmittelbare Beurteilung.

Die Auswahl hilfreicher Impulse

Als nächstes bereitet die Lehrkraft hilfreiche Impulse für die Schüler vor. Die Lehrkraft antizipiert bereits vor der Leistungsbeurteilung, welche Unterstützung sie den Kindern geben möchte, wenn diese z. B. ins Stocken geraten. Damit wird ein neuer Weg bei der Leistungsbeurteilung beschritten, denn in der Regel gilt, dass Lerner nur auf sich gestellt ihre Kompetenzen unter Beweis stellen sollen (vgl. HARRIS & MCCANN 1994: 53).

Im ABT-Konzept wird jedoch die Ansicht vertreten, dass Hilfen unter bestimmten Voraussetzungen ein faires und zuverlässiges Mittel bei der Leistungseinschätzung darstellen. Entscheidend ist zweierlei: 1. *Jedes* Kind, das Hilfe braucht, muss diese bekommen und 2. die Tatsache, *dass* Hilfe gebraucht wurde, geht in die Beurteilung ein.

Für die Kinder ist es beruhigend zu wissen, dass sie Hilfe bekommen, wenn sie diese benötigen. Dadurch können mögliche Ängste vor der Leistungseinschätzung reduziert oder genommen werden und die Kinder können sicherer auftreten (vgl. CAMERON 2001: 219).

Diesem Ansatz folgend macht sich die Lehrkraft bereits vor der Leistungseinschätzung Gedanken, welche visuellen, auditiven oder mimisch-gestischen Impulse, die den Kindern aus dem Unterricht vertraut sind, angemessen für die jeweilige Aufgabe sind. Die Hilfen bzw. hilfreichen Impulse sollen eine vertiefte kognitive Verarbeitung auslösen, also eine eigenständige Leistung evozieren und nicht im Imitieren der Lehrkraft enden. Geht es z.B. darum, dass die Kinder eine *action story* vortragen, kann es durchaus hilfreich sein, dass die Lehrkraft die entsprechende Mimik, die die Kinder erlernt haben, einsetzt, um dem Schüler auf die Sprünge zu helfen.

Die Auswahl der Beobachtungskriterien

Nach den Überlegungen zu den hilfreichen Impulsen geht es um die Kriterien. Sie ergeben sich aus den Kompetenzen, die die Kinder bei der Bewältigung der Aufgabe zeigen können. Da das vorrangige Ziel die Handlungsfähigkeit in der Fremdsprache ist, spielen neben den traditionellen Kriterien der linguistischen, artikulatorischen und grammatikalischen Korrektheit auch in besonderem Maße die Kriterien der Interaktion sowie der erfolgreichen inhaltlichen Bewältigung der Aufgabe eine Rolle. Im Rahmen der Studie wurden die fünf Aspekte Kommunikation, Wortschatz und Strukturen, Aussprache, Inhalt und Gestaltung (Mimik, Gestik) bei der Leistungseinschätzung zu Grunde gelegt.

Die Dokumentation der Schülerleistung

Die Dokumentation der Beobachtungen im ABT-Konzept erfolgt mit Hilfe eines Beobachtungsbogens, auf dem die Kriterien aufgeschlüsselt werden und skaliert sind. Die Lehrkraft vermerkt den Namen des Kindes, die Aufgabe, Datum und Thema sowie die Inanspruchnahme von Hilfe. Des Weiteren hat sie Platz, zusätzliche Bemerkungen zu notieren. In der Studie zeigte sich allerdings, dass unter den restriktiven zeitlichen Bedingungen im Unterricht kaum Zeit bleibt, aussagekräftige zusätzliche Notizen zu machen.

Damit die Kriterien auch zu den Aufgaben passen, werden für jede Aufgabe entsprechend eines Baukastensystems die einzelnen relevanten Kriterien zusammengestellt. So kann sichergestellt werden, dass die Lehrkräfte sich auf die für jene Aufgabe zu beobachtenden Aspekte konzentriert und dadurch eine gezieltere Leistungseinschätzung stattfindet.

Die Vorbereitung der Schüler

Neben diesen Vorbereitungen, die die Lehrkraft außerhalb des Unterrichts vornimmt, spielt die Vorbereitung der Schüler eine elementare Rolle. Insbesondere für den frühen Fremdsprachenunterricht wird immer wieder darauf hingewiesen, dass die Kinder angstfrei in einer entspannten Atmosphäre lernen sollen und dass die Kinder durch bzw. bei der Leistungseinschätzung nicht unter Leistungsdruck gestellt werden sollen (vgl. SHAABAN 2001: 17f). Stattdessen soll nach Wegen gesucht werden, die Leistungseinschätzung »als positive Erfahrung erlebbar werden [zu] lassen« (SARTER 1997: 143). Der Gedanke, der dahinter steht, ist, dass die Motivation zum und das Interesse am Lernen einer Sprache und am Lernen allgemein bei den Kindern nicht frühzeitig abgebaut werden darf. Da die Motivation eines der drei Hauptziele des Frühen Fremdsprachenlernens ist, sind diese Überlegungen mit großer Sensibilität zu berücksichtigen.

Ein Schlüsselwort bei den Befürchtungen um Leistungsdruck und Angst ist die Transparenz. Wenn den Kindern transparent gemacht wird, wie die Leistungseinschätzung gestaltet wird, können sie sich schon vorher damit auseinandersetzen und müssen nicht mit Unerwartetem rechnen (vgl. UNDERHILL 1987: 19). So wird die Leistungseinschätzung fairer, reliabler und valider. Die Lehrkraft sollte dementsprechend ausnahmslos immer erklären, wie die Leistungseinschätzung organisiert sein wird. Bei inhaltlichen Gesichtspunkten (Aufgabe und Thema) hingegen muss jeweils individuell entschieden werden, inwieweit die Kinder vorher informiert werden müssen. Auch hinsichtlich der Kriterien der Leistungsbeurteilung werden die Kinder aufgeklärt. Die Lehrkraft kann dies implizit tun, indem sie die Schüler beim Üben entsprechend der Kriterien zur Leistungseinschätzung korrigiert. Erwartet die Lehrkraft z.B., dass sich die Kinder möglichst kreativ bei der Bildbeschreibung äußern, lobt sie die Schüler in der Übungsphase für entsprechende Äußerungen. So bekommen die Schüler ein Gespür dafür, worauf die Lehrkraft Wert legt. Außerdem kann die Lehrkraft der Klasse die Kriterien, nach denen sie ihre Leistung einschätzen wird, explizit darlegen. In kindgerechter Weise sagt sie ihnen, worauf sie achtet, was wichtig ist und was eine gute Leistung ausmacht.

Die Gestaltung des Unterrichts

Ein zentraler Aspekt für ein Konzept der formativen Leistungseinschätzung im Unterricht durch die Lehrkraft liegt in der Frage, wie eine Lehrkraft in bzw. trotz der Komplexität des Unterrichts die Kinder konzentriert beobachten kann. Die Lösung findet im ABT-Konzept in der ansatzweisen Trennung von Unterricht und Leistungseinschätzung statt. Die Lehrkraft zieht sich nach dem gemeinsamen Unterrichtsbeginn aus dem Unterrichtsgeschehen – soweit möglich – zurück. Sie vertritt nun nicht mehr vorrangig die Rolle als Leiterin des Unterrichts, als Instrukteurin, als ständige Ansprechpartnerin und Helferin aller Kinder, sondern als Beurteilerin, Ansprechpartnerin und Helferin ausgewählter Schüler. Umzusetzen ist dies durch freie Unterrichtsformen, in der sich die Schüler eigenverantwortlich mit Aufgaben beschäftigen, wie z.B. beim Stationenlernen.

Die Kinder erarbeiten sich bzw. wiederholen und üben ein Thema bzw. einen Themenbereich weitgehend eigenverantwortlich, indem sie verschiedene Aufgaben bewältigen, die meist mit Hilfe eines Lösungsschlüssels durch die Kinder korrigiert werden können.

Die Lehrkraft hat indes die Möglichkeit, einen Ort innerhalb des Klassenzimmers aufzusuchen, an dem sie die Leistungseinschätzung durchführt, z.B. ein Tisch mit einigen Stühlen am Rande der Klasse. Dorthin ruft sie nacheinander jedes Kind oder einzelne Paare bzw. Kleingruppen, um die Leistungseinschätzung individuell und konzentriert durchführen zu können.

Abb. 4: Lehrkraft und Schüler bei der Bildbeschreibung

Auf eine Tonbandaufzeichnung wird aus praktischen Erwägungen verzichtet (mangelhafte Ausstattung vieler Schulen, zusätzlicher Zeitaufwand durch späteres Abhören und Beurteilen). Stattdessen dokumentiert die Lehrkraft die Leistung der Schüler mit Hilfe des Beobachtungsbogens unmittelbar nach Beendigung der Aufgabe, wenn der Schüler zurück an seinem Platz ist und bevor der nächste kommt. Die Leistungseinschätzung kann je nach Klassenstärke und Aufgabe zwischen 20 Minuten und zwei Schulstunden dauern.

Die Rückmeldung an die Schüler

Möglichst zeitnah, also in den darauffolgenden Stunden oder im Anschluss an die gesamte Leistungsbeurteilung der Klasse, gibt die Lehrkraft den Schülern ein allgemeines und individuelles Feedback. Es ist möglich, dass die Kinder sich zunächst selbst einschätzen. Dies kann entweder schriftlich oder mündlich, im Einzelgespräch mit der Lehrkraft, erfolgen. Im Rückmeldegespräch erläutert die Lehrkraft jedem Kind ihre differenzierte Beurteilung auf Grundlage des Beobachtungsbogens. Für die Lerner muss transparent und nachvollziehbar sein, wo ihre Stärken und Schwächen liegen. Die Rückmeldung sollte ermutigend sein und die Leistung und Anstrengung der Kinder würdigen. Das bedeutet jedoch nicht, dass eine schwache Leistung beschönigt werden muss, denn die Kinder fühlen sich dann evtl. nicht ernst genommen. Stattdessen können neben den Kompetenzen die Defizite ehrlich benannt werden und gleichzeitig Wege aufgezeigt werden, wie das Kind seine Leistung verbessern kann:

> Formative evaluation is primarily intended to improve learning by giving students constructive, precise feedback on their strengths and weaknesses with regard to specific outcomes – encouraging students to reflect on their performance and to make the necessary corrective adjustments (VANDERGRIFT 2000: 291).

Bei einer Leistungseinschätzung, die nicht nur Bilanz zieht, sondern auch Perspektiven für das weitere Lernen eröffnet, steht der Prozess-, nicht der Produktcharakter des Lernens im Mittelpunkt. Ein Feedback in dieser Form ist zeitaufwändig und muss deswegen bei der zeitlichen Planung der Leistungseinschätzung bereits mitbedacht werden. In der Studie konnte beobachtet werden, dass Lehrkräfte aufgrund des Zeitaufwandes auf ein individuelles Feedback verzichteten, obwohl ihnen durchaus die Relevanz der Rückmeldung bewusst war.

Die Konsequenzen für die Unterrichtsarbeit

Neben den Rückmeldungen an die Schüler über ihren Leistungsstand kann die Lehrkraft Feedback aus den Leistungseinschätzungen für ihre Unterrichtsarbeit gewinnen: Verfügen die Schüler über die Kompetenzen, die von ihnen erwarten werden? Haben die Schüler die erwarteten Leistungen gezeigt oder übertroffen, so ist es wichtig, dass die Lehrkraft reflektiert, warum das so war. Wenn nicht, muss sie dies auch hinterfragen. Es kann viele Gründe dafür geben: Die Erwartungen der Lehrkraft können zu hoch gewesen sein, die Kinder können nicht ausreichend vorbereitet gewesen sein, die Klasse kann in einer schlechten Verfassung gewesen sein usw. Die Lehrkraft kann auch mit den Kindern darüber reden und fragen, woran es gelegen haben könnte. Anschließend muss sie sich Gedanken über die weitere Unterrichtsarbeit machen: Welche Teilbereiche und Themen müssen wiederholt werden? Was muss geübt werden?

Resümee

Die dargestellte Variante der Leistungseinschätzung des Sprechens wurde in einer multiplen Fallstudie erprobt. Hierbei konnte gezeigt werden, dass das ABT-Konzept eine innovative Möglichkeit darstellt, in der Komplexität des pädagogischen Handlungsfeldes der Fertigkeit Sprechen, die bei der Leistungseinschätzung oft wie ein Stiefkind behandelt wird, in ihrer Bedeutung gerecht zu werden: Die Sprechkompetenzen der Grundschüler können gezielt und systematisch erfasst und dokumentiert werden. Gleichzeitig macht die Studie deutlich, dass solch eine Leistungseinschätzung nur unter gewissen Voraussetzungen stattfinden kann:

1. Die Kinder müssen über die Kompetenzen verfügen, die sie zur erfolgreichen Bewältigung der Aufgaben benötigen.

Das bedeutet, dass ein Unterricht stattfindet, in dem die Kinder die Chance haben, Kompetenzen zu erlangen und zu erweitern, um fremdsprachliche Aufgaben erfolgreich zu bewältigen. Dafür sind u. a. vielfältiger fremdsprachlicher Input durch eine kompetente Lehrkraft und ergänzende Materialien sowie die ständige Wiederholung, Vertiefung und Festigung der Inhalte im Sinne des Spiralcurriculums notwendig. Ob derzeit alle Englisch-Lehrkräfte der Grundschule über die notwendigen fremdsprachlichen, methodischen und fachdidaktischen Kompetenzen verfügen, ist fraglich.

2. Die Kinder werden herausgefordert, ihre Sprechkompetenz bei der Bewältigung von Aufgaben zu zeigen.

Damit die Kinder sich zu einem Thema äußern und ihr Können und Wissen bei der Bewältigung einer Aufgabe präsentieren können, sind vielfältige Themen, Materialien, Sozial- und Präsentationsformen und Aufgaben bewusst auszuwählen. Durch die Berücksichtigung von individuellen und gemeinsamen Bedürfnissen, Interessen und Voraussetzungen der Lerner werden diese angeregt und herausgefordert, ihr fremdsprachliches Potential zu nutzen, um eine Aufgabe im Rahmen der Leistungseinschätzung zu bearbeiten.

Da bei einer Aufgabe nie die Fülle der fremdsprachlichen Kompetenzen gezeigt werden kann, werden im Laufe eines Schuljahres verschiedene Aufgaben ausgewählt, die die unterschiedlichen Aspekte des Sprechens berücksichtigen. So entsteht über einen längeren Zeitraum ein umfassendes Bild des Könnens und Wissens der Schüler.

3. Die Kinder gewinnen Zuversicht und Sicherheit, um ihre Sprechkompetenz bei der Bewältigung der Aufgaben zu zeigen.

Wenn die Kinder bei der Leistungseinschätzung sehr nervös oder sogar ängstlich sind, können sie nicht bestmöglich ihre fremdsprachlichen Kompetenzen zeigen. Um negative Gefühle zu reduzieren, sollte den Schülern ein Gefühl der Sicherheit und Zuversicht vermittelt werden. Das kann durch die Kongruenz von Leistungseinschätzung und Unterricht gefördert werden. So werden Themen, Materialien, Sozial- und Präsentationsformen, Arbeitsanweisungen und Aufgaben für die Leistungseinschätzung genutzt, die den Kindern aus dem Unterricht vertraut sind und auf die die Lerner vorbereitet werden. Hinzu kommt, dass die Schüler während der Leistungseinschätzung, wie sonst auch im Unterricht, hilfreiche Impulse und motivierendes Feedback durch die Lehrkraft erhalten, was sie dazu ermutigt, ihre Sprechkompetenz zu zeigen.

Außerdem gilt auch hier das Prinzip der Transparenz: Die Inhalte, das Vorgehen, die Erwartungen und die Tatsache, dass es sich um eine Leistungsfeststellung handelt, werden offengelegt, beschrieben und erklärt, so dass sich die Kinder bewusst damit auseinandersetzen und darauf einstellen können.

4. Die Lehrkräfte besitzen die Kompetenzen, die Leistungseinschätzung vorzubereiten.

Die Vorbereitung der Leistungseinschätzung setzt nicht erst bei der aktuellen Einheit an, sondern setzt eine kontinuierliche Qualität des Unterrichts im Laufe der Grundschulzeit voraus. Das bedeutet, dass die Lehrkräfte, die für den Englischunterricht in der Grundschule eingesetzt werden, über die nötigen Fremdsprachenkenntnisse und die methodischen und fachdidaktischen Kompetenzen verfügen müssen. Hier ist sicherlich Aus-, Fort- und Weiterbildungsbedarf vorhanden.

Hinzu kommt, dass die Lehrkraft sich selbst und die Kinder zielgerichtet auf die aktuelle Leistungseinschätzung vorbereitet. Insgesamt führt diese Vorgehensweise zu einem zielgerichteten und systematischen Lehren und Lernen und zu einer Leistungseinschätzung, die nicht die Defizite, sondern das Können und Wissen der Schüler in den Fokus rückt.

5. Die Lehrkräfte verfügen über Kompetenzen, die Leistungseinschätzung im Rahmen des Unterrichts durchzuführen.

Bei den Kompetenzen der Lehrkräfte zur Durchführung der Leistungseinschätzung erweist sich die Routine als sehr wichtig: Die Lehrkräfte gehen im Laufe der Zeit mit den anfangs als Überforderung empfundenen vielfältigen Anforderungen souverän und routiniert um. Hinsichtlich der Diagnosefähigkeit der Lehrkräfte besteht, wie im Rahmen dieser Studie deutlich wurde, ein hoher Aus-, Fort- und Weiterbildungsbedarf.

6. Die Lehrkräfte verfügen über Kompetenzen, die Leistungseinschätzung im Rahmen des Unterrichts nachzubereiten.

Nach der Leistungseinschätzung erfolgt die Reflexion der Beobachtungen und Beurteilungen, die zu Konsequenzen für die weitere Unterrichtsarbeit und weitere Leistungseinschätzungen sowie zum Feedback an die Schüler führt. Denn nur, wenn die Leistungseinschätzung nicht nur aus Aufgaben des Unterrichts erwächst, sondern auch zu Aufgaben des Unterrichts führt, kann sie zu einem positiven Effekt für das Lehren und Lernen im Fremdsprachenunterricht der Grundschule beitragen. Nur dann handelt es sich nicht um eine summative Leistungseinschätzung, sondern um eine formative, die zum erfolgreichen Sprachenwachstum und zur Optimierung der Unterrichtsarbeit führt.

In diesem Bereich, also dem Feedbackverhalten der Lehrkräfte und der Optimierung der Unterrichtsarbeit, konnte im Rahmen dieser Studie auch ein hoher Forschungs- und Qualifizierungsbedarf festgestellt werden.

Auch wenn in vielen Bereichen noch Qualifizierungsbedarf besteht, wurde durch die Studie deutlich, dass mit dem ABT-Konzept ein neuer, kindgerechter Weg bei der Leistungseinschätzung des Sprechens in der Grundschule eingeschlagen werden konnte. Diesen weiter zu verfolgen und zu optimieren sowie auf andere Fertigkeiten und Schulstufen auszuweiten, wird ein zentraler Aspekt bei der Umsetzung der pädagogischen Leistungskultur im Fremdsprachenunterricht sein. Dann kann immer mehr Schülern – und auch Lehrkräften – deutlich werden: *Nothing succeeds likes success.*

Literaturverzeichnis

ALBERS, HANS-GEORG & SYBILLE BOLTON (1995): Testen und Prüfen in der Grundstufe: Einstufungstests und Sprachstandsprüfungen. Berlin: Langenscheidt.

BREWSTER, JEAN; GAIL ELLIS & DENIS GIRARD (1991): The Primary English Teacher's Guide. London: Penguin.

BYGATE, MARTIN (1987): Speaking. Oxford: Oxford University Press.

BYGATE, MARTIN (2001): »Speaking.« Carter & Nunan (eds.): The Cambridge Guide to Teaching English to Speakers of Other Languages. Cambridge: Cambridge University Press. 14–20.

CAMERON, LYNNE (2001): Teaching Languages to Young Learners. Cambridge: Cambridge University Press.

CURTAIN, HELENA & CAROL A. B. PESOLA (1994): Languages and Children: Making the Match. New York: Longman.

DRESE, KARIN (2004a): »Lernstandsfeststellungen in der Grundschule und ihre Konsequenzen für die Lehrkräfte der Sekundarstufe I.« Der Fremdsprachliche Unterricht Englisch 69. 22–29.

DRESE, KARIN (2004b): »Sprachlernstände im Englischunterricht der Grundschule einschätzen und bewerten – eine Herausforderung für Lehrkräfte.« Quetz & Solmecke (Hg.): Brücken schlagen: Fächer – Sprachen – Institutionen. Dokumentation zum 20. Kongress für Fremdsprachendidaktik der Deutschen Gesellschaft für Fremdsprachenforschung (DGFF), Frankfurt am Main, Oktober 2003. Berlin: Pädagogischer Zeitschriftenverlag. 293–304.

DRESE, KARIN (2005): »Mündliche Leistung einschätzen: Ein innovativer Weg im frühen Englischunterricht.« Primary English 5. 9–11.

EUROPARAT (2001): Gemeinsamer Europäischer Referenzrahmen für Sprachen: lernen, lehren, beurteilen. Berlin: Langenscheidt.

GENESEE, FRED & JOHN A. UPSHUR (1996): Classroom-based Evaluation in Second- Language Education. Cambridge: Cambridge University Press.

GERNGROSS, GÜNTER (2005): »Eine positive Haltung erzeugen: Aspekte der Leistungsfeststellung im Englischunterricht.« Primary English 5. 12–14.

HARRIS, MICHAEL & PAUL MCCANN (1994): Handbooks for the English Classroom: Assessment. Oxford: Heinemann.

HASIBA, ULRIKE; ELISABETH JANTSCHER & ANNEMARIE PELTZER-KARPF (1997): Vier Jahre Lollipop-Programm: Evaluierung eines Schulversuchs. Graz (unveröffentlichtes Manuskript).

IOANNOU-GEORGIOU, SOPHIE & PAVLOS PAVLOU (2003): Assessing Young Learners. Oxford: Oxford University Press.

MÜLLER-HARTMANN, ANDREAS & MARITA SCHOCKER-VON DITFURTH (2004): Introduction to English Language Teaching. Stuttgart: Klett.

MÜLLER-HARTMANN, ANDREAS & MARITA SCHOCKER-VON DITFURTH (2005): »Aufgabenorientierung im Fremdsprachenunterricht: Entwicklungen, Forschung und Praxis, Perspektiven.« Müller-Hartmann & Schocker-von Ditfurth (Hg.): Aufgabenorientierung im Fremdsprachenunterricht: Task-Based Language Learning and Teaching: Festschrift für Michael K. Legutke. Tübingen: Narr. 1–51.

Müller-Hartmann, Andreas & Marita Schocker-von Ditfurth (Hg.) (2006): »Aufgaben bewältigen. Weg und Ziel des Fremdsprachenunterrichts.« Der fremdsprachliche Unterricht Englisch 40.84. 2–9.

Peltzer-Karpf, Annemarie & Renate Zangl (1998): Die Dynamik des frühen Fremdsprachenerwerbs. Tübingen: Narr.

Sarter, Heidemarie (1997): Fremdsprachenarbeit in der Grundschule: neue Wege, neue Ziele. Darmstadt: Wissenschaftliche Buchgesellschaft.

Sekretariat der Ständigen Konferenz der Kultusminister der Länder in der Bundesrepublik Deutschland (2005): Bericht: »Fremdsprachen in der Grundschule – Sachstand und Konzeption 2004«. Beschluss der Kultusministerkonferenz vom 10.02.2005.

Shaaban, Kassim (2001): »Assessment of young learners.« English Teaching Forum 10. 16–23.

Underhill, Nic (1987): Testing Spoken Language: A handbook of oral testing techniques. Cambridge: Cambridge University Press.

Willis, Jane (1996): A Framework for Task-Based Learning. Edinburgh: Longman.

Winter, Felix (2004): Leistungsbewertung: Eine neue Lernkultur braucht einen anderen Umgang mit den Schülerleistungen. Baltmannsweiler: Schneider Verlag Hohengehren.

Vandergrift, Larry (2000): »Setting Students Up for Success: Formative Evaluation and FLES.« Foreign Language Annals 33.3. 290–304.

Bärbel Diehr & Stefanie Frisch

Goodbye Hungry Caterpillar

Ein forschungsgestütztes Plädoyer für produktiven Sprachgebrauch im Englischunterricht der Grundschule

Die Einführung des frühen Fremdsprachenlernens hat viel Bewegung in die deutsche Bildungslandschaft gebracht und große Lern- und Entwicklungschancen für junge Lernende eröffnet. Obwohl inzwischen alle Grundschulkinder eine Fremdsprache lernen, handelt es sich beim frühen Fremdsprachenunterricht immer noch um *work in progress*, genau genommen um ein bildungspolitisches und fachdidaktisches Entwicklungsprojekt, denn viele grundlegende Fragen sind immer noch ungeklärt. Die entsprechenden Forschungslücken werden erst nach und nach geschlossen. Deshalb ist nicht auszuschließen, dass in den nächsten Jahren in zentralen Bereichen Veränderungen der Entwicklungsrichtung und Kurskorrekturen notwendig werden, wenn neue Erkenntnisse die bisherigen Entscheidungen in Frage stellen. Welches sind nun diejenigen Bereiche, in denen Schlüsselfragen noch ungeklärt und wichtige Entscheidungen offen sind?

Kernfragen an die Didaktik des frühen Fremdsprachenlernens

Sowohl im Schulalltag als auch in der Theoriebildung und Forschung besteht nach wie vor Unsicherheit darüber, was die Lernenden am Ende der Grundschulzeit tatsächlich können bzw. können sollen. Das liegt zum einen daran, dass empirisch gestützte Erkenntnisse über die Auswirkungen des frühen Fremdsprachenlernens im Regelunterricht noch nicht in ausreichendem Umfang vorliegen (KMK 2003: 7). Zum anderen herrscht immer noch keine Einigkeit über die organisatorischen Rahmenbedingungen – zum Beispiel beginnt der Fremdsprachenunterricht in den meisten Bundesländern in der 3. Klasse. In den letzten zwei Jahren mehren sich jedoch Anzeichen für eine Trendwende, wonach eine Fremdsprache – wie in Baden-Württemberg, Rheinland-Pfalz oder im Saarland – ab der 1. Klasse unterrichtet wird. Für die Frage nach dem fremdsprachlichen Leistungsvermögen von Viertklässlern macht es aber einen erheblichen Unterschied, ob die Kinder volle vier oder nur zwei Jahre Gelegenheit zum Lernen der neuen Sprache hatten. Auch die Angemessenheit der Bildungsstandards, der curricularen Vorgaben und der angestrebten Ziele lässt sich ohne entsprechende Untersuchungen nicht sicher einschätzen. Darüber hinaus ist noch strittig, ob es sich bei dem weitgehenden Ausklammern der Schriftsprache in der 1. und 2. Klasse sowie bei dem Verzicht auf bewusstmachende Verfahren um didaktisch begründete Vorgehensweisen handelt oder um das Ergebnis unreflektierter Entscheidungen, die nun einem Ausschöpfen der neu geschaffenen Chancen im Wege stehen und sich als nachteilig für den Lernfortschritt erweisen.

Bisher sind nur wenige Untersuchungen bekannt, die sich mit dem tatsächlichen Leistungsvermögen von jungen Englischlernenden in der Grundschule beschäftigen und die den Lehrkräften einzuschätzen helfen, welche Lernverläufe und Lernergebnisse als normal und realistisch gelten können (Doyé & Lüttge 1977; Kahl & Knebler 1996; Legutke & Lortz 2002). Zu diesen Untersuchungen zählt u. a. die TAPS-Studie (*Testing and Assessing Spoken English in Primary School)*, die von Oktober 2002 bis März 2007 an der Pädagogischen Hochschule in Heidelberg durchgeführt wurde. Dabei wurde die Sprechleistung von 216 Dritt- und Viertklässlern erhoben und die Beurteilung der mündlich aufgezeichneten Texte untersucht. Nun kann diese Studie einige der bisher offenen Fragen beantworten:

- Wozu benötigen Englischlehrkräfte diagnostisches Wissen und Können?
- Mit welchen Ausgangstexten und welchen Aufgaben können sie Grundschulkinder zum Englischsprechen anleiten?
- Wie umfangreich und komplex fallen die Zieltexte aus, die von Acht- bis Zehnjährigen produziert werden?
- Wie kann auf der Grundlage von mündlichen Lernertexten eine lernförderliche Diagnose und gegebenenfalls eine valide und reliable Leistungsbeurteilung durchgeführt werden?

Im Anschluss an die Erörterung dieser vier Fragen schließt der vorliegende Beitrag mit einer exemplarischen Unterrichtseinheit für eine vierte Klasse und einer Aufgabe, die zu diagnostischen Zwecken direkt eingesetzt werden kann. Dieser Beitrag möchte in erster Linie als ein Plädoyer für produktives Englischsprechen in der Grundschule verstanden werden. Er will Lehrkräfte ermuntern, den Kindern Sprachgebrauch zuzutrauen, denn Acht- bis Zehnjährige können mehr als die Geschichte des *›Hungry Caterpillar‹* gestisch-mimisch darstellen oder rhythmisch klatschend die *›Bear hunt‹* mitsprechen. Außerdem möchte dieser Beitrag die Lehrkräfte daran erinnern, dass sie die Fachleute für das Lehren, Lernen und Beurteilen sind. Sie sind diejenigen, die die mündliche Sprachproduktion der Grundschüler sach- und kindgerecht einschätzen können. Auch dafür kann die TAPS-Studie Belege anführen sowie weiterführende Hilfen und Anregungen für die Ausbildung von Fremdsprachenlehrkräften geben.

Sprachwachstum diagnostizieren

Die individualisierte Lernstandsdiagnose hat für das Lehren und Lernen einer Fremdsprache eine herausragende Bedeutung, weil sie die Einschätzung von Lernfortschritten und -verzögerungen ermöglicht, die wiederum für eine lernförderliche Beratung und ein effektives Lehrangebot benötigt wird. Auch eine zuverlässige und faire Leistungsbeurteilung beruht auf einer sorgfältig erstellten Diagnose. Dennoch wurde über lange Zeit hinweg die Notwendigkeit der Diagnose beim Fremdsprachenlernen nicht wahrgenommen. Erst in jüngster Zeit wird sie verstärkt beachtet. So wurde in den Diskussionen um die Schwächen im deutschen Bildungswesen auf die zu geringe diagnostische Kompetenz der Lehrerschaft als eine Ursache für Defizite hingewiesen (vgl. CZERWENKA & NÖLLE 2004: 121). Bei dem neu erwachten Interesse an der diagnostischen Kompetenz handelt es sich aber keineswegs um eine Modeerscheinung. Vielmehr zählt die Diagnose zu den zentralen Tätigkeiten im Lehrberuf, die oft vollzogen wird, ohne dass die Lehrperson sich explizit darüber Rechenschaft ablegt, dass sie diagnostisch tätig wird (vgl. EDELENBOS & KUBANEK-GERMAN 2004).

Ein Vergleich zwischen dem Alltagsgeschäft von Lehrkräften und Ärzten zeigt, dass in beiden Berufen grundlegendes Wissen über Normalentwicklungen (hier: sprachliche, dort: körperliche) und Systemeigenschaften (hier: des Sprachsystems, dort: des menschlichen Körpers) unabdingbar ist, um Veränderungen, Wachstum, Auffälligkeiten und Störungen früh zu erkennen und lernförderlich (bzw. gesundheitsfördernd) auf sie Einfluss zu nehmen. Ähnlich wie im Medizinstudium muss die Diagnose daher zu einem festen Bestandteil der Lehrerausbildung werden. Neben dem fundierten Wissen über natürlichen und schulisch gesteuerten Sprach*erwerb*, über das jeweilige Sprach*system* und über die Besonderheiten des Sprach*gebrauchs*, gehören auch die Schulung der Wahrnehmungsfähigkeit sowie die Anleitung zur systematischen Beobachtung und Beurteilung von Lernleistungen in ein entsprechendes Ausbildungsangebot für zukünftige Englischlehrerinnen und -lehrer.

Grundschulkinder zum Gebrauch einer Fremdsprache anzuleiten, stellt Lehrkräfte und Forscher vor größere Probleme, als die Elizitierung auf den Sekundarstufen I oder II. Einerseits überfordern offene Impulse oder Aufforderungen zu spontanen Äußerungen die Lernenden in sprachlicher Hinsicht. Das konnte in einer norwegischen Studie beobachtet werden, in der Kinder auf die vermeintlich motivierende Aufforderung *»Tell us about an arctic animal«* fast nichts zu sagen wussten (vgl. CAMERON 2001: 42ff). Andererseits führen imitative Übungen und geschlossene Aufgaben, wie sie in vielen Lehrwerken auftauchen, zu einer intellektuellen Unterforderung. Deshalb werden gut ausbalancierte Aufgaben benötigt, die dem kognitiven Niveau der Acht- bis Zehnjährigen entsprechen und gleichzeitig ihrem sprachlichen Anfängerniveau angepasst sind.

Aufgaben, die den Prinzipien des aufgabenorientierten Lernens folgen, berücksichtigen die Besonderheiten der jungen Lernenden. Ihre Interessen und Bedürfnisse werden als Ausgangspunkt genommen, um Aufgaben zu entwickeln, in denen Redemittel in bedeutungsvollen Kontexten eingeführt und geübt werden. Die Lernenden werden vor kleine Probleme gestellt, die es zu lösen gilt und es wird auf ein kommunikatives Ziel hingearbeitet (vgl. SCHOCKER-VON DITFURTH 2004: 25).

Ähnliche Überlegungen wie zur Aufgabenstellung müssen auch mit Blick auf den Einsatz fremdsprachiger Texte getroffen werden. Sucht man nach curricularen Hinweisen zu geeigneten Ausgangstexten, mit denen Lehrkräfte den Englischlernenden *Input* für die eigene Sprachproduktion geben können, stößt man wiederholt auf folgende Charakterisierung: Die Texte sollen kurz und einfach sein, bekanntes Wortmaterial enthalten und eine klare Strukturierung sowie stützendes Bildmaterial aufweisen. Beispielhaft wird auf Kinderlieder, Reime und vereinfachte Kinderliteratur verwiesen (vgl. MKJS BW 2004; MSJK NRW 2003). Diese Empfehlungen bergen die Gefahr, dass vorwiegend Texte verwendet werden, die eher dem Alter von Kindergarten- und Vorschulkindern entsprechen, die Dritt- und Viertklässler jedoch intellektuell unterfordern.

Aus Sorge vor einer sprachlichen Überforderung konzentrieren sich viele Vorschläge in den Fachzeitschriften auf authentische Bilderbücher mit wenig Text und zahlreichen Wiederholungen, die in den Zielsprachenländern für Drei- bis Fünfjährige gedacht sind. Vor diesem Hintergrund wird die außerordentliche Beliebtheit der Raupe Nimmersatt (vgl. CARLE 1986) und der Bärenjagd (vgl. ROSEN & OXENBURY 1989) verständlich. Sie können in einem Englischunterricht ab der 1. Klasse für motivierende

Lernfortschritte im ersten Lernjahr sorgen. Für Lernende gegen Ende der Grundschulzeit werden hingegen andere Texte benötigt, und zwar solche, die sich mit Themen beschäftigen, die ihrer kognitiven Entwicklung, ihrem Weltwissen und ihren Interessen entsprechen. Als ungeeignet für Kinder der 3. und 4. Klasse haben sich im Verlauf der TAPS-Studie beispielsweise *»A New Dog«* (HUNT & BRYCHTA 1986) und *»Mister Seahorse«* (CARLE 2006) erwiesen, obwohl in beiden Kinderbüchern Tiere im Mittelpunkt stehen, die bei Grundschülern stets auf großes Interesse stoßen. Die Ausgangstexte enthalten aber nur lose verknüpfte Episoden, denen ein herausforderndes inhaltliches Moment fehlt und die mit sehr eingeschränkten Sprachmitteln operieren. Statt in einer 3. Klasse könnten beide Bücher im 1. oder 2. Schuljahr erfolgreich für Projekte eingesetzt werden, bei denen Sachunterricht und Fremdsprache miteinander verbunden werden, z.B. bei dem Besuch eines Tierheims oder Aquazoos.

Die Rückmeldung der Lehrkräfte und der Lernenden, die an der Studie beteiligt waren, zeigt, dass zum einen Abenteuergeschichten, die Welt der Magie und Naturereignisse eine besondere Faszination auf ältere Kinder in der 3. und 4. Klasse ausüben. Zum anderen sind die Schüler leicht zu motivieren über Alltägliches (Freizeit, Hobbys), über Missgeschicke und kleine Unfälle, aber auch über Schulangst, Verlustängste und Einsamkeit zu sprechen, wenn die Ausgangstexte ihnen diese schwierigen Themen thematisch und sprachlich erschließen (Passende Geschichten z.B. in BLUTHENTHAL 2003; FRANCE & BEEKE 2004; KLIPPEL & PREEDY 2002).

Die Erfahrungen aus der TAPS-Studie lassen darauf schließen, dass es günstiger und motivierender ist, Ausgangstexte zu wählen, die eine geringfügige intellektuelle und sprachliche Überforderung für die Lernenden darstellen, als sprachlich einfachste Kleinkindgeschichten zu verwenden. Um eine demotivierende sprachliche Überforderung zu vermeiden, muss die Lehrperson bei der Darbietung und Semantisierung verständnisstützende Maßnahmen ergreifen, damit die Lerngruppe zunächst die Zusammenhänge und dann die Details begreift. Es ist aber z.B. nicht notwendig, eine Geschichte vom narrativen *past tense* in ein vermeintlich leichteres *simple present* zu übertragen, wenn Erfahrungen mit der Textsorte Erzählung bereits vorliegen und der bildgestützte Lehrervortrag das Verständnis der Geschichte sichert.

Maßnahmen zur sprachlichen Vereinfachung werden allerdings notwendig, sobald es an die gezielte Vorbereitung der Textproduktion durch die Lernenden geht. Es hat sich als sinnvoll erwiesen, den tatsächlichen Wortlaut der antizipierten Lernertexte auszuformulieren. Um einen solchen Erwartungshorizont zu erstellen, fühlt sich die Lehrperson in die Lernenden ein und formuliert einen Zieltext aus der Lernerperspektive. Dabei entwickelt sie eine Vorstellung von den phonologischen, lexikalischen und grammatikalischen Besonderheiten und Schwierigkeiten einer Aufgabe. Sie merkt, ob ihr Erwartungshorizont zu hoch oder zu niedrig angesetzt ist. Dies wiederum ermöglicht ihr, Aufgaben zu modifizieren und gezielte Übungen zu entwerfen, mit denen die Lernenden auf produktives Sprechen von kohärenten Texten vorbereitet werden.

Produktiver Gebrauch der Fremdsprache

In welchem Umfang und mit welcher Komplexität können Englischlernende in der Grundschule überhaupt Sprechleistungen der Art des andauernden und kohärenten Diskurses erbringen? Die Untersuchung dieser zentralen Forschungsfrage ist notwendig geworden, weil mehrere Bundesländer zwar eine Leistungsbeurteilung im Englischunterricht vorschreiben, es aber keine empirisch gestützten Leistungsbeschreibungen gibt. Die Antworten der Lehr- und Bildungspläne bleiben daher ungenau und vor allem für die Praktiker unbefriedigend. So erfährt man z. B. vom nordrhein-westfälischen Lehrplan, dass die Schülerinnen und Schüler sich am Ende der 4. Klasse, d. h. in diesem Fall nach zwei Lernjahren, auf einfache Weise verständigen, einfache Fragen stellen und beantworten sowie einfache Wendungen und Sätze benutzen können sollen (vgl. MKJS NRW 2003: 37). Der baden-württembergische Bildungsplan bleibt ähnlich vage und unpräzise. Er enthält Bildungsstandards, wonach Grundschüler am Ende der 4. Klasse – hier aber immerhin nach vier Lernjahren – sehr kurze und einfache Äußerungen hervorbringen können sollen:

> Die Schülerinnen und Schüler können [...] kürzere Dialoge, Texte, Reime, Lieder *auswendig* vortragen; in *sehr kurzen, einfachen* Sätzen etwas erzählen oder berichten. [...]. Die Schülerinnen und Schüler können einfache Sätze (Subjekt-Prädikat-Objekt) bilden, um gegenwartsbezogene Aussagen zu machen; [...] Wörter, Wortgruppen und Phrasen auf *einfachste* Art und Weise verbinden (MKJS BW 2004: 78; 80; Hervorhebungen durch BD/SF).

Die quantitative Auswertung der 216 Lernertexte, die der TAPS-Studie zu Grunde liegen, hat jedoch gezeigt, dass die beteiligten Lerner die Vorgaben der Bildungspläne deutlich übertreffen. Während der Umfang der von Drittklässlern gesprochenen Texte bei Minidialogen im Durchschnitt bei 18 Wörtern, beim Rollenspiel bei 30 Wörtern und bei einer Bildbeschreibung bei 70 Wörtern liegt, bringen die Kinder einer 4. Klasse es bei der Nacherzählung einer Geschichte durchschnittlich sogar auf 263 Wörter. Diese Lernertexte sind zwar nicht spontan entstanden, sondern das Ergebnis sorgfältig vorbereiteter Aufgaben. Dennoch handelt es sich nicht um imitatives Sprechen, denn in den jeweiligen Sprechsituationen führen die klaren Aufgaben dazu, dass die Lernenden ihre Texte immer wieder neu konstruieren. Die Lehrperson greift im Lauf einer Unterrichtseinheit bzw. Aufgabe immer weniger ein, so dass die Lernenden das, was sie zu sagen haben, am Ende selbstständig artikulieren können. Fünf Indikatoren weisen dabei auf produktiven Sprachgebrauch hin:

- *Erstens* bestehen zwischen den Produkten der Kinder, die einen identischen Ausgangstext (z. B. die gleiche Geschichte) gehört und die gleiche Aufgabe erhalten haben, erhebliche Unterschiede in Umfang und Inhalt der Lernertexte. Dadurch entstehen individuell verschiedene Versionen.
- *Zweitens* weichen die von den Kindern tatsächlich produzierten Texte von den antizipierten Erwartungshorizonten der Lehrkräfte in unterschiedlichem Umfang ab.
- *Drittens* verwenden die Lernenden Redemittel, die weder im Ausgangstext auftauchen noch in der Unterrichtseinheit eingeführt werden; vielmehr reaktivieren sie Wortmaterial, das sie in früheren Unterrichtsstunden in anderen Zusammenhängen gelernt haben und vollbringen Transferleistungen.
- *Viertens* machen sie Fehler, die auf einen eigenständigen Umgang mit den vorgegebenen Redemitteln und teilweise auf regelbasierte Sprachverarbeitung zurückzuführen sind.
- Schließlich zeigen *fünftens* vor allem die Äußerungen, bei denen Kinder überlegen müssen, stocken, nicht weiter wissen und neu ansetzen, dass sie keine memorierten Texte aufsagen, sondern Bedeutung in fremdsprachlichen Sätzen konstruieren.

Besonders bei dialogischen Texten fällt auf, welche große kommunikative Leistung die Lernenden erbringen, wenn sie miteinander Englisch sprechen. Ihre Produktivität manifestiert sich dabei weniger in der Wortwahl oder in grammatischen Adaptionen als vielmehr in dem Hervorbringen von diskursspezifischen Verhaltensweisen und Strategien, z. B. dem ermunternden Vorschlag *»Let's play basketball«*, nachdem die Gesprächspartnerin deutlich gemacht hat, dass sie Fußball spielen langweilig findet. Auch das strategische *turn taking* beim Aushandeln einer für beide

Sprecher passenden Uhrzeit fordert den Lernenden in der Fremdsprache eine produktive Leistung ab, auf die sie sich nur bedingt vorbereiten können. Möglicherweise liegt hier auch der Grund dafür, dass der Wortumfang in Dialogen geringer ausfällt als beim monologischen Sprechen. Vorträge und Präsentationen sind durch den geringeren Grad an sozialer Interaktion planerisch besser vorzubereiten als dialogische Texte (vgl. WOLFF 2000: 12), bei deren Produktion das Kind auf unerwartete Äußerungen eines anderen Kindes flexibel reagieren muss.

Morphologische Produktivität

In höherem Maße als der Umfang der Lernertexte gibt die Komplexität der Äußerungen Aufschluss über den Lernstand der Kinder. In der TAPS-Studie wurden im Bereich der Morphologie die Bildung und der Gebrauch von Substantiven im Plural, des Genitiv-s und von Verben der 3. Person Singular Präsens untersucht. Mit den regelmäßigen Pluralformen (z.B. *two paperclips, two eyes*) sowie der Kennzeichnung des Possessivs (z.B. *Debbie's friend Emma, Rover's leg*) hatten die beteiligten Lernenden nahezu gar keine Schwierigkeiten. Selbst das Flexions-s der 3. Person Singular Präsens wurde mehrheitlich von ihnen verwendet. Interessanterweise gibt es jedoch Verben, die vom selben Lerner durchgängig korrekt flektiert werden *(has, says, picks)*, während bei anderen Verben *(put, jump)* die 3. Person Singular Präsens teilweise korrekt und teilweise fehlerhaft gebildet wird. Beispielsweise enthält die Nacherzählung einer Schülerin die Äußerung: »*Brenda puts the bracelet on Rover's leg and Rover jump very high, higher than the tree.*« Die Textproduktion der beteiligten Kinder unterstreicht die Auffassung, dass die Sprachverarbeitung als *dual mode system* (vgl. SKEHAN 1998: 54f.) zu verstehen ist, in dem sowohl exemplarbasierte als auch regelbasierte Verarbeitungsmechanismen ablaufen. Die Sprecher konstruieren Texte durch Rückgriff auf größere lexikalische Einheiten, die als vollständige chunks gespeichert und später als vollständige *chunks* abgerufen werden. Diese Verarbeitungsweise entlastet das Gehirn, denn über die Zusammensetzung, beispielsweise des *chunk »(ABC) puts the bracelet on (XYZ)«*, brauchen die Sprecher nicht nachzudenken. Sie verwenden diese Konstruktion mehrmals während der Nacherzählung einer Geschichte, in der wechselnde Personen einen Armreif mal über einen Arm, mal über ein Hundebein streifen. Anders sieht es im Falle der Steigerung des Adverbs *high* aus, denn hier greift der Sprecher offenbar auf implizites Regelwissen zurück, das ihn dazu befähigt, den Zusatz *higher than the tree* produktiv hervorzubringen. Allerdings bleibt anzumerken, dass bei der unbewussten Regelbildung vermutlich eine Transferleistung vorliegt, da die Steigerung auch im Deutschen auf -er (hoch, höher) vorgenommen wird.

Die Tatsache, dass beide Verarbeitungsweisen in den Schüleräußerungen nachweisbar sind, lässt für den frühen Englischunterricht zwei Schlüsse zu: Bei jungen Lernern, deren Wortschatz und Regelbestand sich nur langsam vergrößern, macht das Auswendiglernen durchaus Sinn, weil es für spätere exemplarbasierte Verarbeitungsmechanismen Redemittel bereit stellt, die von den Kindern schnell abgerufen werden können. Mit zunehmendem Umfang der Redemittel machen aber auch bewusstmachende Verfahren Sinn, weil die Einsicht in die regelhafte Bildung von Sprache die Chance zum eigenständigen und produktiven Gebrauch erhöht (vgl. Mindt 2006). Dadurch werden die Lernenden in der Verwendung syntaktischer Strukturen gefördert, die über einfache Sätze und formelhafte Sprache (vgl. MKJS BW 2004: 78) deutlich hinausgehen.

Syntaktische Komplexität

Bei der Auswertung der gesprochenen Schülertexte der TAPS-Studie wurden neben den genannten morphologischen Merkmalen auch syntaktische Besonderheiten der Äußerungen untersucht. Da die Analyse dieses Teils der Studie noch nicht abgeschlossen ist, sollen im Folgenden zwei Tendenzen kurz beleuchtet werden. Zum einen zeichnet sich die Chance für eine deutliche Lernprogression im Laufe der Grundschulzeit ab, denn die Texte der beteiligten Viertklässler weisen eine wesentlich höhere syntaktische Komplexität als die der beteiligten Drittklässler auf. Zum anderen produzieren die beteiligten Lerngruppen durchgängig Texte, deren syntaktische Komplexität klar über den curricular formulierten Standards liegt.

Die baden-württembergischen Bildungsstandards setzen die Fähigkeit zum Gebrauch einfacher, formelhafter Sprache beim Austausch von Informationen für das vierte Lernjahr an (vgl. MKJS BW 2004: 78). Die Ergebnisse der TAPS-Studie zeigen jedoch, dass Lernende im Regelunterricht bereits beim Übergang von der zweiten in die dritte Klasse mit syntaktisch einfacher Sprache einen Dialog führen können. So wurde z.B. die Aufgabe, sich zu unterschiedlichen Freizeitaktivitäten zu verabreden, von Lernenden zu Beginn der 3. Klasse gemeistert; sie verwendeten kurze Aufforderungen wie *»Let's go to the cinema«*, kurze Fragen wie *»When are you free?«* und kommunikative Einheiten ohne Satzwert (z.B. *»What about 4?«* oder *»Good idea!«*).

Am Ende der Grundschulzeit sieht der Bildungsplan außerdem vor, dass die Lernenden einfache Sätze nach dem Subjekt-Prädikat-Objekt Muster bilden können (vgl. MKJS BW 2004: 80). Es hat sich jedoch gezeigt, dass Lerner bereits zu Beginn der vierten Klasse diese einfache Struktur durch adverbiale Bestimmungen erweitern (z.B. *»On the way to school«*), parataktische Konstruktionen verwenden (z.B. *»Debbie can't jump and she can't play basketball«*) und sogar hypotaktische Konstruktionen bilden können. Beim Beschreiben eines Tieres und vor allem beim Erzählen einer Geschichte verwendeten sie elliptische Reihungen und zahlreiche Hauptsätze, die mit Konjunktionen verbunden wurden. Bei den nebenordnenden Konjunktionen überwog – wie zu erwarten – and, daneben wurden beim Erzählen but und then häufig gebraucht. Erstaunlicherweise benutzten einige Lerner auch hypotaktische Konstruktionen mit because (z.B. *»Debbie hates sport because she can't play basketball«*, »She hates sport, *because she can't climb, she can't playing basketball, she can't run, and she can't jump«, »She can jump high because she has a magic bracelet«*).

Vermutlich zählen neben dem Lernjahr auch die Diskursform und die Aufgabenstellung zu den Faktoren, die das Ausmaß an syntaktischer Komplexität und Produktivität beeinflussen. Die Texte der Lernergruppen, die ein Tier beschrieben oder eine Geschichte erzählten, fielen weitaus komplexer aus als Dialoge und Beiträge zu Rollenspielen. Wenn durch zukünftige Untersuchungen verschiedene Einflussfaktoren weiter erforscht werden, können für die Praxis Hilfestellungen entwickelt werden, die eine entsprechende Lernprogression fördern. Aufmerksamkeit verdient darüber hinaus die Beobachtung, dass beim Erzählen fehlerhafte Äußerungen viel häufiger durch morphologische als durch syntaktische Regelverstöße entstehen. Beim Beschreiben eines Tieres hingegen kommen Regelverstöße relativ häufig durch Auslassung des Subjekts und syntaktisch fehlerhafte Äußerungen zustande. Auch hier sind weitere Untersuchungen wünschenswert, die mit praxisrelevanten Erkenntnissen einen Beitrag zur Verbesserung der Qualität des frühen Fremdsprachenlernens leisten könnten.

Lernförderlicher Umgang mit mündlicher Schülerleistung

Erkenntnisse aus der Forschung

In einem Punkt sind sich Sprachwissenschaftler erstaunlich einig: Die Einschätzung und Beurteilung von Sprechfertigkeiten in einer Fremdsprache ist mit besonderen Schwierigkeiten verbunden. »It is sometimes claimed that testing second language speaking is a much more difficult undertaking than testing other second language ›abilities‹ […]. Perhaps because speaking is fleeting, temporal and ephemeral« (FULCHER 2003: XV). »Speaking is […] the most difficult language skill to assess reliably« (ALDERSON & BACHMAN 2004: IX).

Wenn bereits Testtheoretiker Probleme haben, die mündliche Kompetenz von Fremdsprachenlernern objektiv und zuverlässig zu erfassen, um wie viel schwieriger muss es für Grundschullehrkräfte sein, Lernstandsdiagnosen für etwa 30 Kinder fachgerecht durchzuführen und bei Bedarf eine angemessene Leistungsbeurteilung vorzunehmen? Auf Fortbildungen, Tagungen und Kongressen wird immer wieder die Frage problematisiert, wie die Lehrenden dem Können der Lernenden überhaupt gerecht werden können. Selbst wenn es ihnen gelingt, Grundschüler durch kontextualisierte Aufgaben und motivierende Sprechanlässe zum produktiven Englischsprechen anzuleiten, bleibt die Schwierigkeit einer möglichst genauen und fairen Einschätzung der Stärken und Schwächen des einzelnen Kindes.

Eine vollkommen neutrale und objektive Beurteilung der sprachlichen, kommunikativen und inhaltlichen Qualität eines Schülerbeitrags ist aufgrund der persönlichen Faktoren sowohl auf der Seite des Kindes als auch der Lehrperson schlicht unmöglich. Zudem ist in pädagogischen Kontexten ein völliges Ausmerzen von Subjektivität gar nicht erstrebenswert. Eines der überraschenden Ergebnisse der TAPS-Studie besteht jedoch in der Erkenntnis, dass die Analyse und Beurteilung der mündlichen Textproduktion keineswegs eine vollkommen subjektive Angelegenheit ist, bei der die Lernenden der Willkür ihrer Lehrerin oder ihres Lehrers ausgeliefert sind. Vielmehr können Lehrkräfte auf der Grundlage ihrer persönlichen Einschätzung in Verbindung mit standardisierten Verfahren (z.B. gestufte Deskriptoren, Punkteschemata: DIEHR & FRISCH 2006) ein sicheres Urteil über das Können der Lernenden treffen. Ihre spontanen Eindrücke und Bemerkungen zu dem, was ihnen bei der Beobachtung der Kinder auffällt, müssen daher festgehalten, bedacht und bei der abschließenden Beurteilung berücksichtigt werden. Obwohl subjektive Faktoren auf die Einschätzung der Qualität eines gesprochenen Lernertextes gewiss einen Einfluss haben, hat die TAPS-Studie ergeben, dass ein sachliches Verfahren zu einem begründeten Urteil führt, das unabhängig von der einzelnen Person nachvollziehbar und nachprüfbar ist. Die Studie kann daher die vorsichtig optimistische Einschätzung bestätigen: *»Assessing speaking is (…) not impossible, but it is difficult«* (ALDERSON & BACHMAN 2004: x).

Da im Laufe der Datenerhebung 216 gesprochene Schülertexte aufgezeichnet wurden, konnte jeder Lernertext von verschiedenen Personen unabhängig voneinander analysiert, beurteilt und kommentiert werden. Da sowohl die regulären Englischlehrkräfte als auch die Leiterin und eine weitere Mitarbeiterin der Forschungsgruppe an diesem Beurteilungsprozess beteiligt waren, liegen für jeden Schülertext drei unabhängige Beurteilungen vor, die sowohl verbal als auch in Punkten festgehalten sind. Auf der Grundlage der Bepunktung konnte eine statistische Zuverlässigkeitsprüfung (auch: Reliabilitätsprüfung) durchgeführt werden. Eine Reliabilitätsprüfung gibt Aufschluss darüber, wie zuverlässig ein Beurteilungsverfahren ist und wie nah beieinander oder weit auseinander die Einschätzungen der beurteilenden Personen liegen. In der TAPS-Studie fallen die ermittelten Korrelationen (die errechneten Zusammenhänge zwischen den Bepunktungen durch die drei Beurteiler) durchweg hoch aus. Die Werte reichen von 0.85 bei der Beurteilung eines Rollenspiels bis zu 0.97 bei der Beurteilung eines Minidialogs. Solche Werte werden in der Statistik als gut eingestuft (vgl. Luoma 2004: 182; Bailey 1998: 113; Beller 2004: 55).

Konsequenzen für die Praxis

Grundsätzlich sind kind- und sachgerechte Leistungserhebungen also möglich. Da in der Praxis des Fremdsprachenunterrichts aber nicht nur das theoretisch Mögliche von Belang ist, nahm die TAPS-Studie auch die Bedingungen des Schulalltags in den Blick. Schließlich soll ein diagnostisches Verfahren nicht nur zu zuverlässigen und nachprüfbaren Ergebnissen führen, sondern muss daneben den Kriterien der Fairness und der Machbarkeit genügen. »The accurate measurement of oral ability is not easy. It takes considerable time and effort, including training, to obtain valid and reliable results« (Hughes 2003: 134).

Angesichts der notorischen Zeitknappheit im Lehrberuf musste die Evaluation der TAPS- Leistungsbeurteilungsverfahren daher auch organisatorische Fragen berücksichtigen. Die an der Studie beteiligten Lehrkräfte kamen zu dem Schluss, dass eine halbstandardisierte Erhebung der Sprechleistung mindestens zweimal pro Schuljahr realisierbar ist. Sie hielten den Zeitaufwand für die Korrektur bzw. Auswertung der Schülertexte für angemessen. Es bleibt zu überlegen, ob aufgrund der zentralen Bedeutung des Sprechens im Anfangsunterricht die Zahl von zwei Erhebungen pro Schuljahr nicht auf mindestens zwei pro Halbjahr angehoben werden sollte, vor allem um ein vielfältigeres Bild von der Sprachkompetenz des einzelnen Kindes zu erhalten.

Die wichtigsten Schlüsse, die sich aus den positiven Ergebnissen der TAPS-Studie für die Aus- und Fortbildung von Englischlehrkräften ziehen lassen, sollen abschließend in drei knappen Empfehlungen zusammengefasst werden.

1. Gerade zu einem Zeitpunkt, an dem Lehrkräfte noch nicht über zuverlässige Erfahrungen mit der Leistungserhebung im Fremdsprachenunterricht verfügen und die Lehrpläne falsche Vorstellungen vom Leistungsvermögen der Grundschülerinnen und Grundschülern vermitteln, sind wissenschaftlich begleitete Trainingsseminare unverzichtbar, in denen in kollegialer Absprache konkrete Lernertexte gemeinsam diskutiert und beurteilt werden. Die TAPS-Studie hat gezeigt, dass gerade im gemeinsamen Gespräch und durch einen sich rasch einstellenden Übungseffekt im Umgang mit Beobachtungsbögen Unsicherheiten durch zwei bis drei Trainingssitzungen abgebaut werden können. Das Prinzip der kollegialen Beratung empfiehlt sich darüber hinaus auch für den Unterrichtsalltag, etwa in der Form, dass am Ende der Grundschulzeit eine von zwei Englischlehrkräften erstellte Diagnose festgehalten wird.

2. Während der Grundschulzeit sollten aber nicht nur Kolleginnen und Kollegen in die Leistungsbeurteilungen einbezogen werden, sondern auch die Lernenden selbst. Aufgrund der lern- und motivationsfördernden Wirkung der Sprachaufzeichnung auf die Lernenden muss allen Fremdsprachenlehrkräften die Verwendung und Bereitstellung von digitalen Audio- und Videogeräten im Unterricht und bei der Leistungserhebung dringend empfohlen werden. Sie erleichtern die Dokumentation des Lernfortschritts und können gemeinsam mit den Kindern angehört, ausgewertet und beurteilt werden. Dazu benötigen sowohl die Lernenden als auch die Lehrenden Kriterien und Qualitätsmerkmale, damit sich die Gespräche über den Lernstand nicht auf unverbindliche impressionistische Meinungen beschränken (»Ich glaube, Franz war ganz gut«).

3. Für die Verwendung durch die Lehrenden haben sich halbstandardisierte, analytisch und sprachwissenschaftlich ausgerichtete Beobachtungsbögen als sinnvoll erwiesen, die eine differenzierte Diagnose in verschiedenen Bereichen der Sprechleistung erlauben. Die in der TAPS-Studie erprobten Beobachtungs- und Beurteilungsbögen enthalten vier zentrale Kriterien, an Hand derer sich die Qualität der Sprechleistung erfassen lässt. Sie erlauben sowohl eine Differenzierung als auch eine Schwerpunktsetzung durch die einzelne Lehrkraft (Diehr 2006: 40). Drei Kriterien beziehen sich auf das Sprachsystem – Aussprache, Wortwahl, Grammatik – und ein viertes auf den kommunikativen Sprachge-

Beurteilungsbogen: *The empty mailbox*

Name:	Datum:

Notizen:

Punkte \ **Kriterium**	Aussprache	Wortschatz	Grammatik	Flexibilität
4				
3				
2				
1				
0				

Punkte:

Abb. 1: Beurteilungsbogen

brauch (Diskurs), das je nach Typus der Sprechleistung unterschiedlich gefasst wird. Bei Minidialogen z.B. bezieht sich das diskursspezifische Kriterium auf ›Flexibilität‹, beim Rollenspiel auf ›Sprecherwechsel‹, beim Erzählen auf ›Themenentwicklung‹. Die Anzahl der Kriterien ist stets auf vier begrenzt. Damit bleibt der Beurteilungsbogen überschaubar, ohne den Nachteil der Undifferenziertheit in sich zu bergen. Die zunächst getrennte Berücksichtigung der vier Kriterien gibt der Lehrkraft eine Übersicht über das Leistungsprofil des einzelnen Kindes – z. B. ob jemand eine besonders gute Aussprache hat, aber in der Kommunikation eher unflexibel und starr ist; ob jemand verschiedene grammatische Strukturen verwendet, aber mit einem beschränkten Wortschatz operiert. Wenn Beobachtungsbögen stets nach gleicher Struktur aufgebaut sind, können sie für eine kontinuierliche Benotung genutzt werden. Am Ende der Grundschulzeit geben sie Aufschluss über die Fortschritte des einzelnen Kindes und dienen damit einer summativen Beurteilung. Sie geben auch der Lehrkraft eine Rückmeldung zu ihrem eigenen Unterricht, also eine formative Beurteilung, d. h. die Lehrperson kann Rückschlüsse ziehen, ob sie in Zukunft ähnliche Schwerpunkte setzen möchte oder ob im Unterricht andere Bereiche in den Blick genommen und verstärkt geübt werden müssen (siehe Abb. 1 auf der vorherigen Seite).

The empty mailbox – Ein praktisches Beispiel zur Diagnose des mündlichen Sprachgebrauchs

Die Unterrichtseinheit *»The empty mailbox«* folgt den Grundsätzen des aufgabenorientierten Ansatzes. Die Lernenden werden in neun Unterrichtsstunden darauf vorbereitet, einen Dialog zu führen, der von der Lehrperson mit Hilfe eines Beobachtungsbogens beurteilt wird. Um die Beurteilung des mündlichen Sprachgebrauchs in einen situativen Zusammenhang einzubetten (Diehr 2005: 10), wird eine

Abb. 2: Titelbild

Kinderbuchgeschichte ausgewählt, deren Thematik bei Lernenden im Alter von 9 bis 10 Jahren auf großes Interesse stößt: der Wunsch nach einem loyalen Freund.

Situative Einbettung

Diana Cain Bluthenthals *»I'm not invited«* beschäftigt sich mit dem Thema ›Freundschaft und Einsamkeit‹. Die Hauptfigur Minnie hört eines Morgens zufällig, wie ihr bester Freund Charles über eine Party spricht, die am Wochenende bei ihm zu Hause geplant ist. Die ganze Woche wartet Minnie gespannt auf ihre Einladung. Doch der Briefkasten bleibt leer (vgl. Abb. 3).

Abb. 3: Long Metal Tunnel

Minnie versucht, eine Erklärung für das Ausbleiben der Einladung zu finden: Ist die Einladung bei der Post verloren gegangen? Ist Charles etwa böse auf sie? Hat er vielleicht einfach vergessen, sie einzuladen? Damit wird die Struktur *›Maybe he/it* + Verb in der Vergangenheit‹ in einem bedeutungsvollen Kontext eingeführt. Sie wird gebraucht, wenn Sprecher über unbekannte Ursachen für ein Ereignis (oder sein Ausbleiben) spekulieren. Dieses Redemittel soll von den Lernenden in ihren eigenen Dialogen reaktiviert werden.

Je näher das Wochenende heran rückt, desto trauriger und deprimierter wird Minnie. Sie mag nichts mehr essen und kann an nichts anderes mehr denken. Die Mutter versucht Minnie mit ein paar aufheiternden Worten zu trösten. Auch an dieser Stelle lernen die Kinder Redemittel kennen, die sie für ihre eigenen Dialoge verwenden können und die in alltäglichen Situationen benötigt werden: *»Don't worry.« »Don't be sad.« »I know how you feel.«*

Am Tag der Party lenkt sich Minnie mit Fußball spielen ab und schließlich nimmt die Geschichte doch noch eine gute Wendung. Es gibt eine ganz einfache Erklärung, warum Charles sie nicht eingeladen hat.

Vorbereitung der Lernenden

Die Lernenden werden zunächst an das Thema »Freundschaft« herangeführt. Mit Hilfe von Gegenständen wird der für das Verständnis der Geschichte notwendige Wortschatz eingeführt und geübt. Die Geschichte wird in kleineren Abschnitten erzählt. Im Anschluss an die Erzählphasen durch die Lehrperson werden die Kinder durch Ratespiele, durch das Sortieren von Bildern oder das Beschreiben der Bilder aktiv in die Rekonstruktion der Geschichte einbezogen.

Sie erhalten zahlreiche Übungsmöglichkeiten, um die zentralen Redemittel zu verwenden (vgl. Abbildung 4: 5., 7. und 8. Stunde). In kleinen Dialogen spielen sie Szenen aus der Geschichte nach und gestalten ihr eigenes *picture book*, um damit individuelle Dialoge zu üben. Auch das Schriftbild der zentralen Sätze wird eingeführt, damit die Lernenden wiederkehrende Redemittel besser memorieren können (vgl. ebd.).

Um die Produktion eigener Redebeiträge zu fördern, werden die Lernenden in dieser Unterrichtseinheit auf strukturelle Besonderheiten der englischen Sprache aufmerksam gemacht. Dies erfolgt mit Hilfe von bewusstmachenden Verfahren. In der 5. Unterrichtsstunde formulieren die Lernenden Minnies und ihre eigenen Ideen für Gründe des Ausbleibens der Einladung. Sie malen Bilder, die für die Sicherung des Wortschatzes verwendet werden können. Bei der Präsentation der Ideen ordnen die Schülerinnen und Schüler ihr Bild der Wortkarte *»Maybe it …«* bzw. *»Maybe he …«* zu. Durch die Ideensammlung an der Tafel stellen sie fest, dass Minnies Überlegungen immer mit *»Maybe it …«* bzw. *»Maybe he …«* beginnen. Sie erkennen, dass eine Spekulation – anders als im Deutschen (»Vielleicht hat er mich vergessen«) – durch die Reihung von Adverb+Subjekt+Verb in der Vergangenheit ausgedrückt wird. Auch ohne die metasprachlichen Begriffe gibt ihnen diese Erkenntnis eine wertvolle Einsicht in die englische Syntax (zum Unterrichtsverlauf siehe die tabellarische Übersicht auf den nächsten Seiten).

Unterrichtsreihe "The empty mailbox"

Unterrichts-einheit/ Dauer	Thema	Material
1. Stunde	1. Einstimmung auf das Thema „Party" 1.1 *An invitation to a party* L zeigt den SuS eine buntbemalte Karte. Die SuS raten, was es mit dieser Karte auf sich hat. Sie erkennen, dass es sich um eine Einladung handelt. Die L gibt den SuS weitere Informationen: *This is an invitation to a party. The party is next Saturday.* 1.2 Einladung Anhand der Vorlage basteln die SuS Einladungen für ihre Wunschparty. Diese werden in der Klasse verteilt. Sie dürfen sechs Freunde einladen.	**Einladung**
2. Stunde	2. Gefühle ausdrücken 2.1 Bilder mit verschiedenen Gesichtsausdrücken An der Tafel werden Bilder von Kindern mit unterschiedlichen Gesichtsausdrücken befestigt. L führt den neuen Wortschatz ein: *She is very happy. He is very sad. He is feeling miserable. He is making a long face. She is so glad. He is over the moon. She is delighted.* 2.2 Pantomime L wählt einen S aus und zeigt ihm eines der Bilder von der Tafel. Der S versucht den Gesichtsausdruck nachzustellen. Die anderen SuS versuchen zu erraten, wie es ihm geht. Damit wird der neu eingeführte Wortschatz wiederholt. 2.3 *Ritual: How are you?* L wirft einem S einen Ball zu und fragt: *How are you today?* Mögliche Antworten: *I'm happy, thank you. I'm sad.* Usw.	**Bilder: Gesichtsaus-drücke**
3. Stunde	3. Storytelling I 3.1 *Ritual: How are you?* Siehe 2.3 3.2 Einstimmung auf die Geschichte L erzählt mit ausgewählten Bildern und Realia, um was es in der Geschichte "I'm not invited"	**Einladung** **Briefkasten**

	geht. Dabei wird der neue Wortschatz eingeführt: *best friends, invitation, mailbox, spelling quiz, breakfast, dinner, lunch, feeling miserable, she is making a long face, she can't lift the corners of her mouth.* 3.3 *Storytelling* L erzählt den ersten Teil der Geschichte. Die SuS erschließen sich die unbekannten Wörter (*they whizzed home; Minnie's ears perked up; an overdue notice from the library; she squealed, she shrieked, in a rush, pattern on her pyjama*) durch das Betrachten der Bilder. L hat die Dinge, die Charles für sein *mealworm project* benötigt, dabei: *a jar, a lid with holes, some crushed cereal* (Hier wird fächer-übergreifendes Arbeiten möglich). 3.4 *Tell it again* Die L erzählt die ersten Seiten der Geschichte erneut. Die SuS erhalten die Gegenstände und Bilder. Wenn sie das entsprechende Wort hören, halten sie den Gegenstand oder das Bild hoch.	**Gefäß, Deckel, Getreide, Bild von einem Würmchen (oder Stofftier) Bluthenthal 2003: 1 – 6.**
4. Stunde	*Storytelling II* 4.1 Wiederholung der Wochentage Mit Hilfe des Liedes "Days of the week" (Steven Traugh 2004) werden die Wochentage wiederholt und geübt. 4.2 Fortsetzung der Geschichte Die Geschichte wird weiter vorgetragen. Die Kinder beschreiben, was sie auf den Bildern sehen können. Dabei reaktivieren sie bereits bekannten Wortschatz. *There is…/are… I can see…* 4.3 Quiz: *A, B or C?* Um das Textverständnis zu überprüfen, stellt die L Fragen zur Geschichte. Die SuS erhalten Abstimmkärtchen mit einem A, einem B und einem C. L stellt eine Frage (z. Bsp. *What are Charles and Kathleen talking about?*) und gibt drei Antwortmöglichkeiten (z. Bsp. A: *They are talking about Christmas*. B: *They are talking about a party*. C: *They are talking about lunch.*) Die SuS halten das entsprechende Kärtchen hoch. Ein S wiederholt die richtige Antwort.	**Bluthenthal 2003: 7 – 13.** **Quizfragen**
5. Stunde	5. *Let's cheer Minnie up*	

	<u>5.1 *Where's the letter?*</u> Die SuS formulieren mit Hilfe der L, was mit der Einladung passiert sein könnte. Sie malen Bilder und beschreiben sie im Anschluss: *Maybe it ...* <u>5.2 Wir versuchen Minnie zu trösten</u> L erzählt die Stelle, an der Minnies Mutter versucht sie zu trösten. SuS lernen kleine Sätze kennen, mit denen man jemanden trösten kann: *Don't be sad. Don't worry. Tomorrow you'll feel better. I know how you feel.* SuS sammeln Ideen, wie man Minnie trösten könnte: *I can cook your favourite food. We can play something. You can meet a friend.* <u>5.3 Dialoge</u> Die SuS spielen mit ihrem Partner die Szene nach. Dabei werden die Redemittel angewendet. Als Erinnerungsstütze erhalten die SuS Bildkärtchen, auf denen sich Vorschläge befinden, mit denen man jemanden auf andere Gedanken bringen kann (A: *I'm sad. There is no invitation to Charles' party.* B: *Don't be sad. I can cook your favourite food tomorrow.*) <u>5.4 Vortrag der Dialoge</u> Freiwillige SuS tragen den Dialog vor der Klasse vor.	**Bluthenthal 2003: 14 – 24.** **Bildkärtchen mit Vorschlägen**
6. Stunde	<u>6. Happy Ending: Storytelling</u> <u>6.1 Ritual: How are you?</u> <u>6.2 Das Ende der Geschichte</u> L erzählt die ganze Geschichte. Die SuS stellen ihre Hypothese auf, wer sich auf dem Sportplatz im Gebüsch versteckt. <u>6.3 Bilder in die richtige Reihenfolge bringen</u> Die zentralen Bilder der Geschichte hängen an der Tafel. Die SuS sortieren sie und sagen dabei, was sie auf dem Bild sehen (*Here you can see Minnie. She is staring into the mailbox./She is making a long face./She is thinking and thinking and thinking. She can't lift the corners of her mouth.*)	**Bluthenthal 2003: 25 – 29.** **Bilder aus der Geschichte**
7. Stunde	<u>7. Einführung des Schriftbildes</u> <u>7.1 Zuordnung von Bild und Schrift</u> Die SuS ordnen an der Tafel Sätze dem entsprechenden Bild zu. (*Maybe it went to the*	**Satzstreifen**

	wrong house. Maybe there was a hurricane. Maybe the party was cancelled. Maybe he forgot that he forgot.) (Ergänzung durch die Ideen der SuS.) <u>7.2 Verkürzte Version der Geschichte</u> S sucht sich einzelne Bilder aus der Geschichte aus und erzählt eine verkürzte Version der Geschichte. Dabei spielen vor allem Minnies Vermutungen über das Verbleiben des Briefes eine zentrale Rolle. <u>7.3 *Picture book*</u> Die SuS erhalten die zentralen Bilder der Geschichte. Sie ordnen Kernsätze den entsprechenden Bildern zu. Diese werden in Sprech- bzw. Denkblasen eingeklebt.	**Bilder für das *picture book***
8. Stunde	<u>8. Don't be sad.</u> <u>8.1 *Minnie and her mum*</u> Freiwillige SuS schlüpfen in die Rollen von Minnie und ihrer Mutter. Sie formulieren nacheinander Ideen, was mit der Einladung passiert sein könnte. Die Mutter macht schließlich einen Vorschlag für eine gemeinsame Aktivität, um Minnie aufzuheitern. <u>8.2 Übung eigener Dialoge</u> Die SuS stellen sich vor, dass sie zu der Party eines guten Freundes nicht eingeladen sind. Sie trösten sich gegenseitig und üben die Dialoge in Partnerarbeit.	
9. Stunde	<u>9. Aufnahme</u> In Partnerarbeit spielen die Lernenden die Dialoge. Dabei werden sie auf Kassette aufgenommen, oder, je nach Ausstattung der Schule, mit der Kamera gefilmt.	**Kassettenrekorder Videorekorder**

Abb. 4: Unterrichtsverlauf

Die kognitiven, sprachlichen und pragmatischen Herausforderungen der Sprechaufgabe

In der abschließenden Unterrichtsstunde führen die Lernenden einen Dialog, mit dem sie eine zentrale Szene aus der Kinderbuchgeschichte nachspielen. Im Mittelpunkt dieses Dialogs steht die Frage, welche Gründe es dafür geben könnte, warum man zur Party eines guten Freundes nicht eingeladen wurde. Schließlich tröstet das eine Kind das andere, indem es einen Vorschlag für eine gemeinsame Aktivität macht. Diese Unternehmung soll das Kind auf andere Gedanken bringen (vgl. Abbildung 5, 1. Spalte).

In kognitiver Hinsicht fordert diese Aufgabe die Neun- bis Zehnjährigen, weil sie sich in beiden Rollen in die Gedanken und Gefühle eines anderen Kindes hineinversetzen müssen. Diese Fähigkeit entwickelt sich über die gesamte Kindheit hinweg:

> Children seem to begin to really develop their understanding of other people's actions and minds around four years of age, but it takes much of childhood to gather enough experience and use it to construct a full awareness of how people operate socially and mentally (CAMERON 2001: 53).

In der detaillierten Analyse der erwarteten Schülerleistung (vgl. Abbildung 5) werden die Besonderheiten der Aussprache, des Vokabulars und der grammatischen Strukturen ausführlich beschrieben. Die Analyse ermöglicht es, gezielt Übungen zu entwickeln, die die Lernenden auf die Leistungsbeurteilung vorbereiten. Für die sprachlichen Herausforderungen bietet die Unterrichtseinheit zunächst Unterstützung durch umfangreichen Input. Außerdem werden die Lernenden ermutigt, eigene Äußerungen zu formulieren. Sie können den ihnen bereits bekannten Wortschatz aus dem Bereich Hobbys und Freizeitaktivitäten und auch aus dem Themenbereich *»food and drinks«* reaktivieren. Die Redemittel *»Let's …«* und *»We can …«*, *»I can …«*, die bereits in den ersten beiden Lernjahren eingeführt und geübt werden, können hier ebenfalls verwendet werden, um Vorschläge für eine gemeinsame Aktivität zu machen: *»Let's play football.« »Let's ride our bikes.« »Let's play a game.« »We can play together.«*

Die pragmatische Herausforderung dieser Aufgabe besteht darin, dass die Lernenden mit einem Partner in Interaktion treten. Sie müssen auf das Gesagte flexibel eingehen und auf unerwartete Äußerungen spontan durch Rückfragen oder Antworten reagieren. Die Entwicklung dieser pragmatischen Kompetenz wird durch häufiges Üben der Dialoge angebahnt. Sie werden während der Übungsphasen ermutigt, verschiedene Variationen ihres Gesprächs zu erproben.

Erwartete Äußerung	Aussprache[1]	Wortschatz	Grammatik
S1: I'm not invited to Charles' party. S 2: Maybe the letter went to the wrong house.	Lautrichtige Artikulation (LA) des [ð] in ***th**e*, des Halbvokals [w] in ***w**ent*, des englischen [r] in *w**r**ong*, des [ɪ] in *inv**i**ted*, des [ɑː] in *Ch**ar**les*, des [aɪ] in ***I**'m* und *inv**i**ted*, des [aʊ] in *h**ou**se*, des [eɪ] in *m**ay**be.*	Inhaltswortschatz: *wrong, invite, go, party, letter, house* Funktionswortschatz: *to the*	Verwendung einer Verneinung mit *be,* Verwendung des Genitivs, Verwendung der Konstruktion Adverb+Subjekt+Verb in der Vergangenheit
S1: Maybe Charles ran out of paper. S 2: Maybe he forgot that he forgot to invite you.	LA des [ð] in ***th**at*, des [æ] in *r**a**n* und *th**a**t*, des [ɪ] in *inv**i**ted,* des [ɑː] in *Ch**ar**les*, des [aɪ] in *inv**i**ted*, des [aʊ] in ***ou**t,* des [eɪ] in *m**ay**be* und *p**a**per.*	Inhaltswortschatz: *forget, invite* Redemittel: *he ran out of paper, he forgot that he forgot*	Verwendung der Konstruktion Adverb+Subjekt+Verb in der Vergangenheit
S1: Maybe the party was cancelled. S 2: Maybe Charles' mother said he could only invite six friends.	LA des [ð] in ***th**e*, des [æ] in *c**a**ncelled*, des [ʌ] in *m**o**ther,* des [ɑː] in *p**ar**ty* und *Ch**ar**les,* des [eɪ] in *m**ay**be,* des [əʊ] in ***o**nly.*	Inhaltswortschatz: *six, invite, cancel, party, friends, mother*	Verwendung des Genitivs, Verwendung der Konstruktion Adverb+Subjekt+Verb in der Vergangenheit, Verwendung des Passivs
S1: Maybe there was a hurricane. S 2: Don't be sad./Don't worry./I know how you feel. Tomorrow/Next Saturday we can go for a bike ride./We can cook your favourite dish./We can go bowling./We can go to the park.	LA des [ð] in ***th**ere* und ***th**e,* des [w] in ***w**e*, des englischen [r] in *wo**rr**y*, des [æ] in *c**a**n*, des [ʌ] in *h**u**rricane*, des [ɑː] in *p**ar**k*, des [ɜ] in *w**o**rry*, des [ə] in *t**o**morrow*, des [aʊ] in *h**ow***, des [eɪ] in *m**ay**be, Saturd**ay*** und *f**a**vourite,* des [əʊ] in *d**o**n't, kn**ow**, tomorr**ow**, g**o*** und *b**ow**ling.*	Inhaltswortschatz: *tomorrow, feel, cook, go, hurricane, Saturday, a bike ride, favourite dish, bowling, park* Funktionswortschatz: *to the, for a,* Determinator *there* Redemittel: *Don't worry; We can ….*	Verwendung einer Verneinung des Imperativs mit *don't be;* Verwendung der Konstruktion Adverb+Subjekt+Verb in der Vergangenheit

[1] In der Analyse wird die britisch-englische Aussprache verwendet. Bei amerikanischem Sprachvorbild muss die Aussprache an der entsprechenden Stelle verändert werden.

Abb. 5: Detaillierte Analyse der erwarteten Schülerleistung (The empty mailbox)

Gezielte Beobachtung

Während die Lernenden ihre Dialoge sprechen, werden sie auf Kassette – oder je nach Ausstattung der Schule – auf Video aufgenommen. Mit Hilfe des Beurteilungsbogens, der die vier Kriterien ›Aussprache‹, ›Wortschatz‹, ›Grammatik‹ und ›Flexibilität‹ und viel Raum für Notizen und Kommentare enthält, können die Kinder individuell und differenziert beurteilt werden (vgl. Abb. 1: Beurteilungsbogen). Für jedes Kriterium können maximal 4 Punkte vergeben werden. Deskriptoren, die beschreiben, was ein Kind können muss, um eine bestimmte Punktzahl zu erhalten, unterstützen das Urteil der Lehrperson (vgl. Abb. 6: Deskriptoren). Abschließend kann die ermittelte Punktzahl bei Bedarf in eine Ziffernnote umgewandelt werden. Die audiovisuelle Aufzeichnung der Lernertexte ermöglicht es der Lehrperson, die Dialoge mehrmals anzuhören und somit zu einer genauen Beurteilung zu gelangen.

	Aussprache
4	Kann die typisch englischen Konsonanten und Vokale [ð, w, r, æ, ʌ, ɑː, ɜ, ə, aɪ, aʊ, eɪ, əʊ] korrekt aussprechen, spricht mit Vokalschwächungen, kann die Intonation variieren und entsprechend der Bedeutung Einzelwörter betonen.
3	Kann die typisch englischen Konsonanten und Vokale [r, æ, ʌ, ɑː, aɪ, aʊ, eɪ, əʊ] korrekt aussprechen, kann die Intonation variieren und entsprechend der Bedeutung Einzelwörter betonen.
2	Kann einige der typischen englischen Konsonanten und Vokale verständlich aussprechen.
1	Die Äußerungen sind nur mit großen Mühen verständlich.
0	Die Äußerungen sind nicht verständlich.

	Wortschatz
4	Kann den Inhalts- und Funktionswortschatz korrekt anwenden, um ihr/sein Bedauern über das Ausbleiben der Einladung auszudrücken (S1), um mind. 3 Vermutungen über das Ausbleiben der Einladung auszudrücken (S1+S2) und um jemanden zu trösten (S2). Dabei wird das neu eingeführte Vokabular verwendet und auch bereits Bekanntes reaktiviert.
3	Kann den Inhalts- und Funktionswortschatz korrekt anwenden, um ihr/sein Bedauern über das Ausbleiben der Einladung auszudrücken (S1), um mind. 2 Vermutungen über das Ausbleiben der Einladung auszudrücken (S1+S2) und um jemanden zu trösten (S2).
2	Kann den Inhalts- und Funktionswortschatz korrekt anwenden, um ihr/sein Bedauern über das Ausbleiben der Einladung auszudrücken (S1), um mind. 1 Vermutung über das Ausbleiben der Einladung auszudrücken (S1+S2) und um jemanden zu trösten (S2), mit gelegentlichen lexikalischen Fehlern.
1	Versucht ein Gespräch in englischer Sprache zu führen, kann nur elementare Einzelwörter verwenden, greift gelegentlich auf die Muttersprache zurück.
0	Kann die Redeabsicht nur durch muttersprachliche Äußerungen verwirklichen.

	Grammatik
4	Kann die Konstruktion Adverb + Subjekt + Verb in der Vergangenheit fehlerfrei verwenden. Kann den Genitiv verwenden. Kann eine Verneinung mit *be* verwenden (S1). Kann eine Verneinung des Imperativs mit *don't be* verwenden (S2). Kann ggf. das Passiv verwenden.
3	Kann kurze idiomatische Wendungen bilden. Kann vollständige Sätze formulieren. Dabei können Fehler auftreten, die das Verständnis der Aussage jedoch nicht beeinträchtigen (z. Bsp. Verwendung des *simple present* anstelle des *simple past*: ** Maybe Charles' mother says he can only invite six friends*).
2	Kann einfache oder unvollständige Satzbausteine verwenden (z. Bsp. Auslassung des Subjekts bei der Verwendung der Konstruktion Adverb+Subjekt+Verb in der Vergangenheit (**Maybe to the wrong house)*, wodurch die Verständlichkeit beeinträchtigt werden kann.
1	Kann Satzbausteine verwenden. Dabei treten Fehler auf.
0	Kann keine grammatikalisierten Satzbausteine verwenden und ihre/seine Absicht nicht verständlich machen.

	Flexibilität
4	Kann seine Äußerungen dem Gesprächspartner flexibel anpassen und auch bei unerwarteten Äußerungen des Gesprächpartners spontan darauf eingehen. Kann ggf. sprachliche Hilfen geben, wenn der Gesprächspartner nicht weiter weiß.
3	Kann seine Äußerungen dem Gesprächspartner flexibel anpassen.
2	Kann die eingeübten Dialogbausteine wiedergeben, wiederholen und geringfügig variieren. Gerät durcheinander, wenn der Gesprächspartner sich nicht in der zu erwartenden Art und Weise verhält. Benötigt vereinzelt externe Hilfe (Gesprächspartner, Lehrperson*)*
1	Kann nur zuvor oft geübte und auswendig gelernte Äußerungen produzieren. Benötigt durchgehend die Hilfe des Gesprächspartners und/oder der Lehrperson, um eine Äußerung zu formulieren.
0	Kann keinen Dialogpart übernehmen.

(vgl. Diehr, Bärbel/Frisch, Stefanie (erscheint 2008). Mark their words. Sprechleistung im Englischunterricht fördern und beurteilen. Braunschweig: Westermann.)

Abb. 6: Deskriptoren (The empty mailbox)

Fazit

Die Vorbereitung auf die Sprechaufgabe erfordert auf der einen Seite einen hohen Input an sprachlichen Strukturen und Redemitteln. Auf der anderen Seite ist die Aufgabe so offen gestaltet, dass ein Raum für eigene produktive Äußerungen entsteht. Somit besteht hier ein ausgewogenes Verhältnis von Unterstützung und Herausforderung. Durch die gezielte und differenzierte Beurteilung mit Hilfe der Deskriptoren des Beurteilungsbogens, können Lernstände transparent und für die Lernenden nachvollziehbar gemacht werden. Ferner wird die individuelle Lernentwicklung dokumentiert und gewürdigt und die Lehrperson kann aus der Beurteilung Schlüsse für ihren Unterricht ziehen. Vermehrt auftretende Schwierigkeiten, beispielsweise in der Aussprache von bestimmten Lauten, können noch einmal in gezielten Übungen aufgegriffen und wiederholt werden. Übungen, die sich als zu einfach erwiesen haben, können wiederum in darauf folgenden Stunden vermieden werden.

Lehrkräfte, die, wie in dieser Aufgabe vorgeschlagen, die Lernenden gezielt auf produktiven mündlichen Sprachgebrauch vorbereiten, ihre Aufmerksamkeit auf ausgewählte syntaktische Besonderheiten lenken und das Schriftbild bekannter Wörter und Strukturen als Erinnerungsstütze zur Verfügung stellen, unterstützen ihre Schülerinnen und Schüler dabei, ihre Sprechkompetenz weiterzuentwickeln. Sie tragen dazu bei, dass im Englischunterricht der Grundschule anspruchsvolle und altersgerechte Ziele erreicht und dass die Entwicklungschancen der Lernenden angemessen genutzt werden.

Literaturverzeichnis

ALDERSON, CHARLES J. & LYLE F. BACHMAN (2004): »Series editors' preface to Assessing Speaking.« Sari Luoma (Hg.): Assessing Speaking. Cambridge: CUP: ix-xi.

BAILEY, KATHLEEN M. (1998): Learning about Language Assessment: Dilemmas, Decisions, and Directions. London et al.: Heinle & Heinle.

BELLER, SIEGHARD (2004): Empirisch forschen lernen. Konzepte, Methoden, Fallbeispiele, Tipps. Bern: Verlag Hans Huber.

BLUTHENTHAL, DIANE CAIN (2003): I'm Not Invited? New York: Atheneum Books.

CAMERON, LYNNE (2001): Teaching Languages to Young Learners. Cambridge: CUP.

CARLE, ERIC (1986): The very hungry caterpillar. New York: Philomel books.

CARLE, ERIC (2006): Mister Seahorse. London: Penguin.

CZERWENKA, KURT & KARIN NÖLLE (2004): »Kompetenzorientierung in der Ausbildung von Grundschullehrerinnen und Grundschullehrern.« Hans Merkens (Hg.): Lehrerbildung: IGLU und die Folgen. Opladen: Leske und Buderich: 121–134.

DIEHR, BÄRBEL (2005): »Leistung im Englischunterricht kindgemäß beurteilen.« Primary English. 1. 10–13.
DIEHR, BÄRBEL (2006): »Reden und reden lassen.« Grundschule. 9. 36–40.
DIEHR, BÄRBEL & STEFANIE FRISCH (2006): »Diagnostische Kompetenz. Lernfreude wecken – Sprechleistung beurteilen – Qualität verbessern.« Primary English. 6. 16 –18.
DOYÉ, PETER & DIETER LÜTTGE (1977): Untersuchungen zum Englischunterricht in der Grundschule. Braunschweig: Westermann.
EDELENBOS, PETER & ANGELIKA KUBANEK-GERMAN (2004): »Teacher Assessment: The Concept of ›Diagnostic Competence‹.« Language Testing 21. 3. 259–283.
FRANCE, ANTHONY & TIPHANY BEEKE (2004): From Me to You. London: Gullane Children's Book. Fulcher, Glenn (2003): Testing Second Language Speaking. Edinburgh: Pearson.
HUGHES, ARTHUR (2000): Testing for Language Teachers. Cambridge: CUP.
HUNT, RODERICK & ALEX BRYCHTA (1986): A New Dog. Oxford: OUP.
KAHL, PETER W. & ULRIKE KNEBLER, (1996): Englisch in der Grundschule – und dann? Evaluation des Hamburger Schulversuchs »Englisch ab Klasse 3«. Berlin: Cornelsen.
[KMK] KULTUSMINISTERKONFERENZ (2003): Bildungsstandards für die erste Fremdsprache (Englisch / Französisch) für den Mittleren Schulabschluss. Beschluss vom 4.12.2003. www.kmk.org/schul/Bildungsstandards/1. Fremdsprache_MSA_BS_04-12-2003.pdf (29.06.2008)
LEGUTKE, MICHAEL K. & WILTRUD LORTZ (Hg.) (2002): Englisch ab Klasse 1. Das hessische Marry-Go-Round-Projekt. Analysen und Berichte. Berlin: Cornelsen.
LUOMA, SARI (2004): Assessing Speaking. Cambridge: CUP.
MINDT, DIETER (2006): »Von der Imitation zur bewussten Verwendung von Sprachmitteln.«
NORBERT SCHLÜTER (Hg.): Fortschritte im Frühen Fremdsprachenlernen. Berlin: Cornelsen: 68–74.
[MKJS BW] MINISTERIUM FÜR KULTUS, JUGEND UND SPORT BADEN-WÜRTTEMBERG (2004): Bildungsplan für die Grundschule. Villingen-Schwenningen: Neckar-Verlag.
[MKJS NW] MINISTERIUM FÜR SCHULE, JUGEND UND KINDER DES LANDES NORDRHEIN-WESTFALEN (2003): Richtlinien und Lehrpläne zur Erprobung für die Grundschule in Nordrhein-Westfalen – Englisch. Frechen: Ritterbach.
KLIPPEL, FRIEDERIKE & INGRID PREEDY (2002): Debbie. München: Langenscheidt-Longman.
ROSEN, MICHAEL & HELEN OXENBURY (1989): We're Going on a Bear Hunt. London: Walker Books.
SCHOCKER-VON DITFURTH, MARITA (2004): »Wie lernen Kinder Sprachen? Prinzipien aufgabenorientierten Lernens.« Primary English. 3. 24–26.
SKEHAN, PETER (1998): A Cognitive Approach to Language Learning. Oxford: OUP.
TRAUGH, STEVEN (2004): Music and Movement in the Classroom. Huntington Beach: Creative Teaching Press.
WOLFF, DIETER (2000): »Sprachproduktion als Planung: Ein Beitrag zur Psychologie des Sprechens.« Der Fremdsprachliche Unterricht Englisch. 5. 11–16.

4 Das Sprachenportfolio in der Grundschule

Eva Burwitz-Melzer

Ein neues Portfolio für den Fremdsprachenunterricht: Übergang und Selbstevaluation

Bildungspolitischer Hintergrund: Der Übergang von der Grundschule zur weiterführenden Schule

Nachdem in der Bundesrepublik der Fremdsprachenunterricht ab Klasse 3 von allen Bundesländern verbindlich gemacht wurde und einige Länder sogar einen Beginn des Fremdsprachenlernens ab der 1. Klasse planen, stellt sich mit zunehmender Dringlichkeit die Frage, wie die weiterführenden Schulen, gleich welchen Typs, mit den im Fremdsprachenunterricht der Grundschule erworbenen Vorkenntnissen und Kompetenzen der Schülerinnen und Schüler umgehen können.

Nach wie vor sind die Unterschiede in den Kompetenzprofilen der Lernenden beim Übergang in die 5. Klasse sehr groß, da es nur selten konkrete und verbindliche Rahmenpläne, Sprachstandards oder Kerncurricula gibt, die den Lehrenden in den weiterführenden Schulen Anhaltspunkte geben könnten, was sie bei den Kindern voraussetzen könnten. Auch neue Lehrwerke sind in dieser Hinsicht nicht sehr hilfreich; zwar enthalten alle mittlerweile Einstiegsseiten, auf denen nach den Vorkenntnissen der Kinder gefragt wird, nachdem diese aber kurz mit Hilfe der optionalen Seiten thematisiert wurden, geht es mehr oder minder wieder ›von vorne‹ los, denn ein Lehrwerk, das in der Grundschule beginnt und ab der 5. Klasse weitergeführt wird, ist derzeit nicht in Sicht.

Die weiterführenden Schulen sind, zumindest in den Bundesländern, in denen die gymnasiale Schulzeit auf 8 Jahre verkürzt wurde, aber immer stärker daran interessiert, die Grundschule in die Pflicht zu nehmen nachweisbare Grundlagen für den weiterführenden Fremdsprachenunterricht zu legen: Schließlich ist die Zeit in der Mittelstufe knapper geworden, dort müssen auch verbindliche Regelstandards erreicht werden und Lehrkräfte wie Eltern drängen auf einen sinnvoller gestalteten Übergang im Fremdsprachenunterricht. Dazu kommt, dass auch der immer beliebter werdende Sachfachunterricht in einer Fremdsprache solide Kompetenzniveaus voraussetzt, zu denen der Fremdsprachenunterricht in der Grundschule beitragen kann und natürlich auch muss.

In dieser bildungspolitischen Situation stellt sich die Frage, wie denn der Lernstand oder die Kompetenz von Kindern am Ende der Grundschule, beim Übergang in die weiterführende Schule ermittelt und dokumentiert werden kann. Das Sprachenportfolio ist hierfür immer wieder empfohlen worden (Blasberg-Bense 2003; Burwitz-Melzer 2006; Legutke 2003). Als Selbsteinschätzungsinstrument eröffnet es beim Fremdsprachenlernen neue Chancen, wenn es um die Motivation und die Förderung der Selbstständigkeit junger und jugendlicher Lernender geht. Als komplementäres Qualitätssicherungsinstrument kann es neben der traditionellen Fremdbewertung die Schülerleistungen aus einer anderen, individuelleren Perspektive beleuchten und den Lernenden den Weg in eine sachgerechte und kontrollierte Lernplanung ebnen.

Am Beispiel des *BLK-Portfolios* (Kultusministerien der Länder Berlin, Bremen, Hessen, Nordrhein-Westfalen 2006), das im Rahmen des Bund-Länder-Projekts »Sprachen lehren und lernen als Kontinuum« (2003 – 2006) entstanden ist, möchte ich auf den folgenden Seiten darstellen, wie man mit Hilfe eines Portfolios den Übergang vom Fremdsprachenunterricht in der Grundschule zu dem in weiterführenden Schulen gestalten kann, indem man Möglichkeiten zur Selbsteinschätzung für alle Lernenden im Fremdsprachenunterricht von der 3. bis zur 13. Klasse anbietet. Dabei werde ich mich besonders auf Qualitätskriterien konzentrieren, die bei der Gestaltung des *BLK-Portfolios* (2006) eine Rolle spielten, und zu zeigen versuchen, wo die besonderen Herausforderungen dieses Instruments liegen, das von der Grundschule bis zum Ende der Schulzeit genutzt werden soll. Wie kann sich ein Portfolio an sehr junge und jugendliche Lernende sowie auch an junge Erwachsene gleichzeitig richten und ihre jeweils ganz spezifischen Bedürfnisse und Kompetenzen beim Fremdsprachenlernen berücksichtigen? Welche Schwierigkeiten ergeben sich für Struktur, Inhalt und Design eines solchen Portfolios, für seine Arbeitssprache, für seine Deskriptoren zur Selbsteinschätzung und die Arbeitsteile zur *language learning awareness*? Was muss beim Einsatz eines solchen Portfolios im Fremdsprachenunterricht besonders beachtet werden?

Die Entstehung des BLK-Portfolios

Im Bund-Länder-Projekt »Sprachen lehren und lernen als Kontinuum« (2003–2006) wurde, von den Kultusministerien der Länder Bayern, Berlin, Brandenburg, Bremen, Hessen, Nordrhein-Westfalen, Sachsen-Anhalt und Thüringen und dem Bundesministerium für Bildung und Forschung (BMBF) finanziert, über drei Jahre hinweg der Übergang im Fremdsprachenunterricht zwischen den Klassen 4 und 5 sowie 6 und 7 erforscht. Dabei wurde die Aufmerksamkeit aller Beteiligten gebündelt und aus vier Richtungen auf den Gegenstand ›Übergänge‹ gelenkt: (1) aus der Sicht der Lehrkräfte, (2) aus der der Lernenden, (3) aus der Perspektive der Administration im Schulbereich und (4) aus der Perspektive der Wissenschaft. In vier verschiedenen Modulen wurden Problembereiche erforscht und Materialien erstellt, die sich mit dem Übergang im Fremdsprachenunterricht, aber auch darüber hinaus mit dem Fremdsprachenlernen in der gesamten Schulzeit beschäftigen. In allen Modulen wurden Materialien zur Qualitätssicherung erstellt, zum Beispiel Datenbanken mit Musteraufgaben zur Fremd- und Selbstevaluation von Schülerleistungen, die am *Gemeinsamen europäischen Referenzrahmen für Sprachen* (im Folgenden *GeR*; EUROPARAT 2001) orientiert sind; umfangreiche Informationsmaterialien zum Übergang für Schulen, Schulämter und Lehrkräfte; Fortbildungsmaterialien zum Übergang im Fremdsprachenunterricht und zur Standardisierung; Materialien zur Fremd- und Selbstevaluation und ein neuer Prototyp für ein den Übergang umspannendes Portfolio.

Die Länder Berlin, Bremen, Hessen und Nordrhein-Westfalen arbeiteten zusammen im Portfolio-Modul. Ihnen ging es zunächst darum zu ermitteln, wie das Europäische Sprachenportfolio bisher dazu beigetragen hat, beim Übergang von der Grundschule zur weiterführenden Schule, also von der 4. zur 5. bzw. von der 6. zur 7. Klasse, die Ergebnisse des Primarschulunterrichts so zu dokumentieren, dass die Lernenden erkennen können, was sie bereits geleistet und welche Kompetenzen sie erworben haben. Hier wurden Fragebögen und Interviews entworfen, die in kleinen Erhebungen den Umgang mit dem Portfolio im Klassenzimmer erfragten – aus der Sicht der Lernenden und der Lehrkräfte. Es wurde erforscht, welche Deskriptoren in bisher existierenden Portfolios besonders jungen Lernenden Schwierigkeiten bereiten. Die Ergebnisse haben einige grundlegende Arbeitshypothesen bestätigt, von denen zwei hier kurz genannt werden sollen:

Erstens zeigen alle Fragebögen, dass eine gute Implementierung und Dissemination von Portfolios, die durch ausreichende Fortbildungen gestützt werden, tatsächlich die Akzeptanz gegenüber diesem Instrument erhöhen. Bei nicht ausreichender Information neigen vor allem Lehrkräfte weiterführender Schulformen dazu, dieses Instrument als Zeitverschwendung anzusehen, da ihnen sein Potenzial nicht bewusst wird.

Weiterhin bereiten einige Teile der Portfolios den Lernenden, ganz besonders den jungen Lernenden, spezielle Schwierigkeiten: Dazu gehört die Sprachenbiografie, deren Deskriptoren Schülerinnen und Schüler beim Ausfüllen und Lehrkräfte beim Erklären der Sachverhalte vor große Probleme stellen. Auch die Aufgaben zum Interkulturellen Lernen und zur *language learning awareness* waren bisher hohe Hürden auf dem Weg zu einer geglückten Selbstevaluation. Der Grund hierfür liegt vor allem in den bisher in Portfolios nicht adäquat operationalisierten Checklisten oder an unklaren Fragestellungen zur Selbsteinstufung, die sich in Anlehnung an den Referenzrahmen zu sehr an einer homogenen, erwachsenen Lernerklientel orientieren. Es zeichnete sich ab, dass ein gelungener Übergang im Fremdsprachenunterricht voraussetzt, dass das eingesetzte Portfolio die Schnittstellen so überspannt, dass ein nahtloser Anschluss von der Primar- in die Sekundarstufe möglich ist.

Diese ersten Erkenntnisse unterstützten die Arbeitsgruppe bei der Erstellung des *BLK-Portfolios* (2006). Auf ihrer Grundlage wurde eine Liste von Gütekriterien erstellt, die die Schreibarbeit im Modul maßgeblich unterstützen konnte. Die Gütekriterien werden im Folgenden näher beleuchtet. Sie haben über die Erstellung des *BLK-Portfolio*s (2006) hinaus inzwischen allgemeingültige Bedeutung für die Beurteilung von Portfolios, die sich an junge bzw. jugendliche Lernende im Fremdsprachenunterricht wenden.

Die Struktur des BLK-Portfolios und sein Inhalt

Die traditionelle Struktur des *European Language Portfolios* (Council of Europe: 1997) umfasst ein dreigeteiltes Dokument mit Sprachenpass, Sprachenbiografie und Dossier. Der Sprachenpass, der einen Überblick bietet über bisher erworbene Sprachen und sprachliche Kompetenzen des Lernenden, ist in seinem Aussehen und seiner Struktur formalisiert, erfüllt eine Dokumentationsfunktion, ist berufsrelevant und kann auch den Bewerbungsunterlagen beigefügt werden. Die Sprachenbiografie bietet einen Überblick über die individuelle Sprachlernentwicklung, über zentrale interkulturelle Erfahrungen und Begegnungen des Lernenden und enthält die Selbsteinschätzung der Kompetenzen nach den Skalen des *GeR*. Die zentralen Schritte des Sprachlernprozesses des Lernenden können mit diesen Seiten ebenso verfolgt werden wie seine Lernpläne für die Zukunft. Das Dossier enthält eine repräsentative Sammlung von Arbeiten, die der Lernende in Zusammenhang mit seinem Sprachenlernen vorstellen möchte. Auch dieser Teil eignet sich für berufliche Zwecke.

Abweichend von dieser typischen, ursprünglichen Struktur des Portfolios für erwachsene Lernende bieten etliche Portfolios heute eine erweiterte oder veränderte Struktur an, die sich speziellen Gruppen von Lernenden, auf die sich das Portfolio jeweils beziehen soll, und ihrem Lernkontext, angepasst hat. Gerade bei sehr jungen oder jugendlichen

Lernenden ist ein solches Eingehen auf die lebensweltlichen (Vor-)Kenntnisse der Schülerinnen und Schüler, ihre Sehgewohnheiten und ihre oft kurzfristige Lernmotivation empfehlenswert, sollen die Lernenden doch das Portfolio in Eigenregie ausfüllen. Der Faktor einer zunehmenden Selbstständigkeit kann nur eingeübt werden, wenn das Selbsteinschätzungsinstrument ansprechend gestaltet wurde und in seiner Sprache auf die jungen Lernenden eingeht.

Das *BLK-Portfolio* (2006) trägt mit seiner Struktur diesen Überlegungen Rechnung: Es ist in ein Grund- und ein Aufbauportfolio unterteilt, die sehr flexibel nach- oder auch nebeneinander angeboten werden können. Das Grundportfolio wendet sich an sehr junge Lernende in den Klassen 3 bis 6, das Aufbauportfolio an die Schülerinnen und Schüler ab Klasse 5 bis zum Abitur. Die Klassen 5 und 6 können je nach Einschätzung der Lehrkraft von beiden Portfolio-Teilen bedient werden; sie unterscheiden sich in Sprache und Abstraktionsgrad, nicht jedoch in den angesprochenen Kompetenzbereichen. Damit wird deutlich, dass dieses Portfolio nicht nach Jahrgangsklassen strukturiert angeboten werden soll, sondern nach Kompetenzgrad und Abstraktionsvermögen der Lernenden variabel einsetzbar ist.

Angelehnt an die oben erwähnten unterschiedlichen Bedürfnisse der sehr jungen bzw. jugendlichen Schülerinnen und Schüler, enthält das Grundportfolio keinen Sprachenpass, da in den Klassen 3 bis 6 keine beruflichen Anforderungen von den Lernenden beachtet werden müssen. Ihr Portfolio soll eine erste Möglichkeit zur Einübung von Selbsteinschätzung bieten, die die Lernenden durch Einbezug ihrer Lebenswelt zu einer Bestandsaufnahme erster einfacher fremdkultureller, interkultureller oder mehrsprachiger Phänomene ihrer Umwelt anregt. Statt eines Sprachenpasses findet man deshalb im *BLK-Portfolio* (2006) als Begrüßung das Kapitel »Ich in der Welt«, in dem folgende Themen angesprochen werden: Die eigene Person, wichtige berühmte Personen, wichtige Länder im Leben des Kindes, wichtige Personen, die das Kind aus anderen Kulturen kennt, die eigenen Spracherfahrungen und grobe Sprachenpläne. Gebräuche, Sitten und Wertevorstellungen aus anderen Kulturen kommen hier ebenso zur Sprache wie Feste und erste Kenntnisse über andere Länder und andere Städte (siehe Abb. 1).

Dabei war es den Portfolio-Autoren sehr wichtig, jeweils auch viel Platz auf den Anfangsseiten für eigene Kommentare der Kinder zu lassen, die über die Fragen und Angebote des Portfolios hinausgehen.

In der Sprachenbiografie des *BLK-Portfolios* (2006) finden sich zwei wichtige Teile: Zunächst wird eine kurze Einführung angeboten, die den ganz jungen Lernenden veranschaulichen soll, auf welche Fertigkeiten es überhaupt beim Sprachenlernen ankommt, wie diese heißen und wie

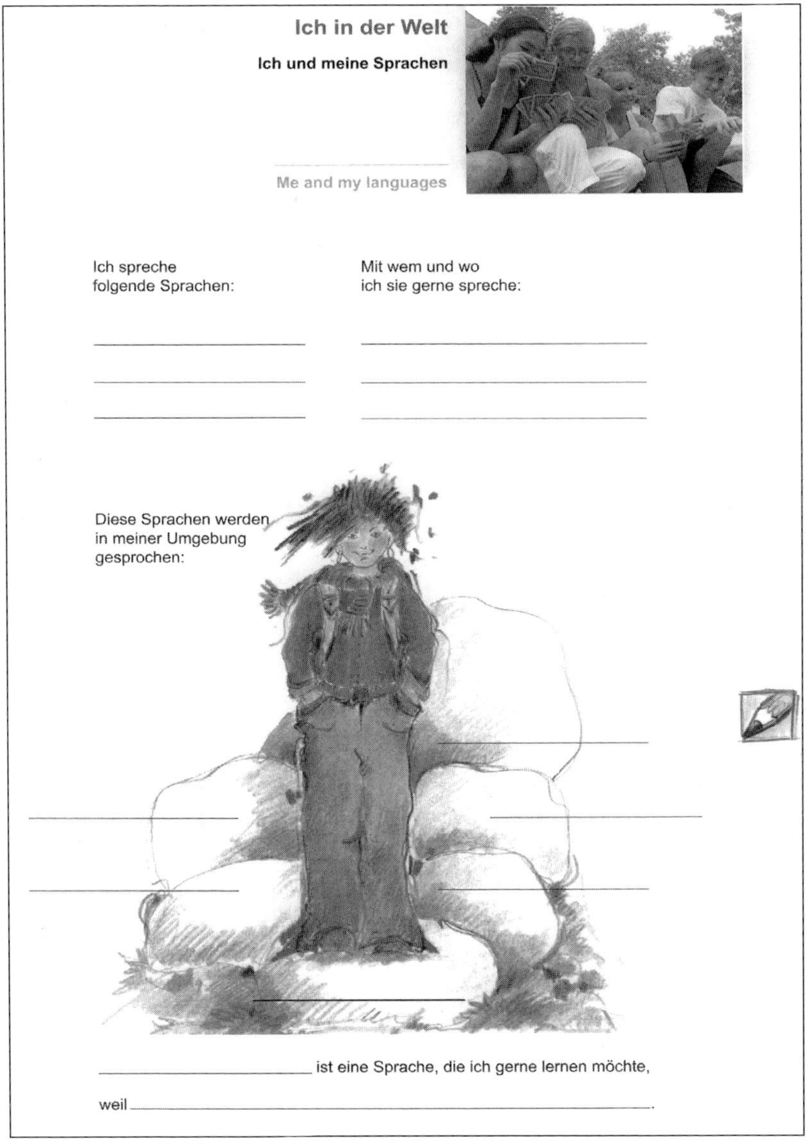
Ich in der Welt

Ich und meine Sprachen

Me and my languages

Ich spreche folgende Sprachen:

Mit wem und wo ich sie gerne spreche:

Diese Sprachen werden in meiner Umgebung gesprochen:

______ ist eine Sprache, die ich gerne lernen möchte,

weil ______.

Abb. 1: Ich in der Welt (*BLK-Portfolio* 2006)

man sie einsetzt (»Das machen wir beim Sprachenlernen«). Dann folgt eine Fokussierung auf die vier Grundfertigkeiten sowie auf das Merken von Wörtern und Sätzen als erste Einführung in den Bereich *language learning awareness*. In den dritten Teil des Portfolios, das Dossier, können die Lernenden eigene gelungene Arbeiten aus den verschiedenen Lernphasen und Unterrichtsjahren einfügen.

Das Aufbauportfolio verfügt über einen Sprachenpass, der den formalen Anforderungen des Europäischen Sprachenportfolios angepasst ist. Da dieser Pass aber ohnehin erst gegen Ende des 9. oder des 10. Schuljahrs ausgefüllt wird, gibt es auch hier das Einleitungskapitel »Ich und die Welt«, in dem sich der junge Lernende mit Hilfe einer *mindmap* zunächst ganz grob vorstellen kann. Auf den folgenden Seiten werden Begegnungen mit Menschen der eigenen Kultur und fremder Kulturen, Erfahrungen mit kulturellen Traditionen und Wertvorstellungen, Besuche in anderen Ländern ausgelotet und überdacht. Entsprechend dem etwas fortgeschrittenen Alter der jungen Lernenden (11 bis 16 Jahre) wird in diesen Seiten auf die Welt der Medien und auf Ziele für das eigene Leben stärker Bezug genommen.

Die Sprachenbiografie des Aufbauportfolios ist dem des Grundportfolios ähnlich, spiegelt aber das höhere Abstraktionsniveau der Lernenden wider: Zunächst gibt es eine kurze Einführung, die veranschaulichen soll, auf welche Fertigkeiten es beim Sprachenlernen ankommt, dann werden im Bereich *language learning awareness* einige allgemeine Lerntipps gegeben. Zu den bekannten vier Fertigkeitsbereichen ist die Sprachmittlung hinzugekommen. Auch hier lässt ein Lernplan die Schülerinnen und Schüler darüber nachdenken, ob sie selbstgesteckte Ziele beim Erlernen einer Sprache erreicht haben oder noch nicht. Die darauf folgenden Seiten mit Deskriptoren sind bereits – wie die entsprechenden Seiten des Europäischen Portfolios – als Raster aufgebaut. Das Dossier ist auch hier nur eine Deckseite, hinter die eigene Arbeiten der Jugendlichen einsortiert werden können.

Als ein die Übergänge überspannendes Portfolio erfüllt das *BLK-Portfolio* (2006) damit einige wichtige Bedingungen, die für alle Fremdsprachenportfolios von Klasse 3 bis 13 gelten können:

1. Ein die Übergänge sinnvoll überspannendes Sprachenportfolio für die Schule sollte einen stringenten Aufbau haben. Formale Dokumente gehören in den Sprachenpass, der in seiner offiziellen Form bei der Akkreditierung durch den Europarat mit ins Portfolio geheftet werden darf. Im Grundschulteil des Portfolios kann ein solcher Pass durch geeignete Angebote zum Nachdenken über die eigene Kultur und fremde Kulturen sowie die eigenen und fremden Sprachen ersetzt werden.

2. Starke Brüche in Struktur und Inhalt sollten trotz der großen angesprochenen Altersspanne vermieden werden. Das heißt, die vier

Grundfertigkeiten sind von Anfang an in altersgemäßer Art in der Sprachenbiografie zu berücksichtigen. Deskriptoren wie »Ich kann bereits viele Wörter aus meinem Englischbuch abschreiben« oder »Ich kann bereits einen Brief / eine Karte / eine E-Mail verfassen, wenn ich eine Vorlage dafür bekomme«, »Ich kann mir ein Bildwörterbuch anlegen« usw. sollten von Anfang an auch das Schreiben in der Grundschule thematisieren. Deskriptoren wie »Ich kann Texte, die ich schon oft gehört habe, auch schon lesen« oder »Ich kann in meinem Bildwörterbuch alle Wörter lesen« oder »Ich kann die englischen Wörter und Sätze, die im Klassenzimmer aufgehängt sind, lesen« könnten Lesekompetenz erfassen.

3. Es ist genau zu unterscheiden, was in den Sprachenpass (Dokumentation, Außenfunktion) gehört und was besser in der Sprachenbiografie aufgehoben ist (Darstellung des Lernprozesses, Innenfunktion). Dabei können in beiden durchaus ähnliche oder gleiche Kategorien angesprochen werden: Im Pass sollten sie dazu dienen, einen Überblick über erreichte Leistungen und Zeugnisse zu geben, in der Biografie dienen sie der Reflexion des eigenen Lernprozesses.
4. Darüber hinaus sollte die Funktion eines Portfolios als Arbeitsmappe sich in Teilen niederschlagen, die Lern- und Arbeitstechniken (Lernstrategien) nicht nur transparent machen, sondern die Lernenden auch dazu anhalten, ihre eigene Nutzung solcher Techniken zu reflektieren und darüber Buch zu führen, was sie für ihr Sprachenlernen tun.

Arbeitssprache im Portfolio

Die Auffassung davon, was Kinder und Jugendliche sprachlich zu leisten imstande sind, hat sich in den letzten Jahren geändert. Nach Oerter und Montada (1998) können wir davon ausgehen, dass sich Kinder ungefähr ab dem achten Lebensjahr explizit über Sprache unterhalten und auch darüber nachdenken können. Bereits Vygotsky (1978) hatte festgestellt, dass ein Kind die Syntax der Sprache vor der Syntax des Denkens erwirbt. Kinder verfügen in Bezug auf Sprache über ein Strukturwissen von beachtlicher Komplexität zu einem Zeitpunkt, zu dem sie im Bereich der logischen Operationen zu ähnlicher Komplexität noch nicht in der Lage sind. Was bedeutet dies für ein Portfolio, dessen Sprache für Kinder und Jugendliche zwischen acht und sechzehn Jahren verständlich sein muss? Zunächst bedeutet es, dass die Acht- bis Zehnjährigen entgegen der landläufigen Annahme in der Muttersprache, Zweitsprache und

Fremdsprache durchaus über ein metasprachliches Wissen verfügen und dazu auch in altersgemäßer Weise Auskunft geben können.

Sie verfügen darüber, weil sie beim Aufbau ihrer Lernersprache die Merkmale der Muttersprache (L1) und der Zielsprache (L2) zumindest intuitiv vergleichen. Junge Lernende in den Klassen 3 und 4 entwickeln solche zwischensprachlichen Systeme, weil sie schon über Erfahrungen mit dem Lernen von Sprachen verfügen und diese Kenntnisse als Trittsteine auf dem Weg in die Fremdsprache nutzen können. Auch bestimmte Lern- und Kommunikationsstrategien, die bereits mit der Muttersprache erlernt wurden, können von jungen Lernenden gewinnbringend eingesetzt werden. Ganz allmählich adaptiert der Lernende seine Strategien und seine Hypothesen über Sprachregeln und nähert sich dabei der Zielsprache an (vgl. RIEMER 2002: 63f). L1-Erwerb und L2-Lernen im Fremdsprachenunterricht der Klassen 3 bis 5 unterscheiden sich allerdings in mancherlei Hinsicht:

- Lernende sind in diesem Alter beim Erlernen der ersten Fremdsprache auf der kognitiven und der emotionalen Ebene reifer als kleine Kinder beim Erwerb der Muttersprache;
- sie können auf ein umfangreiches Weltwissen zurückgreifen und verstehen Weltphänomene anders und leichter als Kleinkinder;
- sie verfügen über erhebliche metasprachliche Kenntnisse, die ihnen beim Erlernen der Fremdsprache helfen;
- sie können Vergleiche zwischen der Muttersprache bzw. Zweitsprache und der Fremdsprache ziehen;
- sie verfügen über Sprachlernstrategien, die sie gezielt im Unterricht einsetzen können.

Es ist durchaus vertretbar, metasprachliches Wissen in einem Fremdsprachenportfolio anzusprechen und in angemessener Weise zu nutzen. Dabei ist allerdings darauf zu achten, dass dies in einer für das jeweilige Alter und das damit verbundene Weltwissen passenden Weise geschieht. Folgende Anforderungen an die Arbeitssprache kann man an ein Portfolio stellen:

- Die Arbeitssprache muss anschaulich sein,
- sie sollte für Kinder keine und für Jugendliche möglichst wenig Fachterminologie enthalten,
- sie muss dem Weltwissen und den Erfahrungen der Kinder bzw. Jugendlichen entsprechen,
- sie sollte sich auf positive Resultate richten und nicht Defizite auflisten,
- sie muss sich auf Lernprozesse und Kompetenzen beziehen, nicht auf bestimmte Texte oder Lehrwerkkapitel.

Unabhängig von diesen Kriterien sind in Hinblick auf die Arbeitssprache im *BLK-Portfolio* (2006) auch die heterogenen Dispositionen und Lernbiographien der Lernenden bedacht worden. Von einheitlichen Lernständen, übereinstimmenden Lernvoraussetzungen und homogenen Lerngruppen kann man in keiner Schule mehr ausgehen, auch nicht in der Grundschule. Es ist deshalb zu erwarten, dass selbst eine altersgemäße Ansprache von Acht- bis Fünfzehnjährigen nicht von allen spontan und ohne Hilfestellung verstanden wird. Es empfiehlt sich also, in den Lehrerhandreichungen Aufgabenbeispiele beizufügen, die es erleichtern, einzelne Aufgabenstellungen noch einmal umzuformulieren oder zu erläutern.

Im *BLK-Portfolio* (2006) wurde diesen Erkenntnissen Rechnung getragen, indem Grund- und Aufbauportfolio unterschiedliche Abstraktionsniveaus ansprechen, die Niveaustufen A1 und A2 werden jeweils zweimal, einmal auf sehr niedrigem Niveau für die sehr jungen Lernenden und für die etwas Älteren einmal auf einem höheren Abstraktionsniveau angeboten. Auch die variablen Einsatzmöglichkeiten der beiden Portfolio-Teile nebeneinander belegen den Willen der Autoren, sehr junge Kinder und Jugendliche durchaus unterschiedlich, aber nicht festgelegt auf eine bestimmte Jahrgangsstufe eher ganz konkret oder eher auf einem höheren Komplexitätsniveau, anzusprechen.

Deskriptoren

Die Formulierung der Deskriptoren zur Selbstbeurteilung des Sprachstands stellt für die Autoren eines Portfolios, das Übergänge überbrücken will, die größte Herausforderung dar. Von zentraler Bedeutung ist zunächst, dass die Deskriptoren valide sind und das beschreiben, was die Lernenden bei ihrem Lernprozess auch einschätzen sollen.

Im Sinne einer Vergleichbarkeit der Lernprozesse und Kompetenzen ist es wichtig, von den Deskriptoren des *GeR* auszugehen. Daraus ergeben sich allerdings erhebliche Probleme, weil diese international standardisierten Formulierungen für Kinder und viele Jugendliche kaum verständlich sind, obgleich sie in Alltagssprache und ohne linguistische Terminologie verfasst sind. Bricht man die Deskriptoren des *GeR* aber herunter in einfache Beschreibungen von Sprachhandlungen, die auch für Kinder nachvollziehbar sind, so verlässt man das Feld der standardisierten Deskriptoren. Diese neuen Formulierungen müssten nun eigentlich ihrerseits nach einem Verfahren geeicht werden, das dem im Schweizer Projekt für die Entwicklung von Deskriptoren entspricht (vgl. *GeR,* Anhang A), ansonsten läuft man Gefahr, eine Niveaustufe unangemessen zu interpretieren und somit das wichtigste Prinzip von *GeR* und Bildungsstandards zu unterlaufen, nämlich Transparenz und Vergleichbarkeit zu sichern.

Nehmen wir als Beispiel die Deskriptoren des *GeR* für Hörverstehen:

A2	Versteht genug, um Bedürfnisse konkreter Art befriedigen zu können, sofern deutlich und langsam gesprochen wird.
	Kann Wendungen und Wörter verstehen, wenn es um Dinge von ganz unmittelbarer Bedeutung geht (z. B. ganz grundlegende Informationen zu Person, Familie, Einkaufen, Arbeit, nähere Umgebung) sofern deutlich und langsam gesprochen wird.
A1	Kann verstehen, wenn sehr langsam und sorgfältig gesprochen wird und wenn lange Pausen Zeit lassen, den Sinn zu erfassen.

Abb. 2: Deskriptoren für Hörverstehen (EUROPARAT 2001: 78)

Jede Vereinfachung oder Konkretisierung solcher Deskriptoren von Sprachkompetenz (wie z. B.: »Kann einfache Fragen und Informationen zum Tages- und Jahresablauf verstehen«) und jede Übersetzung in einzelne, konkrete sprachliche Handlungen (»Ich kann verstehen, wenn ich gefragt werde, welcher Wochentag es ist«) stellt bereits eine Interpretation des ursprünglichen *GeR*-Deskriptors dar. Die neue Formulierung mag zwar den Kindern verständlicher sein, aber interpretiert sie die Aussage des *GeR,* der ja eine Art Messlatte für den Vergleich von Sprachständen darstellt, angemessen? Jedes Portfolio bewegt sich mit solchen Formulierungen auf gefährlichem Eis. Je jünger die Lernenden aber sind, die es ansprechen möchte, desto dünner wird das Eis.

Da aber mittlerweile durch zahlreiche, auch vom Europarat akkreditierte Portfolios und vor allem durch die ca. 30 Übersetzungen des *GeR* in andere Sprachen die genaue Formulierung von Deskriptoren ohnehin nicht mehr auf die Goldwaage gelegt werden kann, darf man hier ruhig Konzessionen an die Verständlichkeit dieser Metasprache machen. Im *BLK-Portfolio* (2006) ist man dabei den Weg gegangen, einen allgemeineren Deskriptor, der dem *GeR* nahe ist, durch mehrere Veranschaulichungen verständlich zu machen (siehe Abb. 3).

Die Skalen mit Deskriptoren für einzelne Bereiche der Sprachkompetenz sollten nicht jahrgangsspezifisch aufgebaut werden, sondern schulform- und jahrgangsübergreifend über das ganze Portfolio hinweg von der Niveaustufe A1 bis zur Niveaustufe B1, B1+ und in Ausnahmefällen vielleicht noch bis zu B2 reichen. Ein Portfolio für die Sekundarstufe II sollte die Bereiche B2 bis C2 erfassen.

Hier kannst du selbst einschätzen, wie gut du diese Sprache verstehen kannst:

✓✓	Das kann ich gut.
✓	Das fällt mir noch schwer.
	Das kann ich noch nicht.

A 2 Datum:				
Wenn langsam und deutlich gesprochen wird, kann ich kurze Texte und Gespräche aus bekannten Themengebieten verstehen, auch wenn ich nicht alle Wörter kenne.				
Ich kann verstehen, wenn jemand mit mir über Dinge spricht, die mich betreffen (z.B. Schule, Hobbys, Freizeit, Familie).				
Ich kann Gesprächen folgen, wenn sie mit mir, meiner Familie und Dingen zu tun haben, die mich interessieren.				
Ich kann genug verstehen, um mich im Alltag (z.B. in einem Geschäft, auf der Post) zurecht zu finden.				
Ich kann das Wesentliche bei kurzen, deutlichen Mitteilungen, Anweisungen und Durchsagen verstehen.				
Ich kann Texten auf Kassette, CD oder DVD folgen, wenn es um Dinge geht, die ich kenne.				
Ich kann auch Einzelheiten verstehen, wenn ich die Texte mehrmals hören kann.				
Ich kann einfache Geschichten, Lieder und Gedichte im Großen und Ganzen verstehen.				

Abb. 3: Veranschaulichung von Deskriptoren
(*BLK-Portfolio*, Aufbauportfolio 2006)

Dies entspricht dem Ansatz der *Bildungsstandards für die erste Fremdsprache für den Mittleren Schulabschluss* (Sekretariat der Ständigen Konferenz der Kultusminister der Länder in der Bundesrepublik Deutschland 2004). Da die Bildungsstandards als Regelkompetenzen formuliert sind und nur für den Abschluss der Klasse 10 gelten, müssen Autoren, die Portfolios erstellen, neue Stufungen der Kompetenzen bis zur Klasse 10 vornehmen und dabei besonders im Bereich der Niveaustufen A1 und A2 die Deskriptoren des *GeR* umformulieren. Während alle anderen Kompetenzstufen nämlich im *GeR* ausführlich beschrieben und nach Fertigkeitsbereichen aufgeschlüsselt sind, fehlen besonders auf den Niveaustufen A1 und A2 viele Feinabstufungen, die für die ersten Lernjahre unerlässlich sind. Gute Ansätze zu detaillierteren Deskriptoren für diese unteren Stufen findet man z. B. in *PROFILE Deutsch* (Glaboniat et al. 2002).

Die Teile zur Selbsteinschätzung auf den Niveaustufen sind in allen in Deutschland benutzten Portfolios unterschiedlich gestaltet. Das vor zehn Jahren in Hessen erschienene *Mein Sprachenportfolio* (Legutke & Lortz 2002), das eine Pionierleistung auf dem Gebiet der Fremdsprachenportfolios für die Grundschule darstellt, nennt in den zwei von ihm erfassten Fertigkeitsbereichen Hören und Sprechen Folgendes:

1. Was ich schon alles in ... sagen kann
   Guten Tag.
   Auf Wiedersehen.
   Danke schön.
   etc.
2. Was ich sonst noch alles sagen kann
   Ich kann jemanden begrüßen.
   Ich kann mich vorstellen.
   Ich kann etwas über mich erzählen.
   Ich kann eine Einladung aussprechen.

(Legutke & Lortz 2002: 6–7)

Dabei fällt auf, dass zum einen die Kenntnis eines Grundwortschatzes ermittelt werden soll, zum anderen nach Sprechakten und kommunikativen Aktivitäten gefragt wird, die die Lernenden auf ganz unterschiedlich ausführliche oder anspruchsvolle, hier aber nicht näher bezeichnete Weise erfüllen können. So besteht zum Beispiel ein großer Unterschied in der Ausführung der kommunikativen Aktivität »Ich kann etwas über mich erzählen«, je nachdem, ob ich meinen Namen sage, mein Alter und meine Adresse angebe oder ob ich über meine Familie, meine Hobbys oder meine Freunde reden kann. Tatsächlich sind also die unter 1. verwendeten Deskriptoren gar keine, sondern Sprechakte im linguistischen Sinne, und einige der unter 2. verwendeten Deskriptoren sind zu ungenau und zu allgemein gefasst und somit keine wirkliche Hilfestellung bei der Selbsteinschätzung.

Im *Hamburger Portfolio* (Freie und Hansestadt Hamburg, Behörde für Bildung und Sport o.J.) sind die Deskriptoren der Sprachbiografie anders gestaltet. Hier findet man pro Fertigkeitsbereich auf jeder Niveaustufe mehrere Deskriptoren, die die Kompetenzen der Lernenden erfassen können. Am Ende jeder Niveaustufe taucht dann ein zusammenfassender Deskriptor auf, der die Überleitung zur nächsten Kompetenzstufe gewährleisten soll. In manchen Fällen nimmt dieser zusammenfassende Deskriptor aber eine erhebliche Reduktion der Kompetenzinhalte vor und beschreibt nur ausschnitthaft das Können, das zuvor genauer operationalisiert wurde.

A2 Hören

- Ich kann genug verstehen, um mich im Alltag (z. B. in einem Geschäft, auf der Post) zurecht zu finden.
- Ich kann den Sinn einfacher Geschichten und Lieder verstehen, auch wenn ich nicht alle Wörter oder Sätze kenne.
- Ich kann Texten auf Kassette oder CD folgen, wenn es um Dinge geht, die ich kenne. Ich kann auch Einzelheiten verstehen, wenn ich die Texte mehrmals hören kann.
- Ich verstehe das Wichtigste von Durchsagen, z. B. auf dem Bahnhof oder am Flughafen, wenn sie deutlich sind und ich sie mehrfach hören kann.

Ich kann einfachen Alltagsgesprächen folgen, wenn sie mit mir, meiner Familie und Dingen zu tun haben, die mich interessieren.

(Freie und Hansestadt Hamburg, Behörde für Bildung und Sport 2000, »Was ich in meinen Sprachen schon kann«: 1)

Es wird deutlich, dass der Deskriptor im Kasten nur eine Schnittmenge der oben beschriebenen Inhalte und Kompetenzen wiedergibt. Damit ist die ursprünglich zusammenfassende oder verallgemeinernde Funktion nicht gewährleistet. In diesem Fall fehlt die wichtige Kompetenz des Verstehens literarischer Texte im weitesten Sinne, die einen großen Teil der altersgemäß zentralen Inhalte des Fremdsprachenunterrichts ausmacht und Lernende aller Altersstufen interessiert. Hier müsste also nachgebessert werden.

Die Idee, für eine Niveaustufe einen zusammenfassenden Deskriptor quasi als Überleitung zur nächsten Kompetenzstufe anzubieten, ist allerdings sehr sinnvoll. Auf diese Weise entsteht ein zyklisch progressives Deskriptorenprinzip, das auch jungen Lernenden schnell erklärt werden kann. Allerdings darf die Formulierung keine Reduktion der zuvor angebotenen Kompetenzen bedeuten.

Wie aber geht man mit der voranschreitenden Abstraktionsfähigkeit und den sich altersgemäß entwickelnden Interessen und Erfahrungsschätzen der Kinder und Jugendlichen um? Die zwei hier betrachteten Portfolios weisen natürlich, da sie sich zum einen auf die Grundschule, zum anderen auf die Sekundarstufe I beziehen, einen deutlichen Bruch in der Sprache, aber auch in den beschriebenen Kompetenzen auf.

Ein solcher Bruch sollte in einem die Übergänge 4/5 und 6/7 überspannenden Portfolio natürlich vermieden werden. Das angebotene Deskriptorensystem sollte für alle Altersstufen gleich konzipiert sein. Die Lernenden (z. B. in der Hauptschule), die auch bei fortgeschrittenem Alter in einigen Fertigkeitsbereichen nicht weiter als bis zur Niveaustufe A1 oder eher A2 gekommen sind, müssen dieselben oder ähnliche, altersgemäße Kompetenzbeschreibungen in einer altersgemäßen Formulierung angeboten bekommen. Das bedeutet, dass die Deskriptoren in den Niveaustufen A1 und A2 doppelt formuliert werden müssen, zum einen in einer eher kindgemäßen Sprache mit sehr kindgemäßen Kompetenzinhalten, zum anderen in einer an Jugendlichen orientierten Sprache und ebenso ausgerichteten Kompetenzinhalten. Im *BLK-Portfolio* (2006) findet man diesen Grundsatz konsequent angewendet.

Die nebenstehende Gegenüberstellung der Deskriptoren für die Fertigkeit Hörverstehen auf der Niveaustufe A1 zeigt, wie anschaulich und kleinschrittig die Deskriptoren im Grundportfolio angelegt sind, um den allgemeinen Deskriptor (grau) für die sehr jungen Lernenden zu illustrieren (siehe Abb. 4). Die einzelnen Beispiele für Sprechakte vereinfachen das Nachdenken darüber, ob diese Handlung bereits in der Fremdsprache vorgenommen werden kann. Beim Ankreuzen genügt es, wenn die Schülerinnen und Schüler sich einen Satz für jedes Beispiel ausdenken können.

Im Aufbauportfolio steht der allgemeine Deskriptor über den Beispieldeskriptoren. Er ist abstrahiert und noch allgemeiner gefasst worden. Hier werden entsprechend dem etwas fortgeschrittenen Alter und dem größeren Weltwissen der Sprachlernenden nur noch zwei Deskriptoren eingesetzt, um zu veranschaulichen, wie man über die eigene Person befragt werden kann. Gleichzeitig werden auch noch viele weitere Sprechakte unter diesem allgemeinen Deskriptor subsumiert. Diese Subsumierung ist gelungen, weil alle Beispieldeskriptoren von dem allgemeinen Deskriptor abgedeckt werden.

Language learning awareness

Ein Abschnitt zu *language learning awareness* (Sprachlernbewusstheit) gehört unbedingt in ein Portfolio; meist findet er sich in der Sprachenbiografie, da sie zur Bestandsaufnahme des eigenen Lernverhaltens anregt, aber auch eine Planung des zukünftigen Lernwegs ermöglicht. Hier können sowohl Lerntipps zu den verschiedenen Fertigkeitsbereichen abgerufen und eigene Lerntipps ergänzt als auch Beobachtungen eingetragen werden, die die Lernenden beim Lernen an sich selbst gemacht haben. Am besten fügt sich der Bereich *language learning awareness* parallel zu den Fertigkeitsbereichen in die Sprachenbiografie ein. Der vom Portfolio vorgezeichnete Ablauf, zunächst die Lernenden über Lerntipps nachdenken zu lassen, dann eigenes Lernverhalten abzufragen, neue Lernziele und Lernstrategien planen zu lassen und schließlich die erreichten Lernziele auch zu kontrollieren, ist auch für junge Lernende schon plausibel. Er sollte sich in einem regelmäßigen, nicht zu weit sich spannenden Zeit-

Grundportfolio (A1) Hörverstehen	**Aufbauportfolio (A1) Hörverstehen**
Ich kann verstehen, wenn mich jemand fragt, • wann ich Geburtstag habe. • ob ich Geschwister habe. • wer meine Freundinnen und Freunde sind. • welche Hobbys ich habe. • was meine Lieblingsfarbe ist. • was mein Lieblingstier ist. • was mein Lieblingsessen / Lieblingsgetränk ist.	Ich kann einfache Sätze und kurze Texte aus bekannten Themengebieten verstehen, wenn langsam und deutlich gesprochen wird. Manches muss wiederholt oder in anderen Worten ausgedrückt werden.
• Ich kann auch verstehen, wenn jemand auf diese Fragen antwortet.	• Ich kann verstehen, wenn andere mir Fragen zu meiner Person stellen. • Ich kann verstehen, wenn andere sich selbst vorstellen. • Ich kann Fragen und Informationen zum Tages- und Jahresablauf verstehen. • Ich kann verstehen, wenn ich im Unterricht angesprochen werde. • Ich kann Arbeitsanweisungen verstehen. • Ich kann verstehen, wenn jemand sagt, wo sich etwas befindet und wie weit es entfernt ist. • Ich kann verstehen, wenn jemand sagt, wie ich an einen bestimmten Ort komme. • Ich kann verstehen, wenn jemand sagt, wie teuer etwas ist. • Ich kann einzelne Wörter und Sätze wiedererkennen, wenn andere Leute miteinander sprechen. • Ich kann verstehen, worum es geht, wenn ich einfache Texte und Geschichten – auch von einer CD – höre.
Ich kann verstehen, wenn andere mir Fragen zu meiner Person stellen und sich selbst vorstellen.	

Abb. 4: Beispieldeskriptoren
(*BLK-Portfolio* / Grundportfolio / Aufbauportfolio 2006)

rhythmus wiederholen, damit allmählich eine Einübung erfolgt und die Lernenden mit zunehmender Sicherheit agieren können.

Die Deskriptoren, die man braucht, um das Nachdenken über die eigenen individuellen Lernprozesse und Pläne anzuregen, stellen Autoren in einem Schnittstellen überspannenden Portfolio vor besondere Schwierigkeiten, da solche Deskriptoren abstrakte Denkprozesse erfordern, die Sprache, Sprachenlernen und Sprachverhalten von einer Metaebene aus betrachten. Sie müssen aber für sehr junge bzw. etwas ältere Lernende auf unterschiedlichen Abstraktionsniveaus angesiedelt werden.

Als Beispiel mag hier ein Ausschnitt aus dem Bereich *language learning awareness* dienen, der der Beschreibung des Sprechens gewidmet ist. Im Grundportfolio heißt es dazu:

Beim Sprechen hilft zum Beispiel,

- wenn man genau darauf achtet, wie ein Wort oder Satz klingt,
- wenn man ein Wort oder einen Satz mehrmals geübt hat,
- wenn man etwas auswendig gelernt hat (z. B. Reime und Lieder),
- wenn man sich auch mit Zeichen und Bewegungen verständlich machen kann,
- wenn man Notizen verwenden kann (z. B. Gemaltes und Geschriebenes).

(*BLK-Portfolio*, Grundportfolio 2006)

Im Aufbauportfolio klingt das schon etwas anders:

Zum Sprechen gehört es etwas vorzutragen, aber auch sich mit anderen zu unterhalten. Deshalb wird das Sprechen jetzt unterteilt in »Zusammenhängend Sprechen« / »Miteinander Sprechen«.

Zusammenhängend Sprechen

Man kann

- etwas, das man auswendig lernen möchte, mehrmals vor sich hin flüstern und dann jemandem vortragen,
- einen Hörtext (z. B. eine Geschichte) von einer Kassette oder einer CD im gleichen Rhythmus mitsprechen. Es kann helfen, wenn man den Text auch schriftlich vorliegen hat,
- Erinnerungshilfen nutzen (z. B. Notizen auf Karteikärtchen, Stichworte aus einer Folie, Schaubilder), wenn man etwas vorträgt,
- etwas auf Kassette sprechen und es sich wieder anhören. Dabei achtet man auf Aussprache und Satzmelodie,
- sich die Texte von Liedern, die man gerne mag, besorgen und mitsingen.

(*BLK-Portfolio*, Aufbauportfolio 2006)

Beide Erklärungen sind unprätentiös und für sich verständlich. In beiden Erklärungen wird durch Beispiele veranschaulicht, was vielleicht noch nicht bekannt ist. Die offensichtliche Steigerung des Abstraktionsniveaus liegt beim Aufbauportfolio zum einen in der sachgerechten Unterscheidung zwischen zusammenhängendem und miteinander Sprechen, die auf den *GeR* zurückgeht, zum anderen in der Einführung bestimmter Fachtermini wie Sprachmittlung, Aussprache, Satzmelodie etc. Eine Illustration des Lernplans aus dem Aufbauportfolio soll zeigen, wie die Schülerinnen und Schüler ihre eigenen Lernprozesse in den verschiedenen Fertigkeitsbereichen vorausplanen und kontrollieren sollen (siehe Abb. 5).

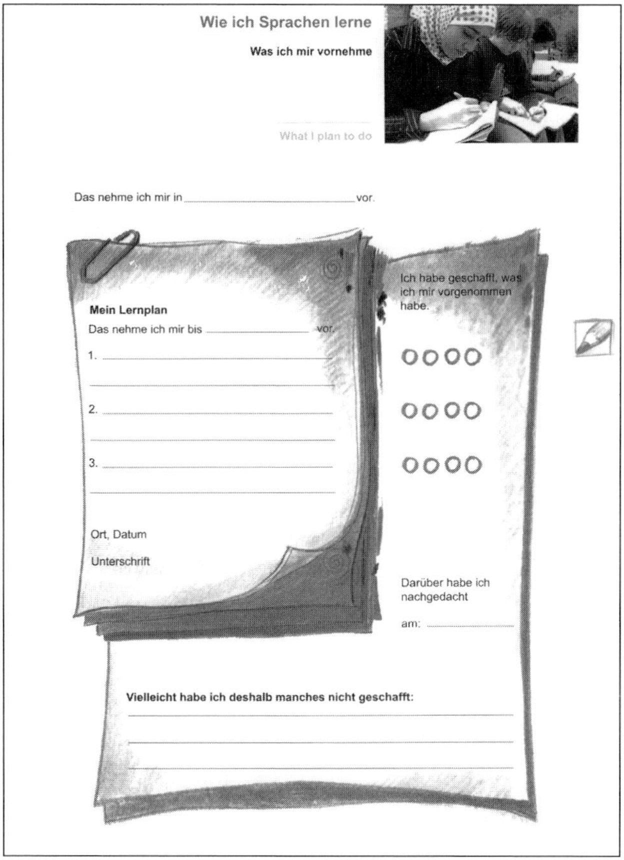
Wie ich Sprachen lerne

Was ich mir vornehme

What I plan to do

Das nehme ich mir in ________ vor.

Mein Lernplan

Das nehme ich mir bis ________ vor.

1. ________

2. ________

3. ________

Ort, Datum

Unterschrift

Ich habe geschafft, was ich mir vorgenommen habe.

OOOO

OOOO

OOOO

Darüber habe ich nachgedacht

am: ________

Vielleicht habe ich deshalb manches nicht geschafft:

Abb. 5: Wie ich Sprachen lerne (*BLK-Portfolio* 2006)

Um die Sprachbewusstheit der jungen Lernenden anzuleiten und zu fördern, ist eine sorgfältige Vorbereitung im Fremdsprachenunterricht notwendig. Eine gut durchdachte Lehrerhandreichung muss Anregungen und Fragen für Gesprächsrunden sowie kleine Übungen zur Thematik anbieten. Vor allem die Übungen mit Hilfe von Musteraufgaben sind unerlässlich zur Veranschaulichung und bieten den Lernenden einen Einstieg in die Nutzung von Lerntipps.

Nach einem halben Jahr können die Schüler dann eintragen, ob sie die Lernziele erreicht oder die neue Lernstrategie ausprobiert haben. Es ist in einem die Schnittstellen überspannenden Portfolio wichtig, auch schon in den unteren Jahrgangsstufen alle vier Fertigkeitsbereiche bearbeiten zu lassen, gerade weil viele Lernende vielleicht Schwierigkeiten beim Lesen und Schreiben haben und Lernstrategien ihnen Fortschritte erleichtern könnten. Außerdem werden so unnötige Brüche vermieden.

Fremdevaluation im Portfolio?

Elemente der Fremdevaluation sind in jedem Portfolio enthalten, doch muss man genau differenzieren, welche Funktion sie jeweils haben. In jedem Sprachenpass, der, wie oben beschrieben, eine starke Außenfunktion hat, ist das Sammeln von Zertifikaten und Abschlussdokumenten vorgesehen und sogar Pflicht. Zusatzqualifikationen wie Sprach-Diplome und Teilnahmebestätigungen bei Austauschfahrten ergänzen die Sammlung von Dokumenten, die weitgehend auf Fremdevaluation beruhen. Der Lernende hat die Pflicht, bestimmte Zeugnisse beizufügen, bei vielen anderen kann er frei entscheiden, ob er sie beifügen möchte. Die Funktion dieser Dokumente ist die Darstellung der erreichten Leistungen im Bereich ›Fremdsprachen und interkulturelles Lernen‹ für berufliche Bewerbungen in dem Teil des Portfolios, der der Außendarstellung dient. Lehrkräfte, aber vor allem auch spätere Arbeitgeber oder Vertreter von ausbildenden Institutionen können sich mit Hilfe dieser Dokumente der Fremdevaluation ein genaueres Bild von den Portfolio-Eignern machen. Wer die verschiedenen Funktionen des Portfolios ernst nimmt, muss wissen, dass es wenig Sinn ergibt, die Faktoren Selbst- und Fremdevaluation im Sprachenpass gegeneinander auszuspielen. Lernende brauchen beide Formen der Leistungsbewertung und Leistungseinschätzung, um einerseits möglichst genau diagnostiziert und von außen bewertet zu werden und um andererseits selbstständig Lernfortschritte feststellen zu können. Fremdbeurteilung und Selbsteinschätzung stellen damit komplementäre Wege der Leistungsdiagnose dar, die sich nicht gegenseitig ausschließen, sondern zusammen zum Vorteil des Lernenden genutzt werden sollten.

Besonders in Portfolios für jüngere Lernende gibt es aber Formen der Fremdevaluation, die den Skalen der Deskriptoren in der Sprachenbiografie hinzugefügt werden, um die Selbsteinschätzung der Lernenden zu bestätigen. Im hessischen ›Mein Sprachenportfolio‹ ist eine solche Form der Fremdbewertung direkt hinter der Selbstevaluation der Lernenden angesiedelt (vgl. Legutke & Lortz 2002: 13). Sie bietet eine Bestätigung durch die Lehrkraft an, die die sprachliche und allgemeine unterrichtliche Entwicklung des Lernenden im Fremdsprachenunterricht beurteilen soll. Die dort aufgeführten Deskriptoren leiden – wie viele andere in Portfolios auch – an einer semantischen Unschärfe. Die tatsächliche Leistung wird, wie in den folgenden Fragen, nicht erfasst: »Ist recht frei und unbefangen, macht kleine Fehler, kann sich etwas leicht merken, beteiligt sich« (ebd.). Obwohl diese Seite ursprünglich als Bestätigung der Selbsteinschätzung der Lernenden konzipiert war, erweckt sie eher den Eindruck eines abschließenden Lehrerurteils, das dem vorangegangenen Prozess der Selbsteinschätzung seine Aussagekraft nehmen könnte. Der Selbstüberschätzung, aber auch der Selbstunterschätzung der Lernenden sollte wohl auf diese Art ein Korrektiv an die Seite gestellt werden. Erfahrungsgemäß neigen aber andere Lehrkräfte, die Lernende mit dem Portfolio in ihre Klassen aufnehmen, dazu, vor allem diese Seite mit der Fremdevaluation zu lesen und sich den vielleicht mühseligen Abgleich mit den Selbsteinschätzungsseiten ganz zu sparen. Dies ist natürlich kontraproduktiv. Darüber hinaus markiert ein solches ›Zeugnis‹ durch die Lehrkraft eine deutliche Skepsis gegenüber der noch nicht ganz vollwertigen Selbsteinschätzungskompetenz eines Kindes im 4. Schuljahr. Sprachenportfolios für die Sekundarstufe I weisen solche ›Zeugnisse‹ nicht auf.

Ein die Übergänge überspannendes Portfolio sollte deshalb ganz auf diese kontraproduktive Form der Fremdevaluation, wie die ›Lehrerbestätigung‹ sie darstellt, verzichten, denn sie hat keine legitime Funktion in der Sprachenbiografie, die ja vornehmlich für die Innenfunktion – also für die Reflexion des Lernenden selbst – gedacht ist. Wenn die Lernenden beim Ausfüllen des Portfolios sachgemäß betreut werden, kann jede Lehrkraft bereits beim Ausfüllen einer Selbstüber- oder -unterschätzung vorbeugen; dies gilt besonders für Klassen mit jungen Lernenden, die vielleicht noch Probleme bei der Beurteilung eigener Leistungen haben. Eine Lehrerbestätigung in der Sprachenbiografie markiert nicht nur Skepsis gegenüber dem Urteil der Lernenden, sondern auch einen deutlichen Bruch zwischen der Primarstufe (fehlendes Vertrauen in Selbsteinschätzung) und Sekundarstufe (Selbsteinschätzung wird nicht durch eine Lehrkraft bestätigt), der ja eigentlich vermieden werden sollte.

Fazit: Wie arbeitet man bei der Selbsteinschätzung mit einem Portfolio?

Oft hört man von Lehrkräften aller Schultypen und auch von Fachdidaktikern den Einwand, besonders in der Grundschule werde sehr viel oder zu viel Zeit des Fremdsprachenunterrichts damit verbracht, auf Deutsch über das Portfolio zu sprechen, die Sprachenbiografie auszufüllen und das Dossier anzufertigen. Das Ausfüllen soll in der Regel in der Primarstufe einmal pro Schulhalbjahr stattfinden; es wurde in der Grundschule bisher stets im Unterricht erledigt. Auch die spätere Portfolioarbeit mit den Lernenden der Sekundarstufe I soll einmal pro Schulhalbjahr stattfinden, doch darf sie nun – stundenentlastend – als individuelle Arbeit auch zu Hause angefertigt werden. Das Portfolio wird fortlaufend und regelmäßig ergänzt. Dieser Prozess, das wachsende Weltwissen und die ansteigende Spracherfahrung, sorgen dafür, dass etwas ältere Kinder und Jugendliche schon mehr Sicherheit in der Selbsteinschätzung erreicht haben und nicht mehr so stark auf die Hilfe durch die Lehrkraft angewiesen sind.

Der Zeitaufwand für das Ausfüllen des Portfolios ist abhängig von mehreren Faktoren: zum einen von der Vorbereitung der Kinder auf die Fragestellungen des Portfolios und die Deskriptoren, zum anderen von der Organisation der Portfolioarbeit, also den Arbeitsformen der Kinder, die meist als Stillarbeit, aber auch als Partner- oder Gruppenarbeit ablaufen. In manchen Portfolio-Handreichungen wird darauf hingewiesen, dass die Schüler an Gruppentischen arbeiten sollen, um sich gegenseitig im Gespräch zu helfen und bestimmte Fragen miteinander zu besprechen. Aus Videoaufzeichnungen wissen wir aber, dass die Schüler auch sehr häufig die Lehrkraft befragen, dass ihnen der Rat der anderen Kinder also nicht immer ausreicht.

Die ungewöhnlichen Fragestellungen des Portfolios und seiner Deskriptoren sowie die Metaebene, die beim Ausfüllen der Aufgaben zur *language learning awareness* eingenommen werden muss, sorgen dafür, dass manche Kinder Schwierigkeiten beim Verstehen und beim Ausfüllen haben. Hier sind oft Hilfestellungen der Lehrkraft besonders für lernschwächere Kinder und solche mit Migrationshintergrund erforderlich. Oft müssen die Fragen – vielleicht durch Musteraufgaben – veranschaulicht oder umformuliert werden.

Diese gemischten Arbeitsformen fördern das Problem der Urheberschaft der Einträge ins Portfolio. Bei der Portfolioarbeit im Fremdsprachenunterricht ist zum Schluss oft nicht mehr deutlich ersichtlich, welche Leistung, welche Antworten der einzelne Schüler selbst erbracht hat, oder wo Lehrkraft, ältere Geschwister oder Mitschüler helfend eingegriffen haben. An Gruppentischen werden die Antworten gemeinsam besprochen oder auch voneinander abgeschrieben. In Einzelgesprächen zwischen Schülern und Lehrkräften werden oft so viele Hilfestellungen gegeben, dass nicht immer mit Sicherheit angenommen werden kann, dass das Kind einen eigenständigen Denk- und Lernprozess durchlaufen hat.

Die von mir untersuchten Portfolios gehen von unterschiedlichen Prämissen aus: Während *Mein Sprachenportfolio* (LEGUTKE & LORTZ 2002) behauptet, dass eine Korrektur durch die Lehrkraft den Prinzipien des Portfolios und seinen Zwecken eigentlich nicht entspricht, geht das *Hamburger Portfolio* (FREIE UND HANSESTADT HAMBURG, BEHÖRDE FÜR BILDUNG UND SPORT o.J.) von einer zulässigen Korrektur der Schülerprodukte im Dossier aus. Meines Erachtens spricht nichts gegen eine korrigierte und schön gestaltete Abschrift von Schülerprodukten im Dossier. Die

Inhalte in der Sprachenbiografie sollten aber lieber unkorrigiert bleiben, um die authentischen Schülereinschätzungen präzise wiederzugeben. Eine Lehrerhandreichung muss zu diesem Punkt schlüssig Stellung beziehen, damit Lehrkräfte die jungen und älteren Lernenden entsprechend vorbereiten.

Es wäre nun zu überlegen, ob man ab der 4. Klasse nicht auch die Möglichkeit in Betracht zieht, das Portfolio nach eingehender Vorbereitung zu Hause ausfüllen zu lassen. Dies wäre zum einen eine erhebliche zeitliche Entlastung des Fremdsprachenunterrichts, zum anderen wäre es eine Vorbereitung auf die Portfolioarbeit in späteren Jahrgängen. Die Lehrkräfte hätten die Möglichkeit, bestimmte Aufgabenstellungen, die problemlos bearbeitet werden können, wie z.B. einfache Seiten der Sprachenbiografie oder Abschreibarbeiten für das Dossier auszulagern und damit in den Schulstunden mit den Kindern konzentriert an den besonders schwierigen Deskriptoren zu arbeiten. Lehrerhandreichungen müssten die Lehrkräfte natürlich darauf ausreichend vorbereiten. Ein weiterer Vorteil der teilweisen Auslagerung der Arbeit beträfe die Urheberschaft: Einträge, die die Schüler zu Hause gemacht hätten, wären wahrscheinlich ein wenig selbstständiger entstanden, sofern in einer Informationsstunde die Eltern auf die Wichtigkeit des eigenständigen Lernprozesses hingewiesen werden.

Da eine explizite Vorbereitung auf die Portfolioarbeit im Unterricht so für jüngere und ältere Lernende sehr wichtig ist, müssten die Handreichungen zu Portfolios gut darauf vorbereiten. Reflexionsfragen, Unterrichtsgespräche und eventuell auch kleine Sprachspiele oder das Vortragen von Texten, Liedern und die Wiederholung von Vokabeln können das Sprachbewusstsein der Lernenden fördern und ihnen helfen, die Deskriptoren besser zu verstehen. Auch genau auf das Portfolio abgestimmte Musteraufgaben sollten immer wieder im Fremdsprachenunterricht bearbeitet werden, um die oft abstrakte Sprache der Deskriptoren zu veranschaulichen. Solche Phasen können vor Beginn der Portfolioarbeit bereits aufgenommen werden und sollten mehrere Wochen andauern. Eine gute Lehrerhandreichung wird ausreichend Anregungen für solche Unterrichtsphasen zur Verfügung stellen und die Lehrkräfte methodisch anleiten, sie im Fremdsprachenunterricht auch einzusetzen. Dies gilt für alle Klassen, ganz besonders aber für die Klassen 3 bis 6. Die Sammlung von Musteraufgaben, die im BLK-Projekt neben dem *BLK-Portfolio* (2006) abgestimmt darauf erstellt wurden, dient dem Zweck, den Lehrenden die Deskriptoren näher zu bringen, damit sie die Lernenden besser auf das Portfolio und seine Fragestellungen vorbereiten können. Denn auch den meisten Lehrenden ist kompetenzorientiertes Unterrichten und Beurteilen Neuland, das sie sich erst erschließen müssen.

Ein klar strukturiertes Sprachenportfolio, das sinnvoll implementiert wird, ist ein wichtiges Instrument nicht nur für die Selbstreflexion des eigenen Lernens, sondern auch für die Dokumentation des jeweils erreichten Kompetenzstandes. Das 2007 akkreditierte *BLK-Portfolio* stellt einen wichtigen Fortschritt dar auf dem Weg zu einer Optimierung der Portfolioarbeit. Wenn es noch im Jahr 2008 von drei Schulbuchverlagen gemeinsam publiziert und zunächst in den vier an seiner Entwicklung beteiligten Bundesländern auch im Fremdsprachenunterricht implementiert wird, kann es eine wichtige Funktion in den Jahren des Übergangs, aber auch weit darüber hinaus haben.

Literaturverzeichnis

Blasberg-Bense, Susanne (2003): »›Es geht auch ohne, aber es geht besser mit!‹ – Das Europäische Portfolio der Sprachen im Unterricht.« Neusprachliche Mitteilungen aus Wissenschaft und Praxis. 54. 154–157.

Burwitz-Melzer, Eva (2006): »Motivation durch Selbsteinschätzung: Fremdsprachenportfolios für die Klassen 3 bis 10.« Almut Küppers & Jürgen Quetz (Hg.): Revisited: Festschrift für Gert Solmecke. Berlin: Lit Verlag. 91–102.

BLK-Portfolio: Grundportfolio / Aufbauportfolio (2006): (Hg.) Kultusministerien der Länder Berlin, Bremen, Hessen, Nordrhein-Westfalen. Wissenschaftliche Begleitung: Eva Burwitz-Melzer & Katja Nandorf, Justus Liebig-Universität Gießen. [o. P.]

Council of Europe (1997): European Language Portfolio. Proposals for Development. Strasbourg: Council for Cultural Co-Operation.

Europarat (2001): Gemeinsamer europäischer Referenzrahmen für Sprachen: Lernen, lehren und beurteilen. Berlin: Langenscheidt. http://www.goethe.de/referenzrahmen (30.06.2008)

Glaboniat, Manuela et al. (2005): Profile deutsch: Gemeinsamer europäischer Referenzrahmen; Lernbestimmungen, Kannbeschreibungen, kommunikative Mittel – Niveau A1–A2, B1–B2, C1–C2. Berlin, München, Wien, Zürich, New York: Langenscheidt. [CD-ROM mit Begleitbuch]

Hamburger Portfolio (o. J.) (Hg.): Freie Hansestadt Hamburg, Behörde für Bildung und Sport, Frankfurt / M.: Diesterweg.

Legutke, Michael (2003): »Neue Wege für die Lernstandsermittlung im fremdsprachlichen Unterricht der Grundschule? Anmerkungen zum Junior-Portfolio für Sprachen.« Liesel Hermes & Friederike Klippel (Hg.): Früher oder später? Englisch in der Grundschule und Bilingualer Sachfachunterricht. München: Langenscheidt. 69–85.

Oerter, Rolf & Leo Montada (Hg.) (1998): Entwicklungspsychologie. Ein Lehrbuch. 4. Aufl. Weinheim: Beltz.

Riemer, Claudia (2002): »Wie lernt man Sprachen?« Jürgen Quetz & Gerhard von der Handt (Hg.): Neue Sprachen lehren und lernen. Bielefeld: Bertelsmann. 49–82.

Sekretariat der ständigen Konferenz der Kultusminister der Länder in der Bundesrepublik Deutschland (Hg.) (2004): Bildungsstandards für die erste Fremdsprache für den Mittleren Schulabschluss. Berlin.

Vygotsky, Lew S. (1978): Mind in society: the development of higher psychological processes. Cambridge, Ma.: Harvard UP.

Annika Kolb

»Da können wir wissen, was wir wissen«

Wie Kinder ihr sprachliches Können einschätzen

Im Zusammenhang mit dem Übergang von der Primar- in die Sekundarstufe wird häufig diskutiert, auf welche Kompetenzen der Fremdsprachenunterricht in der Sekundarstufe aufbauen kann und wie sich der Lernstand der Schüler/innen beurteilen lässt. Um die in der Primarstufe erworbenen Kompetenzen zu erfassen, sind herkömmliche Methoden der Leistungsbewertung, die Können punktuell überprüfen und maßgeblich auf Schriftlichkeit basieren, nicht ausreichend. Vielmehr wird bei der Lernstandsermittlung nach Möglichkeiten gesucht, der Methodik des Fremdsprachenunterrichts auf der Primarstufe Rechnung zu tragen. Dabei sollen der Lernprozess in den Blick genommen, die individuelle Entwicklung der Schüler/innen berücksichtigt, gemeinschaftlich oder außerschulisch erbrachte Leistungen in die Beurteilung einbezogen sowie der Lernerperspektive Beachtung geschenkt werden (Winter 2002: 212f.).

Ein Instrument, das diesen Ansprüchen gerecht zu werden versucht, ist das Portfolio. In diesem Beitrag möchte ich die Rolle der Selbsteinschätzung als ein zentrales Element bei der Portfolioarbeit näher beleuchten. Dabei gehe ich zunächst auf die Spezifika von Portfolioarbeit im Sprachenunterricht der Grundschule ein und thematisiere die Ziele, die mit Selbsteinschätzung verbunden werden. Anschließend stelle ich verschiedene Typen von Selbsteinschätzungsaufgaben vor und zeige auf der Basis von Ergebnissen einer empirischen Untersuchung, wie Grundschüler/innen diese Aufgaben bearbeiten. Daraus lassen sich praktische Konsequenzen für die Portfolioarbeit und die Förderung der Fähigkeit zur Selbsteinschätzung ziehen. Die letzten beiden Teile des Beitrags gehen den Fragen nach, wie sich Selbst- und Fremdeinschätzung ergänzen können und wie Selbsteinschätzung in den Klassen 1 und 2 aussehen kann.

Portfolioarbeit im Sprachenunterricht der Grundschule

In einem Portfolio werden sowohl individuelle Schülerarbeiten als auch Reflexionen zum eigenen Lernen, unter anderem in Form von Selbsteinschätzungsbögen, gesammelt. Diese Dokumentation von Lernergebnissen und -prozessen betont den individuellen Charakter des Lernens; oftmals schwingt auch die Vorstellung von einer privaten Lernsphäre mit, der im Portfolio Raum gegeben werden soll. Zentral ist bei der Portfolioarbeit die Reflexion. Es geht um das Nachdenken über das eigene Ich als Lerner/in. Im Unterricht inszeniert die Portfolioarbeit dafür Gelegenheiten, in denen innegehalten, eine Rückschau vorgenommen und das eigene Verhältnis zum Lernen thematisiert werden kann.

Ziele der Portfolioarbeit sind die Ausbildung von Reflexionskompetenz, die Übernahme von Verantwortung für das eigene Lernen, eine prozessorientierte Betrachtung des Lernens, ein Perspektivenwechsel in Richtung auf individuelle Lerner/innen sowie das produktive Einspielen von Subjektivität in den Lernprozess. Portfolios werden sowohl als alternative Leistungsbeurteilungsinstrumente als auch als innovative Lehr-Lerninstrumente eingesetzt (vgl. Häcker 2002). Dabei steht entweder die Dokumentation und Präsentation der eigenen Leistung (*Produktportfolio)* oder die eigenverantwortliche, individuelle Begleitung des Lernprozesses (*Prozessportfolio)* mehr im Vordergrund.

In den Sprachenunterricht der Grundschule hat die Portfolioarbeit über das Europäische Sprachenportfolio – eine Initiative des Europarates – Einzug gehalten (Council of Europe 1997; Legutke 2003). Portfolios, die dieser Konzeption folgen, sind in drei Teile gegliedert: Der standardisierte *Sprachenpass* gibt einen Überblick über die Sprachkenntnisse und formalen Qualifikationen seiner Inhaber. Im zweiten Teil, der *Sprachlernbiografie*, hat die Selbsteinschätzung ihren Platz. Neben die Selbsteinschätzung des individuellen Könnens tritt bei der Portfolioarbeit die Reflexion des Lernprozesses, es wird also nicht nur gefragt: *Was kann ich?*, sondern auch: *Wie lerne ich?*. Hierbei werden den Lernenden Impulse gegeben, sich über eigene Lernzugänge, -hilfen und -strategien Gedanken zu machen sowie emotionale Aspekte des Sprachenlernens zu thematisieren (vgl. Kolb 2006). Schließlich enthält das Europäische Sprachenportfolio noch ein *Dossier*, in dem ausgewählte Schülerarbeiten gesammelt werden (siehe Beitrag von Rau & Legutke in diesem Band).

Selbsteinschätzung mit Portfolios

In diesem Beitrag soll die Selbsteinschätzung der Lernenden bei der Portfolioarbeit im Vordergrund stehen. Eine Selbsteinschätzung und -bewertung der eigenen Fähigkeiten wird von Schülern häufig spontan vorgenommen, sie ist für Lernende demnach zunächst nichts Neues. Eine systematische Beurteilung des eigenen Könnens erfordert jedoch ein instrumentengestütztes Vorgehen.

Mit Selbsteinschätzung werden zwei grundsätzliche Ziele verfolgt:

- Zum einen soll sie die Leistungsbewertung durch die Lehrkraft ergänzen. In diesem Zusammenhang wird argumentiert, dass angesichts der Komplexität des Sprachlernprozesses auch die Lernerperspektive berücksichtigt werden muss, um die Validität der Leistungsbewertung zu erhöhen (vgl. Macht 2001; Winter 1996). Durch traditionelle Formen der Lernstandserhebung schwierig zu erfassende Kompetenzen, etwa die Anwendung von Lernstrategien, können so in den Bewertungsprozess einbezogen werden. Außerdem werden Kriterien der Leistungsbeurteilung für die Schüler/innen transparent gemacht und Lernziele in für die Kinder verständlicher Form präsentiert.
- Zum anderen haben Verfahren der Selbsteinschätzung auch einen Wert für den Lernprozess an sich. So ist die Fähigkeit, den eigenen Lernerfolg beurteilen zu können, eine Voraussetzung für selbstständiges Lernen, da auf dieser Basis eine weitere Lernplanung möglich wird. In diagnostischer Sicht gibt die Selbsteinschätzung Schülern und Lehrkräften eine Rückmeldung über den erreichten Lernstand und kann so als Basis für das weitere Lernen dienen. Zugleich sollen Lernfortschritte sichtbar gemacht und Sprachenlernen als Prozess erlebt werden. Selbsteinschätzungsfähigkeit stellt außerdem ein Lernziel im Kontext von Sprachlernkompetenz dar. Kinder sollen in die Lage versetzt werden, ihren Lernstand selbstständig einschätzen, dokumentieren, diskutieren und präsentieren zu können – Fähigkeiten, die für das Ziel des lebenslangen und autonomen Sprachenlernens von Bedeutung sind (vgl. Rampillon 2000: 126).

Empirische Forschung zum Thema Selbsteinschätzung zeigt, dass Lernende aller Altersstufen grundsätzlich in der Lage zu einer realistischen Beurteilung des eigenen Lernstandes sind (vgl. Blanche & Merino 1989). Beeinflusst wird die Qualität ihres Urteils dabei von verschiedenen Faktoren: Eine wichtige Rolle spielen die Instrumente, die an die Lernenden unterschiedliche Anforderungen stellen. Je konkreter die abgefragte Fähigkeit oder Fertigkeit, desto einfacher ist die Einschätzung für die Lernenden. Hilfreich ist außerdem eine Einbettung der jeweiligen Sprechakte in aus dem Unterricht bekannte Situationen.

Selbsteinschätzungsaufgaben

Selbsteinschätzungsbögen für Lernende sind inzwischen in den meisten Lehrwerken für den Fremdsprachenunterricht der Grundschule zu finden. Diese beinhalten jedoch häufig recht abstrakte Deskriptoren (z.B. »Ich kann Arbeitsanweisungen verstehen«). Insbesondere zur Einführung in die Portfolioarbeit bietet sich deshalb die Entwicklung von Selbsteinschätzungsaufgaben an, die genauer auf den eigenen Unterricht abgestimmt werden können. Diese können sich auf spezifische Unterrichtsinhalte beziehen und für die Kinder konkrete und damit leichter überprüfbare Deskriptoren enthalten (z.B. »Ich kann die Geschichte *Russel the sheep* verstehen«).

Wie sind Selbsteinschätzungsbögen für Grundschulkinder zu konzipieren? Dazu möchte ich im Folgenden einige Überlegungen vorstellen: Um Sprachenlernen als Prozess erlebbar zu machen, ist es sinnvoll, Einträge an mindestens zwei Bearbeitungszeitpunkten zu ermöglichen. Für die Kinder werden der eigene Lernfortschritt oder auch eventuelle Rückschritte sowie die Nachhaltigkeit von Lernen so unmittelbar sichtbar. Die beiden Bearbeitungszeiträume können entweder durch zwei Spalten oder durch unterschiedliche Farben verdeutlicht werden (vgl. Abbildung 1).

Wenn *Items* vorgegeben werden, sollte immer Platz für die Ergänzungen der Kinder gelassen werden (vgl. ebd.), um persönlich relevante Wörter und Wendungen einzutragen.

Zur Einschätzung hat sich eine dreistufige

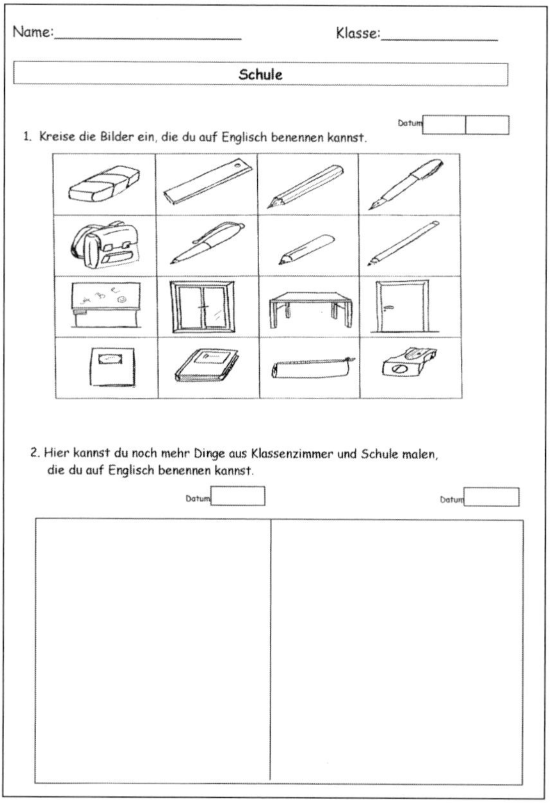

Abb. 1: Dokumentation des Lernfortschritts

Skala bewährt, mit der analog zu den Farben einer Verkehrsampel die eigene Beurteilung ausgedrückt werden kann (»Kann ich schon gut« / »Kann ich schon ein bisschen« / »Kann ich noch nicht«).

Um den Lernenden zu ermöglichen, ihren eigenen Lernstand zu dokumentieren und einzuschätzen, gibt es verschiedene Aufgabentypen. Da diese unterschiedliche Anforderungen an Lernende stellen und ein bestimmtes Vorgehen der Kinder bei der Selbsteinschätzung nahelegen, sollten diese Aufgabenmerkmale bei der Konzeption von Selbsteinschätzungsbögen beachtet werden.

Eine erste grundlegende Unterscheidung ist die zwischen der Dokumentation des eigenen Könnens und der Selbsteinschätzung im engeren Sinne. Während es bei letzterer darum geht, zu einem Urteil in Bezug auf das sprachliche Können zu kommen (vgl. Abbildung 2), wird dieses bei Dokumentationsaufgaben direkt unter Beweis gestellt (vgl. Abbildung 3); das Urteil liegt somit im Auge des Betrachters.

Ich kann die Bilder zu den Jahreszeiten auf Englisch benennen. ○ ○

Abb. 2: Aufgabenbeispiel Selbsteinschätzung

Ich kann zu diesen englischen Tiernamen das passende Bild malen:

lion	rabbit	snake	bear
______	______	______	______

Abb. 3: Aufgabenbeispiel Dokumentation

Reine Dokumentationsaufgaben ähneln üblichen schulischen Arbeitsaufträgen oder Testaufgaben und sind deshalb weniger geeignet, Kindern das Charakteristische der Portfolioarbeit zu zeigen und eine von anderen unabhängige Einschätzung bei den Lernenden zu fördern. Sie verdeutlichen den Lernenden allerdings ihr Können und machen Leistungen so sichtbar, auch können sie als Vorbereitung auf eine anschließende Selbsteinschätzung eingesetzt werden wie im nächsten Beispiel.

Ein weiteres Kriterium für die Konzeption von Selbsteinschätzungsaufgaben ist, inwiefern sie den Schülern eine Strategie zur Einschätzung der eigenen Kompetenz mitliefern. So soll die Aufgabe, zu den Bildern die entsprechenden Wörter zu schreiben, in Abbildung 4 zunächst durchgeführt werden, um dann eine Einschätzung mittels eines Farbsymbols im oben stehenden Kreis abgeben zu können. Das Können muss also direkt unter Beweis gestellt werden; somit ist die Selbsteinschätzung auch für einen außen stehenden Betrachter überprüfbar.

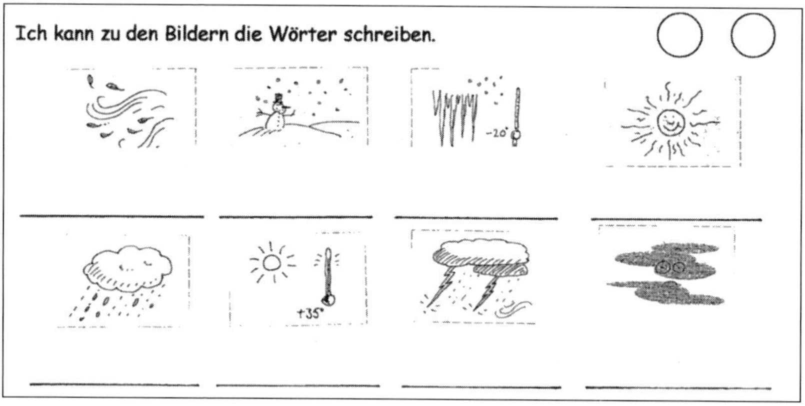

Abb. 4 : Aufgabenbeispiel Selbsteinschätzung mit Strategievorgabe (Überprüfungsmöglichkeit)

Daneben gibt es aber auch Aufgaben, bei denen die Strategie der Selbsteinschätzung selbst gefunden werden muss. Dabei bleibt es den Lernenden überlassen, welches Verfahren sie heranziehen, um zu einem Urteil in Bezug auf ihr Können zu gelangen (vgl. Abbildung 5 a und b).

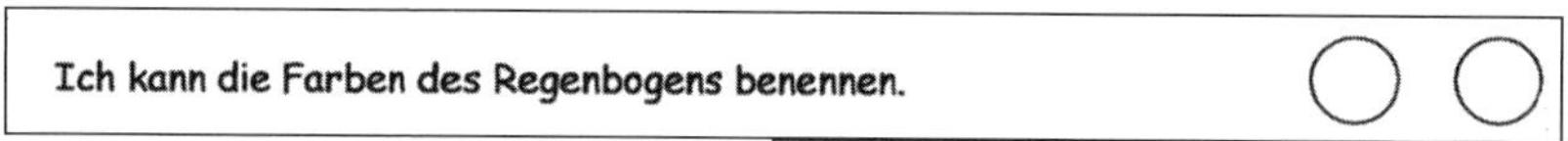

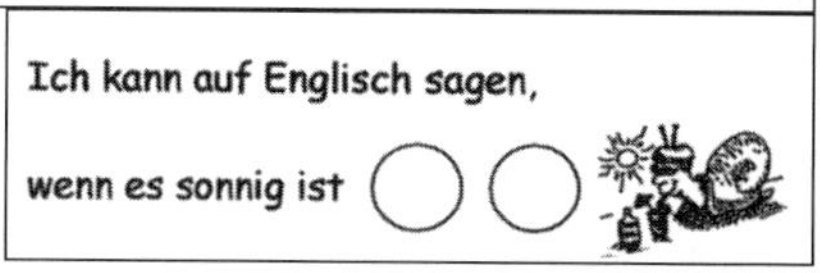

Abb. 5a und b: Aufgabenbeispiele Selbsteinschätzung ohne Strategievorgabe

So ist es hier beispielsweise möglich, sich die englischen Bezeichnungen zur Überprüfung leise vorzusprechen oder sich an eine Situation zu erinnern, in der man die entsprechende Fertigkeit schon einmal unter Beweis gestellt hat.

Wieder andere Aufgaben verlangen dagegen notwendigerweise eine Überprüfung: Ist beispielsweise ein konkreter Zahlenwert verlangt (vgl. Abbildung 6), muss eine Überprüfung durchgeführt werden, um zur bilanzierenden Einschätzung zu kommen:

So viele Wörter fallen mir auf Englisch zu den Jahreszeiten ein:

zum Frühling:______	**zum Herbst: ______**
zum Sommer: ______	**zum Winter: ______**

Abb. 6: Aufgabenbeispiel Selbsteinschätzung: Überprüfung notwendig

Weiterhin gilt es bei Selbsteinschätzungsaufgaben zu beachten, ob die Möglichkeit der Kompetenzüberprüfung überhaupt gegeben ist. So können sich die Lernenden in den obigen Beispielen problemlos ihres sprachlichen Könnens vergewissern. Anders sieht das bei Aufgaben aus, die eine interaktive Komponente haben. Geht es beispielsweise darum, das eigene Hörverstehen einer Geschichte einzuschätzen, so lässt sich diese Situation nicht so einfach herstellen, wie die Selbsteinschätzungsaufgabe im folgenden Beispiel verdeutlicht (vgl. Abbildung 7):

Geschichte: »Jimmy's Christmas Card«

Ich kann die Geschichte »Jimmy's Christmas Card« verstehen.	**O**
Ich kann die Geschichte nachsprechen.	**O**

Abb. 7: Aufgabenbeispiel Selbsteinschätzung ohne direkte Überprüfungsmöglichkeit

Hier können die Lernenden nicht unmittelbar bei der Bearbeitung der Portfoliovorlagen eine Einschätzung abgeben, sondern müssen sich auf ein Urteil verlassen, das in einer früheren Situation zustande gekommen ist.

Aufgaben ohne Überprüfungsmöglichkeit oder Strategievorgabe verlangen von den Lernenden eine größere Sicherheit bei der Selbsteinschätzung. Sie müssen sich entweder an eine Situation erinnern, in der sie die gefragte Fähigkeit schon einmal unter Beweis gestellt haben oder sich eine Situation zur Überprüfung selbst herstellen. Hier sind bei der Einführung von Portfolioarbeit Unterstützungsangebote angezeigt.

Selbsteinschätzungsaufgaben lassen sich außerdem danach unterscheiden, in welchem Maße sie Kriterien zur Einschätzung mitliefern oder keine Kriterienvorgabe machen. Die Aufgaben haben also eine mehr oder weniger eindeutige Lösung; die Kriterienfindung wird dabei in unterschiedlichem Maße den Lernenden überlassen bzw. durch die Aufgabe bestimmt. Aufgaben mit Kriterienvorgabe treten vor allem dann auf, wenn es um kleinere Sprachbausteine wie Einzelwörter geht (vgl. Abbildung 8).

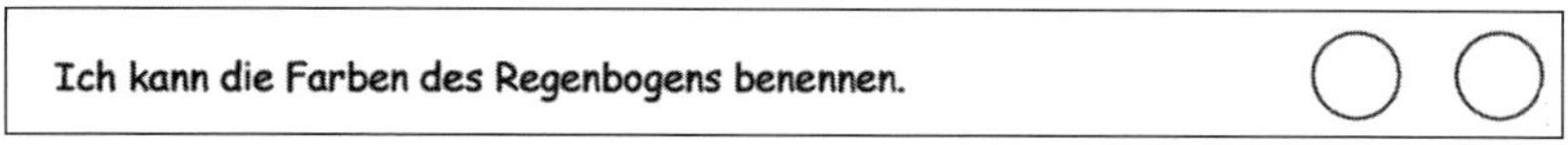

Abb. 8: Aufgabenbeispiel Selbsteinschätzung mit Kriterienvorgabe

Auf der anderen Seite gibt es Aufgaben, die den Lernenden in unterschiedlichem Umfang einen Ermessensspielraum für die Selbsteinschätzung geben. Hier hängt das Urteil von selbst gewählten Kriterien sowie vom individuellen Anspruch an die eigene Leistung ab. Während die Farben des Regenbogens im obigen Beispiel eine klar abgegrenzte Aufgabe darstellen, liegt es im folgenden Beispiel (vgl. Abbildung 9) im Ermessen des Lernenden, welchen Anspruch er oder sie an das zu malende Bild stellt.

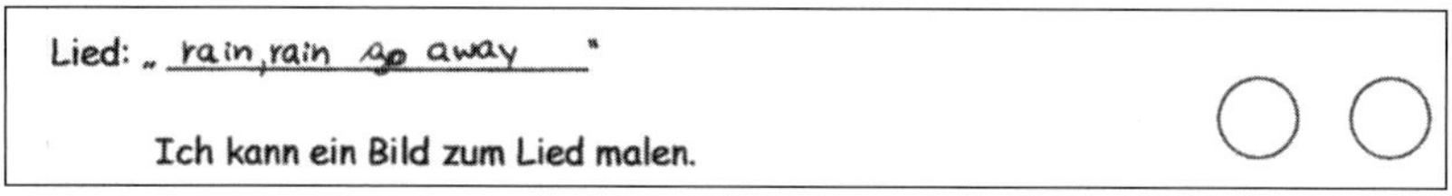

Abb. 9: Aufgabenbeispiel Selbsteinschätzung ohne Kriterienvorgabe

Sowohl im Hinblick auf die eingesetzten Strategien, um zu einer Bewertung des eigenen Könnens zu kommen, als auch auf die Kriterien, die zur Bewertung herangezogen werden, machen die einzelnen Selbsteinschätzungsaufgaben demnach unterschiedlich detaillierte Vorgaben, was wiederum das Vorgehen der Schüler/innen bei der Selbsteinschätzung beeinflusst.

Wie schätzen die Kinder ihr Können ein? – Strategien der Selbsteinschätzung

Wie gehen die Kinder nun mit diesen verschiedenen Aufgaben der Selbsteinschätzung um? Im Folgenden werde ich vier Strategien der Selbsteinschätzung vorstellen, die in einem empirischen Forschungsprojekt zur Portfolioarbeit identifiziert werden konnten (vgl. Kolb 2007). Dabei wurden zwei dritte Klassen über den Zeitraum eines Schuljahres bei der Portfolioarbeit begleitet; ein besonderes Augenmerk lag auf den Bearbeitungs- und Lernprozessen, die durch die Portfolioarbeit ausgelöst wurden, und auf der Perspektive der Schüler/innen. Die Kinder und die Lehrerinnen hatten vorher noch keine Erfahrungen mit der Portfolioarbeit gemacht.

Mit der Darstellung dieser Selbsteinschätzungsstrategien möchte ich zum einen zeigen, auf welche Schülerreaktionen die Lehrkraft bei der Einführung von Portfolioarbeit vorbereitet sein sollte, um dann eventuell gegensteuern zu können. Zum anderen soll verdeutlicht werden, dass die Fähigkeit, die eigene Kompetenz einzuschätzen, sich nicht von alleine einstellt, sondern gefördert und geübt werden muss. Die Strategien werden jeweils mit Schülerzitaten aus der empirischen Untersuchung illustriert.

»Herzlichen Glückwunsch zum Geburtstag« hatten wir schon – Rückgriff auf das Unterrichtsgeschehen

Ein erster Zugriff auf die Aufgabe Selbsteinschätzung besteht darin, die eigene Kompetenz im Rückgriff auf den erlebten Unterricht zu beurteilen. Dabei setzen die Kinder ›können‹ mit ›im Unterricht behandelt‹ gleich. Die Kinder unterscheiden in diesen Szenen nicht zwischen ihrer individuellen Kompetenz und dem Unterrichtsstoff; ihr gesamtes sprachliches Können in der Fremdsprache Englisch führen sie auf den Unterricht zurück. Die Möglichkeit, außerhalb der Schule Sprachkenntnisse erworben zu haben, wird ausgeschlossen. Bei der Verwendung einer solchen Strategie geht der individuelle Charakter der Portfolioarbeit verloren. Die Schüler/innen sprechen kollektiv von »wir« und ziehen nicht in Betracht, dass das sprachliche Können individuelle Unterschiede aufweisen kann. Eine *Selbst*einschätzung findet hier nicht statt, da bei einem solchen Konzept kollektiver Kompetenz auf das Urteil anderer rekurriert werden kann. Diese Strategie stellt demnach eine einfache und zeitökonomische Verfahrensweise dar, die an die Lernenden gestellte Anforderung der Selbsteinschätzung zu bewältigen. Sie leistet aber keinesfalls eine Bewusstmachung des eigenen Könnens, die weiterführend als Hilfe zur Lernplanung genutzt werden kann. Auch trägt sie nicht zur Entwicklung von Selbsteinschätzungsfähigkeit bei.

Die Gefahr, diese Strategie einzusetzen, besteht vor allem bei Aufgaben, bei denen eine Überprüfung des eigenen Könnens nicht möglich ist. Sie tritt jedoch auch bei Aufgaben auf, bei denen eine Feststellung der aktuellen Kompetenz durchführbar ist und ist dann als eine Art Vermeidungsstrategie zu charakterisieren, da keine Überprüfung der eigenen Kompetenz vorgenommen, sondern sich auf das kollektive Können bzw. Nichtkönnen zurückgezogen wird.

»Das kann man seinem Partner, der daneben sitzt, sagen und der sagt dann, ob das richtig ist oder nicht« – Suche nach Fremdbestätigung

Ein erster Schritt in Richtung einer kompetenteren Portfolionutzung ist die Strategie ›Suche nach Fremdbestätigung des eigenen Könnens‹. In diesem Fall ist den Kindern klar, dass die Selbsteinschätzung eine *individuelle* Bewertung der eigenen Kompetenz fordert. Dazu wird ein Partner hinzugezogen, der als Überprüfungsinstanz der eigenen Leistung fungiert und die Einschätzung des eigenen Könnens – valider als die Selbsteinschätzung – legitimiert. In diesem Zusammenhang ist auch das In-Beziehung-Setzen der eigenen Leistung zu der der anderen immer wieder zu finden.

Wenn sie die Strategie ›Suche nach Fremdbestätigung‹ benutzen, vertrauen die Kinder ihrer eigenen Einschätzung folglich noch nicht genug, um die Selbsteinschätzung autark durchführen zu können. Im Gegensatz zur Strategie ›Rückgriff auf das Unterrichtsgeschehen‹ bietet diese Vorgehensweise den Vorteil, dass zumindest das individuelle Können der Schüler/innen im Vordergrund steht. Was die Entwicklung von Selbsteinschätzungsfähigkeit anbelangt, so ist zu hoffen, dass der Abgleich von Selbst- und Fremdurteil im Laufe der Zeit zu einer zunehmenden Unabhängigkeit von Letzterem führt. Anwenden lässt sich diese Strategie nur bei Aufgaben, bei denen eine Überprüfungsmöglichkeit gegeben ist. Die Kinder müssen die geforderte Fähigkeit direkt unter Beweis stellen, damit eine Fremdeinschätzung möglich wird. Nahegelegt wird sie auch von Aufgaben, die Interaktion fordern, beispielsweise wenn es um das Hörverständnis geht. So ist das Verständnis von Zahlwörtern nach einem Diktat nur in einer partnerschaftlichen Situation zu überprüfen. Dass der Partner dann auch zur Überprüfung der eigenen Einschätzung herangezogen wird, bietet sich an.

»Das kann man sich im Kopf aufsagen« – Selbsttest

Die nächste Strategie greift die konkrete Durchführung der Aufgabe auf, verzichtet aber auf eine Fremdbeurteilung. Sie ist als eine Art Selbsttest zu beschreiben. Dabei probieren die Kinder für sich aus, ob sie über die geforderte Fähigkeit verfügen, etwa durch Vor-sich-hin-Sprechen der gefragten sprachlichen Wendung. Bei Hörverstehensaufgaben stellen sie unter Zuhilfenahme eines Partners oder der Lehrerin eine Situation her, in der sie ihre Kompetenz überprüfen können.

Diese Strategie entspricht im Gegensatz zu den beiden vorher genannten in größerem Maße den Zielen der Portfolioarbeit. Sie ermöglicht den Kindern, zu einem individuellen Urteil über ihre Kompetenz zu kommen, eigene Stärken und Schwächen zu identifizieren und Fortschritte sichtbar zu machen.

Die Strategie ›Selbsttest‹ ist diejenige, die von den Kindern bei weitem am häufigsten genannt wird. Prinzipiell ist zur Anwendung dieser Vorgehensweise eine in der Aufgabe angelegte Überprüfungsmöglichkeit notwendig.

Inneres Bild des eigenen Könnens

Eine Abstraktion von der konkreten Durchführung der Aufgabe gelingt bei der nächsten Strategie. Hier greifen die Kinder auf ein inneres Bild ihres Könnens zurück und müssen dieses nicht erst überprüfen oder von einer anderen Person bestätigen lassen. Sie nutzen dabei Erfahrungen aus dem Unterricht, beispielsweise erinnern sie sich an Situationen, in denen sie die gefragte Kompetenz schon einmal unter Beweis gestellt haben.

Prinzipiell ist es bei allen Aufgabentypen, bei denen keine Strategievorgabe gemacht wird, möglich, auf ein inneres Bild des eigenen Könnens zurückzugreifen. Selbst wenn eine Kontrolle des eigenen Könnens beispielsweise durch einen Selbsttest möglich ist, zeigen die Beispiele, dass die Kinder zuweilen trotzdem der Strategie ›Inneres Bild‹ nachgehen. Das betrifft dann Aufgaben, die von den Kindern entweder als sehr leicht oder als sehr schwer beurteilt werden und bei denen es ihnen unmittelbar klar ist, ob sie die geforderte Fähigkeit beherrschen. Besonders hilfreich wird diese Strategie jedoch dann, wenn keine Überprüfungsmöglichkeit des eigenen Könnens gegeben ist. Im Gegensatz zum ›Rückgriff auf das Unterrichtsgeschehen‹ – die einzige Alternative bei diesem Aufgabentyp – leistet sie eine Beurteilung der individuellen Kompetenz.

Zusammenfassend lassen sich die dargestellten Strategien danach unterscheiden, ob die gefragte Kompetenz durch die Durchführung der Aufgabe überprüft wird. Ist das der Fall, kann entweder auf eine Fremdeinschätzung rekurriert oder eine eigene Einschätzung (›Selbsttest‹) vorgenommen werden. Strategien, die auf eine Durchführung der Aufgabe verzichten, sind der Rückgriff auf das Unterrichtsgeschehen oder auf ein inneres Bild des eigenen Könnens.

Vorgehensweisen, die zur Entwicklung von Selbsteinschätzungsfähigkeit beitragen, berücksichtigen also die individuelle Kompetenz der Lernenden, sind unabhängig vom Urteil anderer und abstrahieren zunehmend von Einzelfertigkeiten. Um sich über den individuellen Lernstand klar zu werden, ist es beispielsweise hilfreicher zu wissen, dass man auf Englisch über das Wetter sprechen kann, als wenn jedes Mal überprüft werden muss, ob man die einzelnen Wetterlagen benennen kann. Die Einschätzung muss jedoch auf eigene Erfahrungen, nicht nur auf Vermutungen gegründet sein, weil ansonsten die Gefahr eines undifferenzierten Urteils über den eigenen Lernstand besteht. Winter (1991: 55) unterscheidet zwischen »aufgabenbezogener« und »erfahrungsbezogener« Vorgehensweise. Im ersten Fall wird die Aufgabe geistig durchgespielt, im zweiten greift der Lernende dagegen auf »seine allgemeinen Lernerfahrungen« (ebd.: 55) zurück, er schätzt folglich ein, ob er sich eine Aufgabe zutraut. Diese allgemeinen Lernerfahrungen können auf der einen Seite eine Unterstützung bei der Einschätzung bieten, bergen aber auf der anderen Seite die Gefahr eines undifferenzierten Urteils. Ein Spannungsfeld ergibt sich demnach dadurch, dass die Einschätzung auf der einen Seite von Einzelfertigkeiten abstrahieren muss und auf der anderen Seite erfahrungsbasiert sein sollte.

Über den Untersuchungszeitraum ließ sich bei den Lernenden eine Entwicklung feststellen. So machten den anfänglichen Annäherungsversuchen an die Portfolioarbeit im Laufe der Zeit ›anspruchsvollere‹ Strategien Platz. Der Umgang mit dem Portfolio und die damit verbundene Selbsteinschätzungsfähigkeit sind folglich nicht von vornherein gegeben, sondern entwickeln sich im Laufe der Zeit.

Zum Teil ist die Anwendung von weniger den Zielen der Portfolioarbeit entsprechenden Strategien sicherlich auch den bisherigen Erfahrungen der Kinder mit schulischem Lernen geschuldet. Der Vergleich mit anderen und ein gemeinsamer Maßstab, an dem die individuelle Leistung gemessen wird, sind Merkmale herkömmlicher Leistungsbewertungsverfahren. Die Strategien ›Selbsttest‹ und ›Inneres Bild des eigenen Könnens‹ verweisen dagegen auf das innovative Potential des Instruments; sie lenken den Blick auf die individuelle Kompetenz und werten die Subjektivität der eigenen Einschätzung auf.

Auch wenn der Strategiengebrauch der Kinder zeigt, dass ihre Selbsteinschätzung zu Beginn der Portfolioarbeit wenig verlässlich sein kann, macht er ebenfalls deutlich, dass Selbsteinschätzungsfähigkeit auch bei Grundschülern ein realistisches Lernziel ist. Ein Unterricht, der Lernenden Unterstützungsangebote macht und kontraproduktiven Strategien entgegenwirkt, hat also eine große Chance, das Potential von Portfolioarbeit zu realisieren.

Konsequenzen für die Portfolioarbeit – wie lässt sich die Selbsteinschätzung der Schüler/innen unterstützen?

Die Einschätzung der eigenen sprachlichen Kompetenz muss mit den Schülern und Schülerinnen demnach sorgfältig eingeführt und geübt werden. Wenn die Lernenden wenig Erfahrung mit Verfahren der Selbsteinschätzung haben, verwenden sie auch Strategien, die an den Zielen der Portfolioarbeit teilweise vorbeilaufen.

Wichtig ist dabei, den Kindern das Spezifische der Portfolioarbeit immer wieder zu verdeutlichen und deren Wert für ihr eigenes Lernen herauszustellen, insbesondere die Tatsache, dass eine subjektive Einschätzung des eigenen Könnens von ihnen erwartet wird und dass das Portfolio eine Hilfe für ihre persönliche Lernplanung ist. Die Entstehung einer Testsituation sollte vermieden werden. Dazu gehört auch, dass Lehrer/innen das Portfolio als Eigentum der Schüler/innen respektieren und keine Korrekturen darin vornehmen. Vielmehr sollten sie den Lernenden beim Ausfüllen beratend zur Seite stehen.

Bei der Einführung ist es wichtig zu thematisieren, welche Vorgehensweisen für die Einschätzung des eigenen Könnens hilfreich sind und welche Kriterien dazu herangezogen werden können. Die Kinder können sich darüber austauschen, wie sie zu ihrer Einschätzung gekommen sind, es können gemeinsam Kriterien erarbeitet und Überprüfungsmöglichkeiten des eigenen Könnens (leise vorsprechen, Dialog mit Mitschülern etc.) ausprobiert werden. Nach den ersten Versuchen mit der Selbsteinschätzung kann die Lehrkraft auch gezielt weniger geeignete Strategien thematisieren und Alternativen vorschlagen.

Aufgaben, bei denen das eigene Können überprüft werden kann, sind für die Lernenden einfacher zu bewältigen. Sie bieten sich damit für einen Einstieg in die Selbsteinschätzungspraxis an, zumal sie auch als Modell für die Bearbeitung von Aufgaben dienen können, bei denen keine Strategievorgabe gemacht wird. Speziell bei Hörverstehensaufgaben kann die Einschätzung erleichtert werden, wenn die entsprechende Aktivität (z.B. das Vorlesen einer Geschichte) der Arbeit mit den Selbsteinschätzungsbögen vorgeschaltet wird.

Der Einsatz von thematischen Selbsteinschätzungsbögen bietet sich gegen Ende einer Einheit an. Hilfreich ist es, zu Beginn in einem gemeinsamen Gespräch zu rekapitulieren, welche Inhalte im Rahmen der Einheit behandelt wurden und was dabei gelernt wurde. Wenn die Schüler/innen mit der Portfolioarbeit vertraut sind, kann die selbstständige Bearbeitung der Bögen auch in Freiarbeitsphasen stattfinden.

Selbst- und Fremdeinschätzung im Schülerteam

Von entscheidender Bedeutung ist auch, nicht bei der Selbsteinschätzung stehen zu bleiben, sondern das Ergebnis dieses Prozesses in Beziehung zu einer Fremdeinschätzung zu setzen. Eine Möglichkeit dazu ist der Abgleich mit einem Partner. Unter dem Motto »Gemeinsam geht es besser« vergleichen jeweils zwei Schüler/innen die Beurteilung ihrer Kompetenzen (vgl. Abb. 10). Dabei sollten die Kinder dazu angehalten werden, die Selbsteinschätzung ihrer Partner ernst zu nehmen und nicht pauschal in Frage zu stellen.

Gemeinsam geht es besser

Name: __________ Partner: ____________ Klasse: ____ Datum: ________

Thema: ____________________

Diese Aufgaben habe ich mit meinem Partner besprochen:

Nummer	1	2	3	4	5	6	7	8	9	10	11	12	13

Das meint mein Partner dazu:

____

____

____

Bei diesen Aufgaben will ich mich noch verbessern:

Nummer	1	2	3	4	5	6	7	8	9	10	11	12	13

Das werde ich dafür tun:

- ☐ Ich schlage die Wörter im Bildlexikon nach.
- ☐ Ich schaue mir die passenden Seiten im Heft an.
- ☐ Ich übe die Wörter mit einem Partner.
- ☐ Ich frage meine Lehrerin.
- ☐ Ich übe das Lied oder den Reim ____________________ mit einem Partner.
- ☐ Ich höre genau zu, wenn meine Lehrerin die Geschichte wiederholt.
- ☐ ____
- ☐ ____

Unterschrift: ____________________

Das meint meine Lehrerin dazu:

____

____

____

Abb. 10: Gemeinsam geht es besser

Diese Form der Rückmeldung muss – wie die Selbsteinschätzung – sorgfältig eingeführt und mit den Kindern geübt werden. Um zu verhindern, dass das Feedback des Partners von Willkür, Sympathie und Subjektivität dominiert wird oder die Kinder damit überfordert werden, sollten den Lernenden stets konkrete Kriterien an die Hand gegeben werden, anhand derer sie die Portfolioeinträge des Lernpartners beurteilen. Natürlich wird man keine objektive Korrektur erwarten dürfen. Ziel ist vielmehr eine vorsichtige Überprüfung des eigenen Urteils, eine weitere Bewusstmachung des Gelernten, des Lernzuwachses und eventuell vorhandener Defizite.

Den Kindern werden außerdem Hilfen für die Planung des weiteren Lernens gegeben, damit sie aus der Einschätzung des eigenen Könnens auch Konsequenzen ziehen können. Zur Unterstützung dient eine Liste von Lernaktivitäten, aus denen sie eine Auswahl treffen können. Damit übernehmen sie ein Stück weit Verantwortung für ihr Lernen.

Im letzten Teil des Bogens ist Raum für eine Rückmeldung durch die Lehrkraft vorgesehen. Hierbei ist jedoch die Einschätzung des Kindes zu respektieren, z.B. indem die Lehrerin Anstöße zum Nachdenken gibt, das Urteil des Kindes aber nicht in Frage stellt. Sie kann außerdem ergänzende Vorschläge für das weitere Lernen machen, z.B. auf in der Klasse vorhandenes Freiarbeitsmaterial hinweisen.

Selbsteinschätzung schon in Klasse 1 und 2?

Die bis jetzt vorgestellten Selbsteinschätzungsaufgaben eignen sich vor allem für den Fremdsprachenunterricht in Klasse 3 und 4. Auch Schüler/innen der Klassen 1 und 2 können jedoch schon langsam an diese Arbeitsform herangeführt werden. Das kann beispielsweise in regelmäßigen Gesprächen geschehen, in denen die Lerninhalte der letzten Zeit rekapituliert werden und die Kinder beispielsweise erzählen, was ihnen im Gedächtnis geblieben ist, was besonders schwierig war oder was ihnen am meisten Spaß gemacht hat. Damit wird ein Bewusstsein für schon Gelerntes geschaffen und das Nachdenken über den individuellen Lernstand angebahnt. Nach einer sorgfältigen Einführung bereitet auch das Ausfüllen von reduzierten Selbsteinschätzungsbögen, die in diesen Klassenstufen nur die mündlichen Kompetenzen betreffen, wenig Probleme.

Fazit

Selbsteinschätzung bei der Portfolioarbeit bietet die Möglichkeit, die Lernerperspektive in die Lernstandskontrolle einzubeziehen. Diese wird damit in den Dienst der weiteren Lernplanung gestellt und hat in erster Linie eine diagnostische Funktion. Außerdem geht damit eine Verantwortungsübergabe an die Lernenden einher, die ihr eigenes Lernen ein Stück weit selbst in die Hand nehmen.

Selbsteinschätzung bei der Portfolioarbeit befördert eine prozessorientierte Sichtweise auf das Lernen, sie lenkt die Aufmerksamkeit von Lehrkräften und Lernenden auf die Stärken, auf das, was schon gekonnt wird, und ermöglicht so Erfolgserlebnisse. Gleichzeitig eröffnet sie eine Perspektive für das weitere Lernen und die Möglichkeit für den Dialog zwischen Lehrern und Lernern über Lernergebnisse und -wege.

Selbsteinschätzung bei der Portfolioarbeit vermittelt den Schülerinnen und Schülern Methodenkompetenz. Unterschiedliche Strategien der Selbsteinschätzung können ausgewählt und erprobt werden. Damit wird eine Voraussetzung für selbständige Lernprozesse geschaffen. Um dieses Potential zu verwirklichen, bedarf es eines Unterrichts, der auf die Förderung des Individuums ausgerichtet ist, der Heterogenität Beachtung schenkt und der verschiedenartige Lernwege zulässt.

Literaturverzeichnis

Blanche, Patrick & Barbara Merino (1999): »Self-assessment of Foreign Language Skills: Implications for Teachers and Researchers.« Language Learning 39. 2. 313–340.

Council of Europe (1997): European Language Portfolio. Proposals for Development. Strasbourg.

Europarat (Hg.) (2001): Gemeinsamer Europäischer Referenzrahmen für Sprachen: lehren, lernen und beurteilen. Berlin et al.: Langenscheidt.

Häcker, Thomas (2002): »Der Portfolioansatz – die Wiederentdeckung des Lernsubjekts.« Die Deutsche Schule 94. 2. 204–216.

Kolb, Annika (2007): Portfolioarbeit. Wie Grundschulkinder ihr Sprachenlernen reflektieren. Tübingen: Narr.

Kolb, Annika (2006): »›Nachdenken muss man öfters als fernsehgucken‹ – zur Reflexion des eigenen Lernens im Rahmen von Portfolioarbeit.« Norbert Schlüter (Hg.): Fortschritte im frühen Fremdsprachenlernen. Berlin: Cornelsen. 34–41.

Legutke, Michael (2003): »Neue Wege für die Lernstandsermittlung im fremdsprachlichen Unterricht der Grundschule? Anmerkungen zum Junior-Portfolio für Sprachen.« Liesel Hermes & Friederike Klippel (Hg.): Früher oder später? Englisch in der Grundschule und Bilingualer Sachfachunterricht. Berlin und München: Langenscheidt. 69–85.

Macht, Konrad (2001): »Leistungsüberprüfung im schülerorientierten Fremdsprachenunterricht.« Ralf Weskamp (Hg.): Methoden und Konzepte des fremdsprachlichen Unterrichts. Hannover: Schroedel. 73–82.

Rampillon, Ute (2000): »Selbstevaluation als Auslöser konstruktiver Lernprozesse.« Michael Wendt (Hg.): Konstruktion statt Instruktion. Neue Zugänge zu Sprache und Kultur im Fremdsprachenunterricht. Frankfurt a. M.: Lang. 119–140.

Winter, Felix (2002): »Ein Instrument mit vielen Möglichkeiten – Leistungsbewertung anhand von Portfolios.« Kai Becker et al. (Hg.): Leistung sehen, fördern, werten. Bad Heilbrunn: Klinkhardt. 311–317.

Winter, Felix (1996): »Schülerselbstbewertung. Die Kommunikation über Leistung verbessern.« Friedrich Jahresheft Prüfen und Beurteilen 14. 34–37.

Winter, Felix (1991): Schüler lernen Selbstbewertung. Ein Weg zur Veränderung der Leistungsbeurteilung und des Lernens. Frankfurt a. M.: Lang.

Nathalie Rau & Michael K. Legutke

Sprachliches Können dokumentieren und präsentieren

Anmerkungen zur Arbeit mit dem Dossier (der ›Schatztruhe‹) des Juniorportfolios

Sechs Argumente für den Einsatz des Juniorportfolios

Fasst man die bisher vorliegenden Erfahrungsberichte und ersten Forschungen zum Einsatz des Juniorportfolios im Fremdsprachenunterricht der Grundschule zusammen, dann kann man mit Fug und Recht hervorheben, dass viel für seinen Einsatz spricht (vgl. Christ 2004; Kolb 2007; Kolb in diesem Band; Legutke 2002; Lippelt, Willgeroth & Windolph 2002). Sechs Hauptargumente lassen sich als Begründungen festhalten:

(1) Das Portfolio ist ein Instrument, das die Perspektive der Lernenden wahrnehmbar macht, nämlich ihre Sicht über ihren Sprachbesitz, ihren Grad an Sprachbewusstheit und Sprachlernbewusstheit und vor allem ihre Sicht auf ihr Sprachkönnen. Dem Ernstnehmen dieser Perspektive wird für den Erfolg des Sprachenlernens eine zentrale Bedeutung zugewiesen.

(2) Das Portfolio erlaubt es den Lernenden, ihren Lernfortschritt zu erkennen, da sie motiviert werden, sich zu folgenden Fragen Antworten zu überlegen: Wo stand ich vor einem halben Jahr? Was kann ich heute besser? Wie kann ich mein Können zeigen? Die Lehrenden erhalten Gelegenheit, aus den Eintragungen der Lernenden Rückschlüsse auf das Verhältnis von Lernprozess und Lernergebnissen zu ziehen.

(3) Weil sich die Deskriptoren des Portfolios am Können der Kinder orientieren und nicht an möglichen Defiziten, unterstützt es im Fremdsprachenunterricht den notwendigen Paradigmenwechsel hin zu kompetenzorientiertem Denken und Handeln, der in der Schulpraxis nicht leicht herbeigeführt werden kann. Denn dort dominiert vielfach noch die *Native Speaker*-Norm als Maßstab für die Bewertung von Schülerleistungen. Folglich werden letztere immer noch eher danach beurteilt, inwieweit sie dieser Norm gerecht werden bzw. von ihr ab-

weichen, als danach, welchen Grad von Können sie darstellen. Die Würdigung von Können durch das Portfolio ist deshalb ein wichtiger Beitrag zu diesem Paradigmenwechsel.

(4) Das Portfolio stellt mit seinen Selbsteinschätzungsaufgaben den Lernenden einen Reflexionsraum zur Verfügung, der für die Ausbildung von Lernstrategien und selbstbestimmtem Lernen sehr förderlich ist. Das Portfolio kann so zur Ausbildung von Sprachlernkompetenz beitragen (vgl. KOLB in diesem Band).

(5) Die Arbeit mit dem Portfolio konturiert das Selbstbild der Lernenden und stärkt ihr Selbstbewusstsein.

(6) Die Arbeit mit dem Portfolio hilft Voraussetzungen dafür zu schaffen, dass Kinder ihr Können anderen demonstrieren lernen, was nicht zuletzt den Dialog zwischen Schülern und Lehrern fördert und insofern vor allem an den Schnittstellen des Bildungssystems von großer Bedeutung ist. Das Portfolio kann deshalb Kindern und Lehrkräften helfen, den Übergang von der Grundschule zu den weiterführenden Schulen so zu gestalten, dass Fremdsprachenlernen als Kontinuum und nicht als Bruch erfahren wird.

Während die ersten fünf Argumente mittlerweile durch überzeugende Beobachtungs- und Forschungsdaten gestützt sind, ist die Vorzeigefunktion des Juniorportfolios, auf die das sechste Argument abhebt, bisher noch nicht genauer reflektiert und untersucht worden. Unser Beitrag soll sich daher mit der Vorzeigefunktion befassen, indem wir Antworten auf folgende Fragen suchen: Welche Möglichkeiten erhalten die Kinder, ihr Können zu demonstrieren? Wie machen sie das? Wie werden sie darauf vorbereitet? Welches sind die Diskursformen zwischen Lehrkraft und Lernern, die den Lernenden die Möglichkeit und den Raum bieten, Können zu präsentieren? Besondere Aufmerksamkeit soll dabei die Arbeit mit dem Dossier (der *Schatztruhe*) erhalten. Es gilt nämlich nicht nur darzulegen, welche Bedeutung dem Präsentieren der persönlichen Fertigkeiten zukommt, sondern auch zu zeigen, wie die Arbeit mit dem Dossier des Portfolios zu verwirklichen ist. Die hier reflektierten Unterrichtserfahrungen beziehen sich auf die Arbeit mit *Mein Sprachenportfolio* des Landes Hessen (LEGUTKE & LORTZ 2002) und die Arbeit mit der dort angebotenen *Schatztruhe* (dem Dossier).

Die Anlage der Schatztruhe

Bereits bei der Entwicklung und Erprobung von *Mein Sprachenportfolio* in Hessen wurde deutlich, dass die Anlage und Nutzung der Schatztruhe eine besondere Herausforderung für Lehrende und Lernende darstellt (Legutke 2002, 113 ff.). Die Lernenden müssen nämlich nicht nur mit dem Konzept des Schatzes vertraut gemacht werden, sondern lernen, Schätze zu entdecken und ihre Schätze zu pflegen. Was am Ende des dritten Schuljahres als Schatz gelten konnte, ist möglicherweise am Ende des vierten Schuljahres nicht mehr für den Könnensstand repräsentativ. Schätze, so hat sich gezeigt, sind nicht mit Arbeitsblättern gleichzusetzen, die im Unterricht zum Einsatz kommen, obwohl auch ein Arbeitsblatt zu einem Schatz werden kann, wenn es das entscheidende Kriterium erfüllt, das einen Schatz kennzeichnet. Schätze sind nämlich alle jene Dokumente, mit deren Hilfe Kinder Sprachkönnen demonstrieren können: eine Bildcollage von Spielsachen, die das Kind in der Fremdsprache benennen kann; eine schön gestaltete Seite mit einem Gedicht, welches das Kind auswendig gelernt hat; eine Bildsequenz, zu der das Kind eine kurze Geschichte erzählen kann oder eine Liste von Liedern, die das Kind singen kann. Die Schätze werden zu den übrigen Teilen des Portfolios abgelegt. Damit dies in funktionaler und produktiver Weise erfolgen kann, müssen die Kinder nicht nur das Konzept des Schatzes verstanden haben, sondern sie brauchen zusätzlich klare Anleitungen, wie ihre persönliche Mappe mit Schätzen gestaltet werden kann und wie diese Schätze im Dialog mit anderen zu nutzen sind. Betrachten wir zunächst die Anlage der Schatztruhe.

Es gibt verschiedene Arten, das Dossier zu gestalten. Da zum einen Arbeiten dort abgelegt werden, die aus dem Unterricht hervorgegangen sind, aber zum anderen auch solche Dinge Platz haben, die eigens für das Dossier angefertigt worden sind, kann man die Blätter chronologisch in den Ordner abheften und jeweils mit einem Datum versehen. Grundsätzlich spricht nichts gegen eine solche lose Blättersammlung, doch um die Arbeit mit dem Dossier für die Kinder zu strukturieren, können die Lernenden auch ein zusätzliches Heft anlegen. Hier bietet sich ein unliniertes DIN-A4-Heft an, welches die Kinder durchnummerieren. Es hat sich bewährt, zu Beginn der Portfolioarbeit ein Inhaltsverzeichnis zusammenzustellen, das die Themen der nächsten zwei Schuljahre abbildet (siehe nächste Seite, Abb. 1).

Für jedes Thema sollte den Kindern nun ungefähr eine Vorder- und Rückseite zur Verfügung stehen. So können sie ein im dritten Schuljahr bearbeitetes Thema im vierten Schuljahr erneut bearbeiten und sehen

Me & body	1
Family & friends	2
Feelings	3
Colours	4
Numbers	5
School	6
Pets & animals	7
Food	8
House & home	9
Holidays	10
Toys	11
Weather & seasons	12
Clothes	13
Activities	14
Days, weeks & months	15

Abb. 1: Inhaltsverzeichnis einer Schatztruhe

unmittelbar, wie sich ihre Sprachfertigkeiten verändert und verbessert haben. Auch bei Themen, die erst im vierten Schuljahr bearbeitet werden, produzieren manche Kinder schon erste Arbeiten im dritten Schuljahr. Zunächst malen sie viel, doch bald kommen erste Wörter und später auch Sätze hinzu.

Eine solche Schatztruhe kann unabhängig vom eingesetzten Lehrwerk oder der übrigen Portfolioarbeit (incl. Portfolioseiten aus den Begleitmaterialien der Lehrwerke und Zeitschriften) angelegt werden. Der große Vorteil liegt darin, dass hier zunächst auf Schriftsprache verzich-

Abb. 2: Schülerzeichnung als ›Schatz‹ aus dem ersten Schuljahr Englisch

tet und schon im ersten Schuljahr damit begonnen werden kann, wie das Beispiel in Abbildung 2 verdeutlicht:

Dieses Bild ist im Rahmen eines Korrespondenzprojektes mit einer Schule in Japan als eine Gemeinschaftsarbeit eines deutschen und eines japanischen Kindes entstanden. Zunächst wurde ein Blatt gefaltet und die Hälfte zu einem gewählten Thema gemalt. Die angefangenen Bilder wurden dann nach Japan geschickt, von den Kindern dort beendet und zurückgeschickt. Das Kind kann nun das Bild zum Anlass nehmen, um über Tiere im Zoo zu sprechen (diese zu benennen, etwas über ihr Habitat zu sagen, es in einfachen Sätzen zu beschreiben). Ist die Schriftsprache noch nicht eingeführt, kann das Kind zunächst die Bilder malen oder aufkleben, die ihm mündlich bekannt sind. Nehmen die Fertigkeiten des Kindes zu, kann es eigene Erzählungen, selbst verfasste Dialoge oder Ähnliches ergänzen. Den Schülerinnen und Schülern ist es freigestellt, auf welche Weise sie ein Thema bearbeiten, so dass innerhalb einer Klasse Arbeiten zum Thema durchaus unterschiedlich ausfallen.

Innerhalb des Themenbereichs *Food* können Kinder zu ganz unterschiedlichen Ergebnissen kommen. So listen manche Kinder lediglich gelernte Lexeme auf.

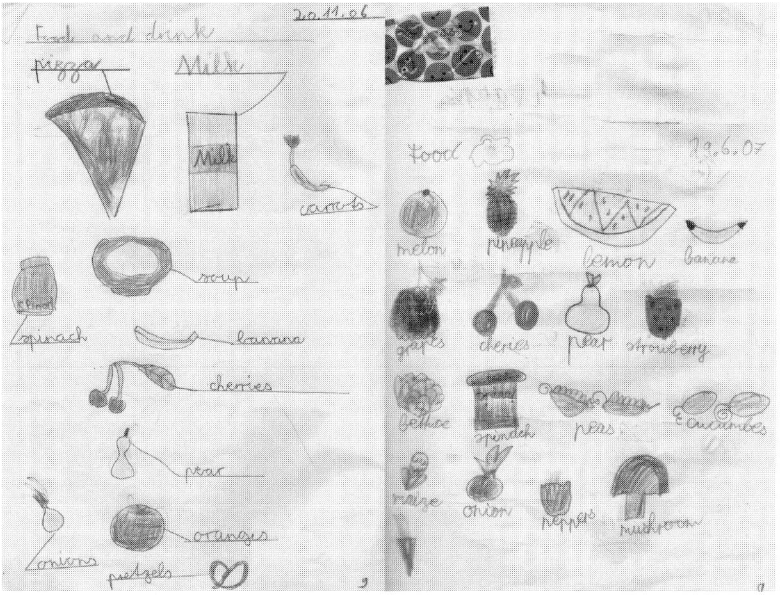

Abb. 3 und 4: Schülerbeispiele zum Thema food

Dieser Schüler hat (oben links im Bild) eine japanische Süßigkeitenpackung ergänzt

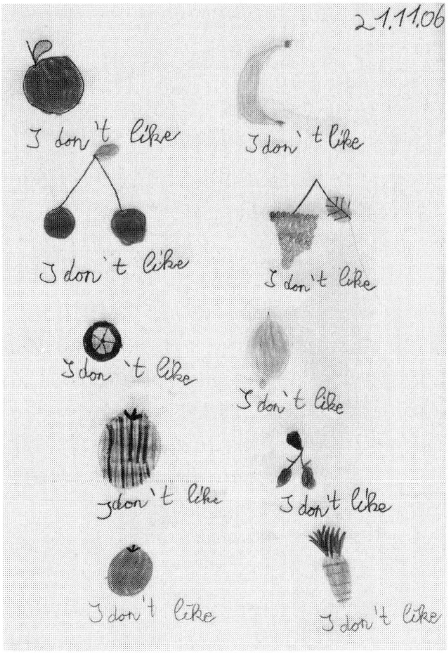

Abb. 5: Schülerbeispiel aus einer Schatztruhe

Manche Kinder wiederum benennen hier Vorlieben und Abneigungen in ganz unterschiedlicher Ausführung. Diese Schülerin benennt die Dinge, die sie mag bzw. nicht mag und reduziert die Schriftsprache auf die Satzstruktur, während die Lexeme schriftlich nicht benannt werden (vgl. Abb. 5).

In Abbildung 6a und b hingegen verschriftlicht ein Junge die Lebensmittel, die er mag und ablehnt, nicht aber den Satz (siehe unten).

Andere Kinder wiederum wählen eine Art Mischform: Sie schreiben ganze Sätze, erstellen aber auch eine Auflistung, bei der sie den Konventionen eines Bildwörterbuchs folgen (siehe Abb. 7).

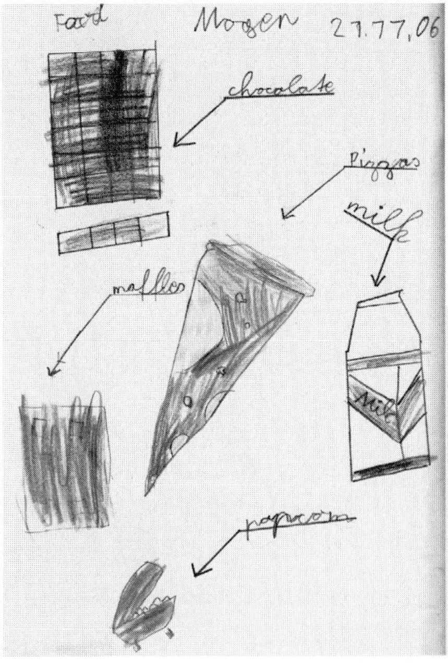

Abb. 6a und b: Vorlieben und Abneigungen – Bilder aus einer Schatztruhe

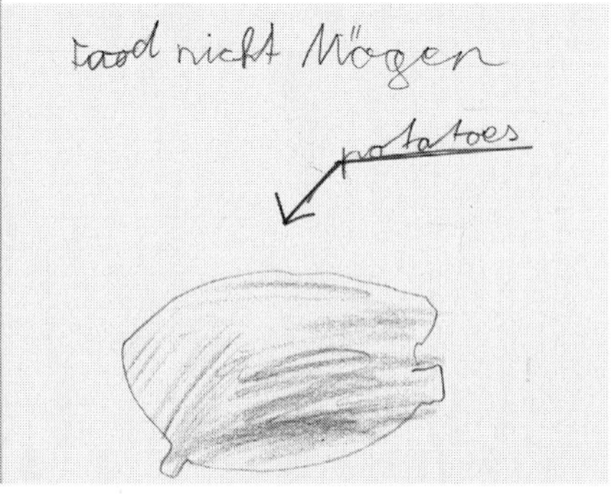

Abb. 7: Schülerbeispiele aus einer Schatztruhe

Gemeinsam ist allen Varianten dabei, dass die Schülerinnen und Schüler durch selbstständige Denkprozesse neue Produkte erschaffen (vgl. Teichmann 1998: 252). Das wiederum führt zu dem Schluss, dass auch solche Ergebnisse, die verhältnismäßig wenig Sprachmaterial aufweisen und sich stark an vorstrukturierten Gerüsten orientieren, letztendlich die zentralen Merkmale von Kreativität – Originalität und Flexibilität des Denkens – erfüllen und somit auch als kreativ klassifiziert werden können (vgl. Prechtl & Burkhard 1996: 277).

Auch die interkulturellen Erfahrungen der Schülerinnen und Schüler sollen in der Schatztruhe Platz haben. Hierzu gehören beispielsweise Nachrichten von Brieffreunden, Reiseberichte oder Ergebnisse von Projekten, die das interkulturelle Lernen zum Ziel haben (siehe Abb. 8).

Die Arbeit mit dem Dossier bereitet den Grundschülern meist keine Schwierigkeit und zeigt ihnen in besonderer Weise ihren Fortschritt im Sprachenlernen. Zunächst werden die Kin-

Abb. 8: Brief aus einer Klassenkorrespondenz als ›Schatz‹

der vor allen Dingen solche Arbeiten abheften, die sie an etwas erinnern, was ihnen sehr viel Freude bereitet hat. Schnell werden sie jedoch solche Dinge ergänzen, die ihnen besonders gelungen sind und mittels derer man eine gute Leistung erkennen kann (vgl. Abb. 9).

Abb. 9: Beispiel für eine freie Schülerarbeit

Diese frei angelegte Arbeit im Dossier unterscheidet sich von den parallel zu Lehrwerken angebotenen Portfolioseiten und den Portfolioseiten diverser Fremdsprachenzeitschriften dadurch, dass die Kinder sich ihre Aufgabenstellungen selbst suchen und nicht zu einem Thema konkret abgefragt werden. Das folgende Beispiel (Abb. 10) stellt einen solchen Abfragebogen dar, der sich konkret auf die im Lehrwerk durchgeführte Einheit bezieht (vgl. MANTHEY 2006: 46). Solche Arbeitsblätter übernehmen eine wichtige Funktion für die Vorbereitung der selbstständigen Arbeit mit der Schatztruhe. Natürlich haben auch solche Seiten Platz im Dossier des Portfolios und schulen das Vermögen der Schülerinnen und Schüler sich einschätzen zu lernen.

Name: ______________
Date: ______________

5. Kreise die richtige Antwort ein.

a) Ich habe neue Haustiere gelernt. — stimmt — stimmt manchmal — stimmt noch nicht

b) Ich kann auf Englisch sagen, was die Tiere gerne fressen. — stimmt — stimmt manchmal — stimmt noch nicht

c) Ich kann mir mindestens fünf Bauernhoftiere gut auf Englisch merken. — stimmt — stimmt manchmal — stimmt noch nicht

d) Ich kann auf Englisch sagen, welche Insekten ich nicht mag. — stimmt — stimmt manchmal — stimmt noch nicht

e) Ich kann beschreiben, wie ein Tier aussieht. — stimmt — stimmt manchmal — stimmt noch nicht

f) Durch die Arbeit mit dem Wörterbuch kann ich mir leichter die Zootiere auf Englisch merken. — stimmt — stimmt manchmal — stimmt noch nicht

g) Ich verstehe meine Lehrerin / meinen Lehrer, wenn sie/er ein Tierrätsel stellt. — stimmt — stimmt manchmal — stimmt noch nicht

h) Ich kann ein Tier so genau beschreiben, dass meine Freundin / mein Freund es erraten kann. — stimmt — stimmt manchmal — stimmt noch nicht

i) Ich habe ein neues Lied gelernt. (Es heißt ______________). — stimmt — stimmt manchmal — stimmt noch nicht

j) Ich habe ein neues Spiel gelernt. (Es heißt ______________). — stimmt — stimmt manchmal — stimmt noch nicht

k) Ich habe mir ein Tierlexikon hergestellt. — stimmt — stimmt manchmal — stimmt noch nicht

Abb. 10: Beispiel für einen Einschätzungsbogen (MANTHEY 2006: 46)

Weiterhin finden in der Schatztruhe Tonaufnahmen, Karten von Brieffreunden, Gebasteltes oder ähnliche Dinge Platz, die im Fremdsprachenunterricht entstanden und für die Kinder bedeutsam sind (z.B. Abb. 11). In einer reißfesten Klarsichthülle am Ende des Dossiers können all diese Produkte verstaut werden.

Abb. 11: Ein magnetischer Schneemann – ein Weihnachtsgeschenk der Partnerklasse in Wisconsin.

Mehrfach erprobt wurde auch die Arbeit mit einer ›echten‹ Truhe. Meist handelt es sich dabei um einen Schuhkarton, der von den Kindern im Kunstunterricht verschönert wird. Das Konzept der Truhe, in der Schätze aufbewahrt werden, verdeutlicht den Grundschülerinnen und Grundschülern den besonderen Wert der Arbeiten, die sie dort abgelegt haben. Auch ist das Suchen nach den zuvor abgelegten Schätzen in seiner Bedeutung nicht zu unterschätzen, da die Kinder sich sehr intensiv mit ihren älteren Arbeitsergebnissen auseinandersetzen.

Die Kinder werden sicherlich nach einigen Monaten fragen, ob sie alte Arbeiten korrigieren oder ausheften dürfen. Hier sollte man alle Schülerinnen und Schüler versammeln, um noch einmal über die Bedeutung des Dossiers zu sprechen. Dass ein Portfolio neben der Bewusstmachung des eigenen Sprachenlernens auch Außenwirkung hat, ist den Schülern bereits bewusst, doch wie man im konkreten Fall damit umgeht, ist nicht unbedingt klar. Es bietet sich jetzt an, den Kindern zu erläutern, dass sie ihr Portfolio beim Eintritt in die weiterführende Schule gezielt einsetzen können. Damit sie ihr Können auch richtig unter Beweis stellen, müssen die Schätze nicht nur auf dem neuesten Stand sein, sondern die Kinder müssen auch lernen und üben, wie sie ihre Schätze selbstbewusst und zielgerichtet einsetzen können. Es versteht sich von selbst, dass das Überarbeiten und Entfernen erster Ergebnisse über einen längeren Zeitraum geschehen muss. Natürlich wird der Punkt kommen, an dem Arbeiten auch ausgeheftet werden. Vor dem Übergang sollten sich die Kinder deshalb ihrer Schätze vergewissern und noch einmal überprüfen, was sie in der Fremdsprache in verschiedenen Teilbereichen schon können. Um dieses Können unter Beweis zu stellen, sollen sie gelernt haben, ihre ›Schätze‹ geschickt einzusetzen, wie wir im folgenden Abschnitt andeuten werden. Auch wenn den Kindern der Umgang mit dem Portfolio und der Schatztruhe vertraut ist, benötigen sie immer weniger Anleitung dazu. Die Lehrkraft sollte deshalb auch die Kinder gelegentlich an die Arbeit mit dem Dossier erinnern oder ggf. Schülerinnen und Schüler darauf hinweisen, dass eine bestimmte gelungene Arbeit gut in das Dossier passen würde.

Die Schätze als Anlass zur Präsentation von Können

Gerade die Arbeitsergebnisse der Schatztruhe benötigen besondere Aufmerksamkeit, und zwar nicht nur durch die Lehrperson, sondern auch durch die Mitschülerinnen und Mitschüler. Die Präsentation der Ergebnisse ist in zweierlei Hinsicht wichtig: Die Produkte werden gewürdigt und die Kinder üben sich im Präsentieren ihrer Arbeiten. Dazu müssen sie zunächst ihr sprachliches Können im Hinblick auf ihre Ausarbeitung überprüfen und in einem zweiten Schritt ihre dokumentierten Ergebnisse darstellen. Dabei vertiefen sie erneut die Inhalte. Die Dokumentation des eigenen Könnens und die Selbsteinschätzung sind hier eng miteinander verknüpft (vgl. Kolb in diesem Band). Die Darstellung ausgewählter Inhalte kann ganz unterschiedlich erfolgen. Die Schülerinnen und Schüler präsentieren

- dem Tischpartner oder einem gewählten Partner,
- der Tischgruppe,
- der Lehrkraft oder
- der gesamten Klasse.

Es ist zeitlich nicht möglich, den Kindern regelmäßig während des Englischunterrichts die Gelegenheit zu geben, vor der ganzen Klasse zu sprechen und Arbeitsergebnisse darzustellen. Dies ist auch nicht unbedingt erforderlich, denn das Präsentieren der Arbeiten in einer kleinen Gruppe wird von einem Kind anders wahrgenommen als vor der ganzen Klasse. Vor der gesamten Klasse stehend ist das darstellende Kind sicherlich sehr aufgeregt, geht weniger ins Detail und kann Anregungen aus der Großgruppe auch weniger gut aufnehmen. In einer Kleingruppe oder einem Mitschüler gegenüber zeigt das Kind mehr Selbstvertrauen und kann im Dialog bzw. im Gespräch besser auf die Anmerkungen der Mitschüler eingehen. Präsentieren wird hier nicht nur im ›Schonraum‹ geübt, sondern es erfolgt eine intensivere Auseinandersetzung mit dem Produkt und natürlich der Darstellungsweise, und zwar sowohl von Seiten des darstellenden Kindes als auch von den Betrachtern.

Wichtig ist es, dass die Kinder Anleitung zur Präsentation erhalten. Kinder vergleichen häufig ihre Ausarbeitungen und sei es nur, um zu zeigen, wie schön die neuen Stifte malen. Doch die Präsentation einer in der Schatztruhe festgehaltenen Arbeit muss darüber hinausgehen. Hier können vielleicht bereits bekannte Methoden aus dem Deutsch- und Sachunterricht aufgegriffen werden und gemeinsame Überlegungen mit den Kindern erfolgen, wie sich diese nun für den Fremdsprachenunterricht adaptieren lassen. Die Ideen der Kinder sollten auf zwei Blättern festgehalten werden, so dass sie diese immer wieder anschauen können. Diese Liste kann in der Englischecke zugänglich verstaut werden und kann wie folgt aussehen:

Präsentation in einer Kleingruppe

- Ich wähle eine geeignete Ausarbeitung aus.
- Ich überlege mir die Organisationsform (Kreis, Tafel, Overhead, etc..).
- Ich spreche dem zur Verfügung stehenden Raum entsprechend laut. Sind wir als Gruppe alleine vor der Tür, kann ich lauter sprechen.
- Ich sage etwas Allgemeines zum Thema (z.B.: Ich zeige euch nun meine Ausarbeitung zum Thema Food. Ich habe meine Lieblingsspeisen und die Sachen, die ich nicht gerne mag, zusammengetragen).
- Ich lese die englischen Sätze. Wenn nur gemalt ist, sage ich die entsprechenden Sätze.
- Ich zeige die Seite meiner Schatztruhe allen Kindern, so dass sie nachvollziehen können, wovon ich spreche

Präsentation vor der Klasse

- Ich wähle eine geeignete Ausarbeitung aus.
- Ich überlege mir die Organisationsform (Kreis, Tafel, Overhead, etc..).
- Ich spreche dem zur Verfügung stehenden Raum entsprechend laut. Sind wir als Gruppe alleine vor der Tür, kann ich lauter sprechen.
- Ich sage etwas Allgemeines zum Thema (z.B.: Ich zeige euch nun meine Ausarbeitung zum Thema Food. Ich habe meine Lieblingsspeisen und die Sachen, die ich nicht gerne mag, zusammengetragen).
- Ich lese die englischen Sätze. Wenn nur gemalt ist, sage ich die entsprechenden Sätze.
- Ich zeige die Seite meiner Schatztruhe allen Kindern, so dass sie nachvollziehen können, wovon ich spreche

Abb. 12: Anleitung zur Präsentation von Produkten aus der Schatztruhe

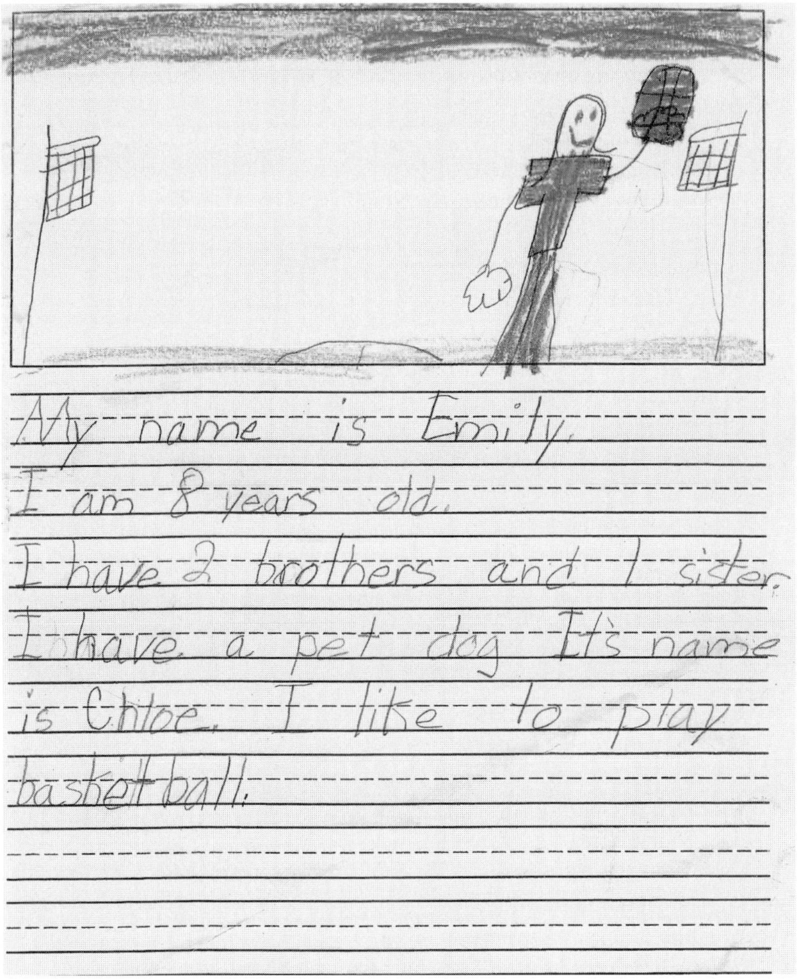
My name is Emily.
I am 8 years old.
I have 2 brothers and 1 sister.
I have a pet dog It's name
is Chloe. I like to play
basketball.

Abb. 13: Brief aus Wisconsin – 3. Schuljahr

Diesen Brief hat ein Kind im dritten Schuljahr erhalten (Abb. 13). Zunächst wird das Kind nicht in der Lage sein, über diesen Brief zu sprechen, da bisher nicht gelernt wurde, Strukturen in der dritten Person Singular zu bilden. Die Kinder können jedoch sehr wohl auf Fragen sprachlich reagieren und somit sprachliches Können darstellen. Fragt man beispielsweise das Kind nach dem Hobby seines Brieffreundes, so wird es Basketball nennen können. Auch die Art des Haustieres und dessen Name wird ein Kind zu Beginn des dritten Schuljahres aus dem Text erlesen können.

Die Fertigkeiten der Kinder werden im Verlauf des Fremdsprachenunterrichts jedoch zunehmen und sie bekommen neue sprachliche Strukturen an die Hand, die es ihnen ermöglichen auch über jemanden zu sprechen.

Viele Kinder werden gegen Ende des vierten Schuljahres sicherlich in der Lage sein über jemand anderen zu sprechen. Betrachten wir den nebenstehenden Brief, der aus einem E-Mail-Projekt hervorgegangen ist und sich in Carinas Schatztruhe befindet (vgl. Abb. 14).

Owairoa Primary School
Nelson Street
Howick
Auckland
New Zealand

Thursday 13 September

Dear Carina
Hello Carina how are you?
I'm fine. I come from Korea.
We are really the same! Because, you have one sister and I do too! And you don't have a pet. That's the same too!
What's your favourite movie? What kind of music do you like? What is your favourite book? What is your favourite food?
I like all music. And books too. You too?
Do you like to eat toast and fruit? I like toast and fruit.
Please write soon
Jessica Song.

Abb. 14: »Schatz« aus einer Klassenkorrespondenz

Als Dokument in der Schatztruhe belegt dieser Text zunächst nur, dass Carina an einem E-Mail-Projekt im Rahmen ihres Englischunterrichts teilgenommen hat. Obwohl der Brief damit sicherlich eine wichtige Information für die Lehrkräfte der weiterführenden Schule ist, sagt er aber nichts über Carinas Sprachkönnen aus. Als Schatz kann der Brief also erst dann seine Funktion erfüllen, wenn Carina durch ihn Dimensionen ihres Sprachkönnens anderen präsentieren kann. Beispielswiese könnte sie den Text vorlesen und damit prosodische sowie intonatorische Teilkompetenzen demonstrieren. Sie könnte ihre Brieffreundin vorstellen und damit zeigen, dass sie in der Lage ist, in einfachen Sätzen etwas über eine bekannte Person auszusagen: *»My pen pal is from New Zealand. Her name is Jessica Song. She comes from Korea. She has one sister.«*

Die hier vorgenommene Einbettung der E-Mail in eine dialogische Präsentationssituation gilt grundsätzlich für alle Schätze, wenn sie in der Grundschule erworbenes Sprachkönnen dokumentieren sollen. Ein Liedtitel qualifiziert sich erst dann als Schatz, wenn das Kind zumindest einen Teil des Textes noch aufsagen bzw. das Lied singen kann, ein bildlich realisiertes Wortfeld zum Thema »*Clothes*«, wenn das Kind zu den Bildern die englischen Wörter nennen kann. Zur Präsentation können aber auch Arbeiten ausgewählt werden, die im Unterricht entstanden sind und solche, die eigens für das Portfolio erstellt wurden. Es empfiehlt sich, die Kinder gelegentlich auch daran zu erinnern, welche Dokumente sich besonders für das Dossier eignen.

In Anlehnung an die in *Mr Cool's Activity Book* beschriebene Einheit *Animals* entstanden Tierrätsel. Zunächst lernten die Kinder, diese mündlich zu formulieren und sich gegenseitig Rätsel zu stellen. Zum Abschluss der Einheit wurden die Rätsel verschriftlicht und den Brieffreunden geschickt, manche Kinder legten eine zweite Version in die Schatztruhe (vgl. Abb. 15).

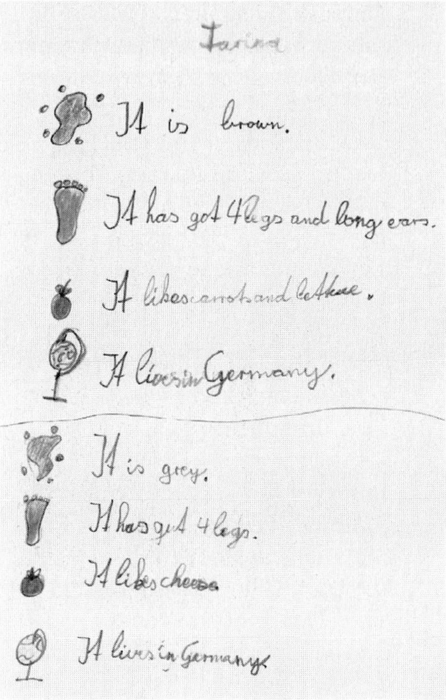

Abb. 15: Tierrätsel

Andere Kinder hingegen beschrieben Tiere in Form eines Lexikoneintrages (Abb. 16). Zur genaueren Beschreibung eines ausgewählten Tieres zogen sie zusätzliche Informationen heran. Als besonders geeignet – auch schon für Grundschüler – ist die Webseite http://www.learningpage.com/ zu nennen.

Abb. 16: Tierbeschreibungen als Lexikoneintrag

Hier finden sich *fact sheets* zu verschiedenen Themen, die teilweise ohne Hilfestellung von den jungen Fremdsprachenlernern verwendet werden können.

Die Präsentation der Einträge kann von den Kindern ganz unterschiedlich gestaltet werden. Die aufgeschriebenen Texte können lediglich vorgetragen werden. Sie können aber auch als Overheadfolie oder vergrößerte Kopie dargestellt und vorgelesen werden.

Aber auch die zuhörenden Kinder müssen angeleitet werden, angemessene und hilfreiche Rückmeldung zu geben. Auch hier können Ideen zusammengetragen werden (vgl. Abb. 17).

Rückmeldung

- Ich bin aufmerksam und höre gut zu.
- Ich kann Rückmeldungen zur Präsentation geben (z.B.: Du hast deutlich gesprochen. Ich konnte dein Produkt gut erkennen. etc.)
- Ich kann Rückmeldung zum Inhalt deiner Präsentation geben (z.B.: Mir hat gefallen, dass du so ausführlich zu deinem Thema gemalt / geschrieben hast. Wenn du keine Ideen hattest, hättest du doch mal andere Kinder fragen können, was die machen. etc.)

Abb. 17: Anleitung zur Rückmeldung

Durch die Darstellung ihres Ergebnisses erfahren die Kinder, dass ihre Arbeit gewürdigt und geschätzt wird. Die Lehrkraft kann bei der Auswahl eines geeigneten Themas und der Präsentationsform behilflich sein. Die Darstellung einer Arbeit in der Schatztruhe muss sich vom Vorlesen eines Deutschtextes oder einer Hausaufgabe unterscheiden. Durch das Präsentieren einer Seite über den Tageslichtprojektor zentriert das Kind die Aufmerksamkeit leicht; vielleicht wählt das darstellende Kind aber auch einen Stuhlkreis, um der Klasse das ausgewählte Thema zu zeigen. Auch hier kann die Lehrkraft im Vorfeld beratend und unterstützend wirken.

Eine Präsentation darf den Kindern nicht ad hoc abverlangt werden. Am besten stellt man einen Plan auf, so dass Schülerinnen und Schüler im Vorfeld schon wissen, wann sie mit einer Präsentation an der Reihe sind. Oder man nennt in der einen Woche die Namen der Kinder, die in der darauf folgenden Woche etwas vorstellen möchten. In einer Stunde sollten jedoch nicht mehr als zwei oder drei Kinder präsentieren. Auch sollte die Präsentation solcher Arbeiten nicht Element einer jeden Stunde sein. Man kann die Zeit, in der die Kinder am Portfolio arbeiten, dazu nutzen, dass einzelne Schülerinnen und Schüler Arbeitsergebnisse der Lehrperson präsentieren. Die Lehrkraft kann dann beispielsweise eine Leistungseinschätzung des Schülers bezüglich seiner Sprechleistung durchführen. Solche dialogischen Kurzpräsentationen in Phasen der

Stillarbeit oder der Stationenarbeit können durchaus zur Routine werden und das Unterrichtsgeschehen kontinuierlich begleiten (vgl. den Beitrag von DRESE in diesem Band).

Schlussbemerkung: Die Vorzeigefunktion der Portfolios

Die Arbeit mit dem Dossier des Sprachenportfolios, wie sie hier skizziert wurde, ermöglicht den jungen Fremdsprachenlernern auf besondere Weise selbstständiges und reflektierendes Arbeiten. Erhalten die Schülerinnen und Schüler nämlich keine konkreten Aufgabenstellungen, sondern lediglich einen thematischen Rahmen, so sind sie aufgerufen, über ihre eigenen Fertigkeiten nachzudenken, denn sie müssen ja zu jedem Thema einen oder mehrere Schätze auswählen oder eigens gestalten. Die Ausarbeitungen zu einem Thema können daher auch ganz unterschiedlich ausfallen. Ein Kind, das gleich zu Beginn des Fremdsprachenunterrichts den Themenbereich *Colours* bearbeitet, wird hierzu weniger sagen können als ein Kind, welches sich diesem Themenbereich im Verlauf des dritten oder sogar vierten Schuljahres das erste Mal zuwendet (vgl. Abb. 18 und 19).

Abb. 18: Schülerarbeit aus dem dritten Schuljahr

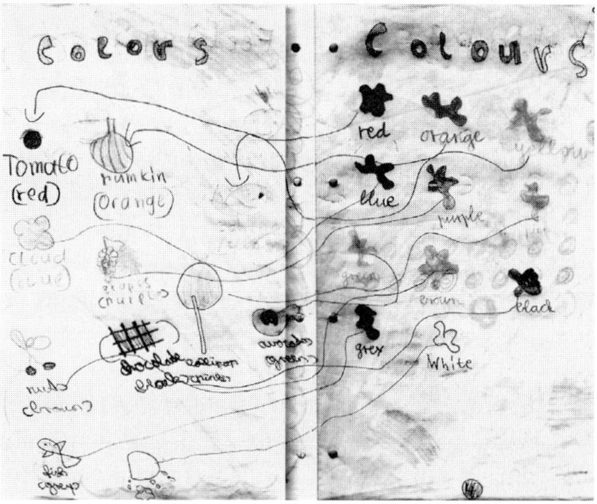

Abb. 19: Schülerarbeit aus dem vierten Schuljahr

Bei der gestalterischen oder schriftlichen Bearbeitung eines Themas darf es jedoch nicht bleiben. Durch das Präsentieren und die damit verbundene Versprachlichung des Erarbeiteten haben die Kinder die Gelegenheit, sprachliche Aspekte des Themenbereichs erneut zu üben und zu wiederholen. Hier kann es sich um sehr unterschiedliche Fertigkeitsbereiche handeln (Aussprache, Prosodie, Kenntnisse von Wortschatz, kommunikative Fertigkeiten). Bezogen auf das obige Beispiel würde ein Drittklässler vielleicht nur die aufgemalten Farben und gegebenenfalls seine Lieblingsfarbe benennen. Im Diskurs mit seinen Mitschülerinnen und Mitschülern würde ihm vielleicht auffallen, dass ihm auch die Farben *white, grey* und *black* bekannt sind, aber sie in der Auflistung vergessen wurden. Die Viertklässlerin hingegen wäre bereits in der Lage, komplexere Sätze, wie beispielsweise »*A tomato is red*« oder »*A cloud is blue*« zu formulieren und auf diese Weise nicht nur ihr Wissen um die englischen Bezeichnungen der Farben darstellen.

Zu Recht ist deshalb aus den Erprobungen abzuleiten, dass das Portfolio seine Vorzeigefunktion nur dann entfalten kann, wenn die Kinder immer wieder geübt haben, wie sie am besten zeigen, was sie können. Sie arbeiten mit ihren Schätzen und pflegen sie und vergewissern sich so ihres Sprachbesitzes immer wieder aufs Neue. Präsentationen werden in der Grundschule im Wesentlichen dialogischer Natur sein (am Gruppentisch mit anderen Kindern, im Dialog mit der Lehrkraft). Monologisches Präsentieren ist nicht das Ziel der Grundschule, sollte aber auch nicht unterbunden werden, wenn einzelne Schüler das wünschen und dazu in der Lage sind. Im Diskurs mit Klassenkameraden und der Lehrperson werden sich die Kinder ihrer Kenntnisse nicht nur bewusster, sondern sie verstärken das Vertrauen in ihr fremdsprachliches Können. Dies ist – vor allem im Hinblick auf die weiterführende Schule – von nicht zu unterschätzender Bedeutung. Es ist nicht zwangsläufig davon auszugehen, dass die Lehrkraft des fünften Schuljahres den Kindern die Gelegenheit geben wird, das aus dem frühen Fremdsprachenunterricht hervorgegangene Wissen bewusst darzustellen, doch eine Schülerin oder ein Schüler, der sich seiner Fähigkeiten bewusst ist, wird keine Schwierigkeiten haben, sich angemessen einzubringen. Sollte die Arbeit des frühen Fremdsprachenunterrichts aufgegriffen und ein Versuch unternommen werden, das Wissen der Kinder zu ermitteln, so sind die Kinder bestens darauf vorbereitet, ihren Kenntnisstand und ihre individuellen Stärken zu präsentieren. Kinder, die sich ihres Könnens bewusst sind, sind eher in der Lage, persönliche Lernziele zu formulieren und auch zu überprüfen, ob sie diese erreicht haben oder welche Faktoren hinderlich in der Zielerreichung waren. Mit zunehmendem Alter wird diese Fähigkeit im gesamten Fächerkanon von immer größerer Bedeutung. Die intensive Arbeit der Kinder mit dem Portfolio und dem Dossier bereitet den Weg für selbstgesteuertes und verantwortungsvolles Lernen.

CHRIST, HERBERT (2004): »Beobachtungen bei der Arbeit mit dem ›Europäischen Portfolio der Sprachen‹ in der Grundschule.« Müller-Hartmann, Andreas & Marita Schocker-von Ditfurth (Hg.): Aufgabenorientierung im Fremdsprachenunterricht. Task-based Language Learning and Teaching. Festschrift für Michael K. Legutke. Tübingen: Narr. 347–358.

KOLB, ANNIKA (2007): Portfolioarbeit. Wie Grundschulkinder ihr Sprachenlernen reflektieren. Tübingen: Narr.

LEGUTKE, MICHAEL (2002): »Das Junior-Portfolio als didaktische Herausforderung: Anmerkungen zur Selbst- und Fremdbewertung im Fremdsprachenunterricht der Grundschule.« Barkowski, Hans & Renate Faistauer (Hg.): ... in Sachen Deutsch als Fremdsprache. Festschrift für Hans-Jürgen Krumm zum 60. Geburtstag. Hohengehren: Schneider-Verlag. 104–120.

LEGUTKE, MICHAEL & WILTRUD LORTZ (Hg.) (2002): Mein Sprachenportfolio. Frankfurt am Main: Diesterweg.

LIPPELT, BIRGIT; URSULA WILLGEROTH & EDELTRAUT WINDOLPH (2002): »Portfolio in der Grundschule in Niedersachsen.« Fremdsprachenunterricht 46. 55. 272–277.

MANTHEY, ANKE (2006): Mr Cool's Test Book 2. Ismaning: Hueber.

PRECHTL, PETER & FRANZ-PETER BURKHARD (Hg.) (1996): Metzler Philosophie Lexikon. Stuttgart und Weimar: J. B. Metzler.

RAU, NATHALIE (2006): Mr Cool's Activity Book 2. Ismaning: Hueber.

SCHMID-SCHÖNBEIN, GISELA (2001): Didaktik: Grundschulenglisch. Berlin: Cornelsen.

TEICHMANN, VIRGINIA (1998): »Kreatives Schreiben.« Timm, Johannes-Peter (Hg.) (1998): Englisch lernen und lehren. Berlin: Cornelsen. 250–257.

5

Leistungsbewertung im Fremdsprachen-unterricht der Grundschule

Ingrid-Barbara Hoffmann

Sehen – be(ob)achten – notieren – würdigen: Keine Not mit der Note!

Eine Not mit der Note?

Kaum eine (grund-)schulische Neuerung hat in den letzten Jahren die Gemüter so bewegt wie die Diskussion über die Einführung der Fremdsprachen im Fächerkanon der Grundschule. Dabei stand alles auf dem Prüfstand: der Termin der Einführung, die Sprache(n), das Konzept, die Rahmenbedingungen, die Lehrerqualifikation und viele Dinge mehr. So sehr die Meinungen auch auseinander gingen, in einem waren sich zumindest Grundschule und Eltern einig: Fremdsprachen in der Grundschule: JA, Leistungsmessung: NEIN. Dies rief wiederum die weiterführenden Schulen auf den Plan, die bei fehlender Leistungsmessung um die Ergebnisse dieses Unterrichts fürchteten. Dass Grundschullehrer eine Notengebung für weniger signifikant und notwendig erachten als Gymnasial- und Realschullehrer und dass die Einstellung der Eltern zur Notwendigkeit von Noten von deren sozialer Herkunft und eigenem Bildungsniveau abhängt, ist spätestens seit Franz-Peter Schimuneks bemerkenswertem Artikel über »Vielfalt und Akzeptanz von Zensuren« bekannt (Schimunek 1995: 81).

Der in vielen Bundesländern entbrannte Streit zwischen Anhängern der Zeugnisnote in der Fremdsprache und ihren Gegnern, von ersteren als Mittel der Qualitätssicherung und ›zivilisatorische Errungenschaft der Gesellschaft‹ betrachtet, von letzteren als ›Motivationskiller‹ abgelehnt, hat jedoch weniger mit der Fragwürdigkeit jeglicher Notengebung zu tun. Vielmehr liegt das Augenmerk auf der Tatsache, dass, nach Bärbel Diehr, die Leistungsbeurteilung im Fremdsprachenunterricht der Grundschule »zwar eine Geschichte, aber noch keine Tradition besitzt und wir uns auf weitgehend unbekanntem Terrain bewegen« (Diehr 2006: 10).

Mittlerweile ist dieses Terrain nicht mehr ganz so unbekannt. Von Flensburg bis Konstanz lernen Kathrin, Jan und Maike jetzt Englisch oder Französisch, manche auch Italienisch, Polnisch oder Tschechisch, und erbringen darin erstaunliche Leistungen. Deren Messung und Bewertung aber bereitet vielen Lehrkräften immer noch Kopfzerbrechen, da sie zwar wissen, dass auch in diesem neuen Fach Leistung gefordert, gefördert und erbracht wird, jedoch nicht, wie diese Leistung dokumentiert und bewertet werden soll.

Was unterscheidet den Fremdsprachenunterricht von anderen Fächern der Grundschule?

Ein Blick in die deutsche Bildungslandschaft zeigt, dass es *den* Fremdsprachenunterricht in der Grundschule auch heute noch nicht gibt. Zwar haben mittlerweile alle Bundesländer, gemäß Artikel 126 des Vertrags von Maastricht aus dem Jahre 1992 den Fremdsprachenunterricht in ihren Grundschulen flächendeckend eingeführt. Die Rahmenbedingungen (Klassenstufe(n), Stundenzuweisung, Lehrkräfte) und Vorgaben weichen jedoch stark voneinander ab, was dazu führte, dass es gerade in diesem wichtigen Bereich (noch?) keine Bildungsstandards der KMK gibt.[1] Wie unterschiedlich Konzepte und Vorgaben aber auch sein mögen, so entsprechen sie sich im Wesentlichen doch alle in ihrem didaktischen und methodischen Ansatz und in ihren Zielformulierungen. Diese betonen neben der von Umfang und Dauer des Unterrichts abhängigen Kenntnis sprachlicher Mittel vor allem die Ausbildung rezeptiver Fertigkeiten und kommunikativer Strategien sowie den Aufbau von Sprachlernkompetenz, deren Benotung zwar nicht alle Bundesländer vorsehen, gleichwohl jedoch ihre Evaluation und verbale Würdigung.

Der Fremdsprachenunterricht in der Grundschule ist ein Unterricht besonderer Art. Er ist ein an den Schülern und den Prinzipien der Grundschule ausgerichteter, themen- und inhaltsorientierter Unterricht und bietet mit seinen Aktivitäten, Geschichten, Reimen, Liedern, Spielen und Projekten nicht nur die entsprechenden Lernangebote, um Sprachkönnen und Sprachwissen, Haltungen und Einstellungen auf- und auszubauen, sondern auch genügend Raum für die Inszenierung anspruchsvoller Situationen, um dies alles unter Beweis zu stellen.

Trotz langjähriger Schulversuche ist er jedoch in vielen Bundesländern für Schulverwaltung und Schulen noch Neuland. Zwar wurden in der Vorbereitung auf die bundesweite Einführung im Bereich der Fort- und Weiterbildung große Anstrengungen unternommen, um die Lehrkräfte für ihre neue Aufgabe zu qualifizieren, dennoch meinen viele von ihnen, den Anforderungen dieses für sie neuen Faches noch nicht voll gewachsen zu sein. Sie haben Zweifel an der eigenen Kompetenz und fühlen sich damit überfordert, die Leistungen ihrer Schülerinnen und Schüler zu beurteilen.

Hinzu kommt, dass die Leistungsmessung und Leistungsbeurteilung im früh beginnenden Fremdsprachenunterricht dadurch kompliziert wird, dass in den Klassen 1 und 2 größtenteils auf Schriftlichkeit verzichtet wird. Hauptziel der Vermittlung von Fremdsprachen in der Grundschule ist die Ausbildung primärer Fertigkeiten des Hörverstehens und des Sprechens, weshalb das Schriftbild auch in Klasse 3 und 4 eher behutsam, und aus Gründen einer Methodenvielfalt und des mehrkanaligen Lernens, und nicht der Ausbildung orthografischer Sicherheit wegen, eingesetzt wird. Schriftliche Tests, Vokabelabfragen oder gar Diktate verbieten deshalb nicht nur der didaktische Ansatz dieses Unterrichts, sondern auch die Rahmenvorgaben der meisten Bundesländer.

Bei einer Leistungsfeststellung stehen somit mündliche Leistungen im Mittelpunkt, die, nach Diehr, »mit den herkömmlichen pen-and-paper-tests nicht erfasst werden können und die sehr aufwändig in der Erhebung und schwierig zu beurteilen sind« (Diehr 2006: 12).

Die Feststellung individuellen Sprachkönnens und die Evaluation von Unterricht machen folglich pädagogisch-diagnostische Verfahren notwendig, die allen Beteiligten einigermaßen gerecht werden:

- den Kindern und ihrem Wunsch nach Rückmeldung, aber auch ihrem Anspruch, in und mit der fremden Sprache ausreichend Erfahrungen zu machen und, unbehelligt von Prüfungssituationen, angstfrei lernen zu dürfen,
- der Lehrkraft und ihrem Wunsch, die Wirksamkeit ihrer Arbeit zu überprüfen und daraus Informationen für eine individuell fördernde Unterrichtsarbeit und für Rückmeldung an Kinder und Eltern zu gewinnen, aber auch ihrem Anspruch auf Arbeitsökonomie,
- den Eltern und ihrem Wunsch nach Information, aber auch dem nach fundierter und gerechter Bewertung,
- der Gesellschaft und ihrem Wunsch nach Leistung und Leistungsnachweis.

Bedingt durch die besondere Art des Unterrichts müssen solche Verfahren auf das Erfassen von Kompetenzen ausgerichtet und innerhalb folgender Unterrichts- und Lernbereiche anwendbar sein:

- Sprachverstehen,
- Spracherschließungsstrategien,
- Sprachanwendung,
- Sprachlernkompetenz.

Die Entwicklung dieser Kompetenzen setzt lange, nicht lineare Lernprozesse voraus. Diese verlaufen individuell unterschiedlich, sind durch eine Vielzahl motivationaler und emotionaler Faktoren geprägt und sind als das Ergebnis einer Vielzahl von Lernerfahrungen zu verstehen. Sie manifestieren sich in sehr unterschiedlicher Weise. Folglich muss ihrer Bewertung eine gründliche Beobachtung vorausgehen (vgl. Bleyhl 2000: 94). Was beobachtet werden soll, muss jedoch zuerst gesehen werden.

Sprachkönnen sehen

Eine der wichtigsten Erfahrungen, die Kinder im frühen fremdsprachlichen Unterricht der Grundschule sammeln, ist die, dass ihre Anstrengungs- und Lernbereitschaft offensichtlich von Erfolg gekrönt ist. Das reiche Angebot an Sprache und ihre sofortige Verwendung in der Kommunikation und zur Vermittlung von Inhalten bieten den Kindern von der ersten Stunde an Gelegenheit, ihre sprachlichen Kompetenzen, angeborene wie erworbene, erfolgreich einsetzen und demonstrieren zu können. *Nothing is more successful than success* – nichts motiviert so, wie das Gefühl, etwas zu können. Dies geschieht für das Kind am deutlichsten

- in der Bewältigung einer gestellten Aufgabe,
- in der Rückmeldung über deren Ausführung,
- in der Selbstreflexion bei der Bearbeitung von Portfoliobögen.

Es gibt viele Gründe, die dafür sprechen, im Laufe eines Schuljahres immer wieder den jeweiligen Lernstand eines Kindes oder einer Gruppe genauer zu bestimmen, zu dokumentieren und festzuhalten. In den meisten Fächern geschieht dies mit Hilfe schriftlicher Tests, deren Aufgabe es ist, die Ermittlung von Leistung

- valide (die Aufgabenstellung überprüft ein bestimmtes Lernziel),
- objektiv (die Durchführung und Bewertung ist personenunabhängig) und
- verlässlich

durchzuführen.

Im fremdsprachlichen Unterricht der Grundschule benötigen wir dazu jedoch weder spezielle Tests noch Testverfahren. Tests fragen immer nach Ergebnissen und belegen und dokumentieren sie. Sprachwachstum aber erfolgt in einem Prozess, im langsamen, aber stetigen Anwachsen von gezielt geforderten und dadurch geförderten Kompetenzen. Verzögerungen, Umwege, Pausen, sogar Stagnation – all dies gehört zu diesem Prozess. Was ein Kind kann oder nicht kann, erschließt sich einem ungeübten Betrachter nicht immer auf den ersten Blick.

Bei einer Hospitation in einer Grundschulklasse wurden Kollegen gebeten, den erlebten Unterricht und die darin erbrachte Schülerleistung auf einer Werteskala von 1–5 zu beurteilen. Es wurde zweimal »Sehr gut« vergeben, aber auch einmal die Note »Mangelhaft«. »Aber die sprechen ja ständig Deutsch«, war die Begründung für die schlechte Bewertung, »aber die verstehen ja schon alles, was die Lehrkraft sagt«, die für die gute. Gesehen hatten alle den gleichen Unterricht und dieselben Kinder, dennoch kamen am Ende ganz unterschiedliche Bewertungen heraus. Es ist also nicht nur wichtig, was wir sehen, sondern auch, wie wir das Gesehene interpretieren. Während die eine Lehrkraft bei dem ansetzte, was die Kinder noch nicht konnten, wie zum Beispiel sich noch nicht adäquat in der Zielsprache äußern, maßen die anderen das Gesehene an den Lernzielen des Unterrichts, in dem das Hörverstehen als grundlegende Voraussetzung für jeden Spracherwerb eine besondere Rolle spielt, und würdigten, was in diesem Bereich bereits gekonnt wurde.

Um Sprachkönnen einschätzen zu können, ist es folglich notwendig, zunächst alles zu sehen, was das Kind kann und dieses Können entweder an seinen individuellen Möglichkeiten, an denen einer Gruppe oder aber an festgelegten Zielen und / oder Standards zu messen. Das ist aber in jeder Phase des Unterrichts und an allen konkreten Lerninhalten möglich. Es erfordert weder Unterlagen zur Vorbereitung und Durchführung von Lernstandskontrollen, wie der Markt sie bereits anbietet, noch sonstige zusätzliche Materialien, sondern lediglich einen wachen Blick für alles, was im Unterricht geschieht.

Neben der ständigen immanenten Beobachtung des gesamten Unterrichtsgeschehens und der gezielten Beobachtung bestimmter Phänomene oder einzelner Kinder helfen dabei auch Aufgaben, die gezielt eingesetzt werden, um

- Fähigkeiten und Fertigkeiten zu schulen,
- den jeweiligen Lernstand zu überprüfen,
- die Schülerinnen und Schüler durch Reflexion und Selbstbewertung zu zunehmender Selbsteinschätzung zu führen.

Was hierbei gesehen werden kann, sollen einige Beispiele aus dem Englischunterricht verdeutlichen.

1. Kompetenzbereich: Hören und Verstehen

Aufgabe 1: Listen and do the action!

Klassenstufe:	1. Lernjahr, 2. Halbjahr
Thema:	Körperteile, Verben der Bewegung
Ziel:	den gehörten Text verstehen; das Verstehen belegen durch Ausführung von Handlungen

Abb. 1: Aufgabe 1a

Jumping Jack, Jumping Jack – Turn around.

T.1:
Jumping Jack, Jumping Jack – Turn around.
Jumping Jack, Jumping Jack – Touch the ground.
Jumping Jack, Jumping Jack – Go to the door.
Jumping Jack, Jumping Jack – Sit on the floor.

T.2:
Bend your knees – Show your teeth – Touch your neck – Show your back – Touch your lips – shake your hips – Touch your nose – Wiggle your toes.

T.3:
- ♥ Touch one eye – Say good bye.
- ♥ Touch your hair – Go back to your chair.
- ♥ Touch one leg – Then go back.
- ♥ Touch one toe – Time to go.

Abb. 2: Aufgabe 1b

Aufgabe 1a – Singen des Liedes: Alle Kinder singen (eine Gruppe von Kindern singt das Lied) – ein Kind (eine Gruppe von Kindern) führt die Handlungen aus.
Aufgabe 1b – Erarbeiten des Reims: Die Lehrkraft spricht zusammen mit der Klasse oder mit einer Gruppe die ersten vier Zeilen des Reims (T1, siehe oben) und gibt danach die weiteren Anweisungen, die von einem oder mehreren Kindern befolgt werden (T2, T3, s. o.).

Der Beweis der Schülerleistung ist offensichtlich, denn durch die Ausführung der einzelnen Handlungen zeigt das Kind allen, der Klasse, der Lehrkraft und sich selbst, dass es

- zuhören,
- die Anweisungen verstehen und
- angemessen darauf reagieren kann.

Während jedoch die Handlungsabfolge beim Lied starr bleibt, folglich also irgendwann automatisiert werden kann, bleiben beim Reim nur die ersten vier Zeilen immer gleich. Durch Einfügen neuer Verse, beziehungsweise durch deren Variation, ändert sich auch die Abfolge der Handlungen. Die Durchführung dieser Aufgabe belegt also mit Erschließungshilfen, wie z.B. der Gestik der Lehrerin, das Seh- und Hörverstehen und ohne Erschließungshilfen nur das Hörverstehen. Der Reim bietet weiterhin noch eine gute Möglichkeit, die Sprechleistung, das heißt Aussprache und Intonation, einzelner Kinder ins Auge zu fassen. Ein Beispiel hierfür ist das Sprechen des immer wiederkehrenden Anfangsreims und der Verse des Endteils, in der Klasse 3 auch des Mittelteils.

In beiden Beispielen können die Hör- und Sprechleistungen der Kinder leicht kommentiert und für die eigene Dokumentation auch schriftlich festgehalten werden. Ein solcher Kommentar kann sein: *Well done, Maria – you're a lovely Jumping Jack. Fine, Ben, you're a nice Jumping Jack, but try not to look at Paul next time.* Wenn keine Tonband- oder Videoaufnahmen gemacht werden, bieten sich jedoch nur unzureichende Rückmeldemöglichkeiten an die Eltern. Arbeitsaufträge, wie die beliebten *colouring dictations*, sind hier ein willkommener Anlass, nicht nur Kompetenzen zu schulen, sondern sie auch für alle sichtbar werden zu lassen.

2. Kompetenzbereich: Sehen, Hören und Verstehen

Aufgabe 2: Colour the Jumping Jack! (siehe Abb. 3 – 5)

Klassenstufe:	Aufgabe 2a: 1. Lernjahr, 2. Halbjahr Aufgabe 2b: Ende 1. Lernjahr
Thema:	Körperteile, Farben
Ziel:	Informationsentnahme aus einem mehrmals gehörten Text, Anmalen des Clowns.

Beide Aufgabenstellungen ähneln sich, denn ihr Ziel ist gleich. Dies trifft für den Schwierigkeitsgrad hingegen nicht zu. Um diesen besser einschätzen zu können, hilft der Blick zurück. Wenn Arbeitsaufträge gezielt, etwa zur Kompetenzschulung und / oder zur Überprüfung von Lernstand und -fortschritten und genügend vorbereitet eingesetzt werden sollen, bedingt dies folgende Fragestellung:

➢ Was muss das Kind bereits können, über welche (Teil)Kompetenz(en) muss es schon verfügen, um das leisten zu können, was von ihm erwartet wird?

My Jumping Jack

His **nose** is ***red***.
His **mouth** is ***red***.
His **cap** is ***green***.
His **hair** is ***brown***.
His **neck** is ***orange***.
His **body** is ***yellow***.
His **arms** are ***orange***.
His **hands** are ***blue***.
His **legs** are ***green***.
His **feet** are ***pink***.

Abb. 3: Aufgabe 2a

My Jumping Jack

Look, this is my Jumping Jack.
His **nose** is ***red,***
his **hair** is ***black***.

His **arms** are ***red***,
his **legs** are ***blue***.
He's got hands and feet like you.

His **hands** are ***pink***,
His **feet** are ***black***.
Can you colour
my Jumping Jack?

Abb. 4: Aufgabe 2b

Abb. 5

Die gleiche Fragestellung hilft uns auch, das Können eines Kindes zu sehen, denn mit der Bewältigung einer Aufgabe zeigt es eine Vielzahl individuell ausgeprägter Kompetenzen. Diese gilt es zu sehen, zu kommentieren, zu dokumentieren und gegebenenfalls auch zu bewerten. Blicken wir zurück zu obigen Aufgabenstellungen.

Aufgabe 1: Listen and do the action!

Was muss das Kind bereits können?	Es zeigt dies durch	Damit zeigt es
• Genau zuhören • Sprechersignale beachten und deuten • Erschließungshilfen wahrnehmen, nutzen und deuten • Erschließungstechniken einsetzen: raten, sich rückversichern, ...	• Hinwendung zum Sprecher • Blickkontakt zum Sprecher • richtige Reaktion beim Ausführen auch neuer, sprachlich noch unbekannter, jedoch mimisch und gestisch gestützter Anweisungen	• Sprachlernkompetenz / Lernstrategien
• Anweisungen verstehen und richtig darauf reagieren	• Ausführung der richtigen Handlungen	• Lexikalische Kompetenz – *classroom phrases* – *body parts* – *action verbs*

Durch die Ausführung der Handlungen zeigt das Kind, dass es Anweisungen versteht, d. h., dass es die Bedeutung der fremdsprachigen Äußerungen entweder kennt oder sie aus Situation, Kontext sowie den angebotenen Dekodierungshilfen entschlüsseln kann. Dazu aber benötigt es Lernstrategien. Diese befähigen es langfristig, Sehverstehen in echtes Hörverstehen umzuwandeln. Je größer sein Repertoire an Lernstrategien, desto größer ist auch seine Kompetenz im Bereich des Hörverstehens.

Aufgabe 2: Colour the Jumping Jack!

Was muss das Kind bereits können?	Es zeigt dies durch	Damit zeigt es
• Anweisungen verstehen und richtig darauf reagieren	• Ausführen der richtigen Handlung	• Lexikalische Kompetenz *(classroom phrases)*
• Visuelle Erschließungshilfe (Bild) zum Verstehen nutzen • Auf Schlüsselwörter achten • Schlüsselwörter zur Texterschließung nutzen	• Betrachten der Zeichnung während des Hörens • Gezielte Blickrichtung	• Lernstrategien / Sprachlernkompetenz
• Schlüsselwörter verstehen bzw. deuten	• Anmalen der richtigen Teile in den richtigen Farben	• Lexikalische Kompetenz – *body parts* – *colours*
• Korrekturen durchführen	• Vergleich Zeichnung – Hörtext bei wiederholtem Hören	• Methodenkompetenz

Je komplexer die Aufgabenstellung, desto höher werden folglich auch die Anforderungen an das, was bereits gekonnt werden muss. Je höher die Anforderungen sind, desto mehr Sprachkönnen kann aber auch gezeigt werden.

So folgen in Aufgabe 2a alle Anweisungen stets dem gleichen Muster einfachster Satzbildung. Zum Verständnis notwendige Schlüsselwörter befinden sich folglich immer an derselben Stelle im Satz. Ist dieses Schema einmal erkannt, werden sie schnell gefunden.

Durch die Reimform in Aufgabe 2b erhöht sich der für die Durchführung der Aufgabe weniger wichtige Sprachanteil. Damit steigen auch die Anforderungen an das Kind, das jetzt die wichtigen Anteile aus einem größeren sprachlichen Angebot herausfiltern muss.

3. Kompetenzbereich: Lesen und Verstehen

Three clowns

»Take out your colours«, says Mrs White, the teacher.
»Today you can draw a nice clown, a clown with a funny hat, big shoes, big trousers and a nice T-shirt!« Great! The children are happy. They like drawing.
»Show me your clown, Kathy«, says Mrs White. »What colour is his T-shirt?«
»It's blue, Mrs White.«
»A blue T-shirt? How nice. And yours, Sally?«
»It's red, Mrs White. I like red.«
»You're right, Sally. Red is a super colour. Let me see your T-shirt, Mike! Ah, your T-shirt is red, too.« »Yes, Mrs White, and my hat is red.« »That's a lot of red, Mike, a red T-shirt and a red hat?« »Yes, but the trousers are blue.«
»Let me look at your shoes, Mike. Yellow shoes! A red T-shirt, a red hat, blue trousers and yellow shoes – that's really cool, Mike« »Yes, that's great, Mrs White. I like my clown!«
»My clown has got a yellow hat«, says Sally. »I like yellow. Yellow is my favourite colour.«
»Mine, too«, says Kathy. »Look at my yellow shoes. They are very big! And my clown has got big trousers.« »What colour are your trousers, Kathy?« asks Mrs White. »My trousers are green. And my hat is ... Mmm, what colour can I take for my hat, Mrs White?« »What about orange, Kathy?« »Orange? Great! My clown has got green trousers, yellow shoes, a blue T-shirt, and an orange hat. Super!«
»OK!«, says Mrs White. »Finish your clowns. Sally, I like your pink trousers. They look nice with the blue shoes. Now put away your colours. It's time to go home!«

3a) Read the text. Colour the clowns

Sally	**☐ P**	**Kathy**	**☐ P**	**Mike**	**☐ P**

3b) Read the text. Fill in the colours.

Sally				
Kathy		*blue*		
Mike				
				☐ / 12P

Da in der Grundschule in der Regel das Schriftbild erst dann eingesetzt wird, wenn das dazugehörige Klangbild bereits hinlänglich bekannt ist, zeigt das Kind beim Lösen dieses Aufgabenkomplexes, dass es Folgendes kann:

- ➢ häufig wiederkehrende schriftliche Arbeitsanweisungen lesen und verstehen,
- ➢ bekannte Klangbilder in ihrem Schriftbild wiedererkennen,
- ➢ bedeutungstragende Lexik (Schlüsselwörter) erkennen und verstehen – hier das Schriftbild von Namen, Kleidungsstücken und Farben,
- ➢ Schlüsselwörter und visuelle Erschließungshilfen zur Texterschließung nutzen,
- ➢ den groben Textverlauf verstehen,
- ➢ Detailinformationen auffinden,
- ➢ einzelne Wörter korrekt abschreiben
- ➢ und damit neben Weltwissen lernstrategische und lexikalische (Erkennen, Kennen des Schriftbilds von Namen, Kleidungsstücken, Farben ...) sowie Schreib- oder Methodenkompetenz einsetzen.

Findet keine anschließende Reflexion über Aufgabe und Durchführung statt, genügt auch hier eine Würdigung seiner Leistung mit Ziffernnoten oder Symbolen, wie einer lachenden Sonne.

Die auf dem Papier sichtbaren Ergebnisse solcher Aufgaben zu dokumentieren ist relativ einfach. Schwieriger wird es jedoch mit dem, was bei ihrer Durchführung beobachtet werden kann, dem Prozess der Bearbeitung und der Art und Weise, in der eine Aufgabe gelöst wird. Kriterien wie Sorgfalt und Vollständigkeit können dem Endprodukt entnommen werden, Selbstständigkeit und Schnelligkeit der Bearbeitung jedoch nicht. Sie erschließen sich nur bei genauer Beobachtung, ebenso wie der Einsatz der im Lernprozess so wichtigen Lernstrategien.

Dabei können Beobachtungsbögen dienlich sein, die bei der Erfassung von Lernständen einzelner Schüler ebenso nützlich sind wie bei der Dokumentation von Lernprozessen. Beobachtet werden dabei meist wenige Schüler oder eine kleine Gruppe von Schülern; die Dokumentation erfolgt während des Unterrichts bzw. danach.

Lernfortschritte beobachten

Beobachtungsverfahren »bewegen sich« häufig, so EIKO JÜRGENS (JÜRGENS 1995: 53 ff.), »zwischen den Polen«. Sie können »zufällig, gelegentlich bzw. unsystematisch auf der einen Seite und systematisch durchdacht, merkmalsorientiert auf der anderen« (ebd.) sein. Schulische Beobachtungsverfahren stellen immer Kompromisse dar zwischen den »Erfordernissen nach einer möglichst ökonomischen Handhabbarkeit, ohne damit gleich anspruchslos zu sein, und der Intention, zu aussagekräftigen Informationen zu gelangen« (ebd.).

Laut JÜRGENS (ebd.) haben sich dabei zwei Verfahren als praktikabel herausgestellt:

- Beobachten in vergleichbaren Situationen:
  Hier wird in verschiedenen Standardsituationen (im Anfangskreis, beim *storytelling*, in Übungsphasen, beim Spiel etc.), in bestimmten Sozialformen (EA, PA, GA) oder bei Anwendung verschiedener Methoden (Nachsprechen, Wiederholen, ...) das Lernverhalten zum Gegenstand der geplanten Beobachtungsprozesse gemacht.
- Zeitlich aufgeteilte Beobachtungsabläufe:
  Sie eignen sich besonders zur Beobachtung von Entwicklungen, wie z. B. der Sprachentwicklung; das Hauptaugenmerk liegt hier auf der Beobachtungs*dauer*, der Beobachtungs*häufigkeit* und dem *Zeitraum*, in dem die Beobachtungen stattfinden.

Die Gestaltung von Unterlagen zur Dokumentation solcher Beobachtungen hängt stark davon ab, welche Antworten sie auf welche Fragen geben sollen. Dementsprechend müssen die Fragebereiche ausgesucht und Fragestellungen ›feinmaschiger‹ oder ›weiter‹ gestaltet werden. Beobachtung und Dokumentation haben beide stark mit der Gestaltung des Unterrichts zu tun, der sich wiederum durch die Beobachtungen verändern kann.

Einschätzung der Lernentwicklung

Kategorien: ☐ a (fast) immer, b oft, c manchmal, d selten, e nie
☐ a sehr sicher, b sicher, c tw. sicher, d unsicher, c s. unsicher

	Kompetenzen	Dat.	Dat.	Dat.	Dat.
HÖRVERSTEHEN	S kann einfache Aussagen, Fragen u. Anweisungen d. LK. verstehen und adäquat darauf reagieren.				
	S kann zu bekannten Themenkreisen bei Einsatz entspr. Hilfen einfache Texte global verstehen und auf Deutsch wiedergeben				
	S kann nach mehrfachem Hören einfachen Texten Detailinformationen entnehmen.				
	S kann sich mit gehörten, visuell gestützten Texten (Lieder, Reime, Bilderbücher,...) verstehend auseinandersetzen.				
	S kann bekannte Texte auch vom Tonträger verstehen				
SPRECHEN	S hat in Bezug auf Lautbildung und Intonation eine gut verständliche Aussprache.				
	S kann zu konkreten Anlässen u. bekannten Sachverhalten einfache Aussagesätze u. Fragen bilden.				
	S kann Reime/ Lieder / Dialoge nachsprechen u. auswendig vortragen.				
	S kann in formelhafter Sprache informieren, erzählen, berichten u. Personen, Dinge,... beschreiben.				
	S kann einen kurzen geschriebenen Text vorlesen.				
	S kann eine einfache Präsentation gestalten.				
LESEN	S kann Wörter und Sätze aus bekannten Themenfeldern verstehen.				
	S kann häufig wiederkehrende schriftliche Arbeitsanweisungen und Mitteilungen verstehen.				
	S kann kurze beschreibende und erzählende, visuell gestützte Texte verstehen.				
	S kann in diesen Texten Detailinformationen auffinden.				
SCHREIBEN	S kann nach Vorlage bekannte bzw. ihm/ihr wichtige Wörter richtig schreiben.				
	S kann kurze Sätze auf Grußkarten, E-Mails, Poster usw. übertragen.				
	S kann kurzen Text (Reim, Lied, ...) übertragen.				
	S kann in Wörtern u. einzelnen Sätzen über sich, andere Personen, Handlungen, Tiere, Dinge,... schreiben.				

Abb. 8: Bogen zur Lernentwicklung
(Quelle: R. Hafner, Lindenhofschule Blaustein)

Als praktikabel haben sich Beobachtungsbögen erwiesen, die zum einen Indikatoren für Leistungen in den einzelnen Kompetenzbereichen enthalten und zum anderen eine Skalierung mit Aussagen über deren Ausprägungsgrad oder Häufigkeit (vgl. Abb. 8 und 9).

Je nach Bedarf werden die Raster mit mehr oder weniger Beobachtungs- und Bewertungskriterien gefüllt und dienen ebenso der justitiablen Dokumentation von Schülerleistungen wie alle sonstigen Aufzeichnungen und jegliche Art von Schülerunterlagen (vgl. Abb. 10).

Mittlerweile gibt es zu den im Englischunterricht der Grundschule eingesetzten Unterrichtswerken eine Fülle von Beobachtungsbögen. Selbst solche für die Hand der Schüler, die mit ihrer Hilfe zu Selbstbeobachtung und Selbstreflexion angehalten werden, sind verfügbar. Dennoch empfiehlt es sich manchmal, eigene

Beobachtungsbogen zum Kompetenzbereich Sprechen

Diese Schülerinnen und Schüler können einen kleinen Dialog vorspielen/einen Sketch aufführen:

	Dialog 1: „Can you come to my house?" (IK.4, Modul school) 1. Versuch	Text 2 2. Durchgang
flüssig, fast fehlerlos, mit guter Aussprache, mehrere Sätze	Mara + Laura	Laura (+ [illegible])
flüssig, mit nur kleinen Fehlern, einige Sätze	Bahar + Sarah Ryan + Mark Dinah + Laura	Karen + Dinah Leoni + Bahar Ryan + Mark
weitgehend richtig, mit gegenseitiger Hilfe, um gute Aussprache bemüht	Philip + Mark↑ Leoni + Mona	([illegible]) + Leoni – Ausspr.! kreative Vers.
mit Hilfe, Inhalt verständlich, wenige Sätze,	Toni + Marcello Lena + Dinah↑ Lara + Jenny	
stockend, nur mit Hilfe	Felix + Lukas	
verweigert		

Bemerkungen:

• Ha

Abb. 9: Beobachtungsbogen zur Sprechleistung
(Quelle: R. Hafner, Lindenhofschule Blaustein)

Name d. Schülers/ der Schülerin	Versteht die im Unter. verwendete Sprache (*classroom phrases*)			Kann Arbeitsaufträge verstehen und ausführen			Kann sich mit Hilfe v. Mimik, Gestik u.a. Sprache erschließen			Nimmt neue Klangbilder schnell auf und imitiert sie			Kann Reime, Liedtexte,... wiedergeben		
	sicher	Tw. sicher	Noch unsicher	sicher	Tw. sicher	Noch unsicher	sicher	Tw. sicher	Noch unsicher	sicher	Tw. sicher	Noch unsicher	sicher	Tw. sicher	Noch unsicher
Allgeier, Maria	12.02. 11.05.			10.01 04.03.			04.03.			11.05				05.06.	
Behrends, Uta		12.02. 11.05			10.01 04.03.			04.03				11.05			05.06

Abb. 10: Dokumentation der Lernentwicklung in Teilbereichen

Bögen zu erstellen. Diese sollten Könnensbeschreibungen wie in Abbildungen 8 und 10 enthalten und, wie in Abbildung 9, sich auf eine konkrete Aufgabenstellung beziehen. Sie sollten die Möglichkeit geben, beides schnell zu kommentieren oder durch Datumseintrag zu dokumentieren. Bei der Erstellung helfen Indikatoren, die, mit dem Verb ›kann‹ versehen (... kann Laute imitieren), zu Könnensbeschreibungen umformuliert werden (vgl. Abb. 11).

<table>
<tr><th colspan="3">Indikatoren für Schülerleistungen im Bereich</th></tr>
<tr><th>Hören + Verstehen
Lesen + Verstehen</th><th>Sprechen
Aussprache / Intonation</th><th>Lexik / Grammatik</th></tr>
<tr>
<td rowspan="5">• Alle nonverbalen Reaktionen - vom Gesichtsausdruck bis zum TPR
• Umsetzen mündlicher und schriftlicher (Handlungs-) Anweisungen
• Zeigen auf Gegenstände, Personen, Bilder,...
• Kolorieren, Vervollständigen von Bildern,...
• Zuordnen von Wörtern / Sätzen, Textteilen zu Zahlen, Bildern, ...
• Ersetzen von Wort- und/oder Bildkarten
• Sortieren, Aussortieren, Ergänzen von Bildern
• Wiedergeben von Gehörtem und Gelesenem
- bildlich
- pantomimisch
- szenisch
- auf Deutsch
- in der Zielsprache
• Handeln nach Arbeitsanweisungen
• Lösen von Verständnisaufgaben (richtig / falsch,...)
• Finden von Details, von Unterschieden, ...
- in Aussagen
- in Texten
• Vergleichen zweier Texte
• Diskriminieren von Lauten
• Finden von Reimwörtern.</td>
<td>• Imitieren von Lauten
• Nach-/Mitsprechen/ Mitsingen von Wörtern/Wendungen Reimen ...
• Aufsagen kleiner Reime, Lied- und Dialogtexte
• Ergänzen unvollständiger Satzteile, Sätze, Fragen
• Fragen, Antworten
• Erteilen von Kommandos, Spielanweisungen, Auskünften
• Beschreiben und Präsentieren von Bildern, Büchern,...
• Vorlesen u. Gestalten von Texten
• Sprechen im Rollenspiel</td>
<td>• Zuordnen von Wörtern, Redemitteln, Strukturen,... zu Bildern
• Auffinden von Wörtern in Wortschlangen
• Zusammensetzen von Wort-/Satzteilen (Puzzles)
• Lösen von Rätseln
• Einsetzen von Wörtern, Strukturen,... in Sätzen
• Bilden einfacher Sätze...</td>
</tr>
<tr><th>Schreiben</th><th>Lernstrategien
Lern- u. Arbeitstechniken</th></tr>
<tr>
<td>• Übertragen von Wörtern
• Lösen von Kreuzworträtseln
• Schreiben von Listen...
• Erstellen von Wortsammlungen
• Beschriften von Bildern und Sprechblasen
• Verwenden von Satzbausteinen zur Textproduktion
• Gestalten von Briefchen, Grußkarten, E-Mails, nach Vorlage...
• Schreiben von kleinen Reimen und „Elfchen“</td>
<td>• Auffinden/Markieren von Wörtern, Redemitteln, Sätzen, Textteilen
• Erkennen und Nutzen visueller, akustischer, haptischer Erschließungshilfen
• Eintragen von Gehörtem/ Gelesenem in Tabellen, Vorlagen,......
• Verwenden von Bildlexika und anderen Hilfsmitteln
• Durchführen von Selbstkontrollen
• Führen des Portfolios</td>
</tr>
<tr><th colspan="2">Personale Kompetenzen</th></tr>
<tr><td colspan="2">• Interesse, Ausdauer, Motivation
• Umfang, Art, Dauer der Beteiligung am Unterricht
• Bereitschaft zum Zuhören, Sprechen, Spielen, Singen, zur Kooperation, ...</td></tr>
</table>

Abb. 11: Indikatoren

Standards ›konkretisieren‹ – mit Niveaukonkretisierungen

Die je nach Bundesland unterschiedlichen Rahmenbedingungen für den Fremdsprachenunterricht zeigen, dass auch der Fremdsprachenunterricht in der Grundschule ministeriellen Vorgaben unterliegt (vgl. die Synopse »Fremdsprachen in der Grundschule« 2005). Diese Vorgaben wurden auf der Grundlage von Bildungsstandards erstellt und entsprechen, laut Beschluss der Kultusministerkonferenz vom 23. und 24. Mai 2002, weitgehend denen, die von der KMK herausgegeben wurden. Darüber hinaus sind die meisten Lehrpläne und Rahmenrichtlinien der Bundesländer an den Gemeinsamen Europäischen Referenzrahmen (GER) für Sprachen angebunden (Europarat 2001). Um in den Ländern der Europäischen Union das Lehren, Lernen und Können von Fremdsprachen vergleichbar zu machen, wird in ihm Sprachkönnen auf sechs Niveaustufen (A1– C2) definiert. Die Deskriptoren dieser Könnensprofile finden sich in vielen Bildungs-, Lehr- und Rahmenplänen, was zwar deren Vergleichbarkeit erhöht, nicht aber ihre Umsetzbarkeit. So wissen viele Lehrkräfte mit der reinen Auflistung sprachlicher Ziele wenig anzufangen. Sie sind an inhaltliche Vorgaben gewöhnt und hätten statt Zielformulierungen lieber konkrete ›Wegbeschreibungen‹. Um ihnen teilweise entgegenzukommen, gliedert sich der baden-württembergische Bildungsplan 2004 in drei Ebenen mit unterschiedlichem Verbindlichkeitsgrad.

Die erste Ebene sind die Bildungsstandards, ausgewiesen für alle Fächer und Fächerverbünde für die Klassenstufen 2, 4, 6, 8, 9 (HS), 10 und 12. Gemäß dem Schulgesetz enthalten sie die staatlichen Vorgaben für die Schulen des Landes und liegen als Druckfassung vor. Verdeutlicht werden sie auf der dritten Ebene durch unverbindliche *best practice*-Beispiele und auf der zweiten durch verbindliche Niveaukonkretisierungen. In diesen werden an exemplarischen Problemstellungen ausgesuchte Standards oder Standardbündel konkretisiert und das erwartete Niveau auf drei Stufen dargestellt. Analog zu den Niveaustufen des GER beschreibt dabei die Niveaustufe A die Mindestanforderung, die erbracht werden muss, um den Anforderungen der Bildungsstandards gerade noch zu entsprechen. Die Niveaustufe C beschreibt das höchste Niveau und Stufe B bewegt sich in ihren Formulierungen zwischen den beiden Polen. Mittlerweile wurden für alle Schularten und Fächer Niveaukonkretisierungen erstellt; sie dienen diagnostischen Zwecken ebenso wie der unterrichtlichen Standortbestimmung und helfen den Lehrkräften, Zeugnisnoten transparent zu machen.

In einem Beispiel für die Klassenstufe 2 (vgl. Abbildung 12) zum Kompetenzbereich Hörverstehen »hören die Schülerinnen und Schüler einen bei

Bedarf durch Bildmaterial, Mimik und Gestik gestützten Text angemessener Länge. Sie verfolgen den Textverlauf und nützen Schlüsselwörter zum Verstehen inhaltlicher Details« (BILDUNGSPLAN 2004: Niveaukonkretisierung für Englisch GS, Hörverstehen: Informationen entnehmen).

4. Anhang (HÖRTEXT)

Tulips for Tina

This is Tina. Tina is in the garden. And – of course – there is Teddy. Teddy is Tina's teddy bear and Tina loves Teddy very, very much.
When Tina is in the house Teddy is in the house, too.
And when Tina is in the garden Teddy is in the garden, too.
The garden is very nice. There are lots of tulips.
There are red tulips and yellow tulips, pink tulips and orange tulips.

Tina starts counting the tulips: one, two, three, four, five. Five red tulips.
And one, two, three - three yellow tulips.
And one, two, three, four – four pink tulips.
"Look, Teddy!" Tina says. "Look at the orange tulips. Two orange tulips! That's nice.
And here – oh look! Here is one purple tulip. There are fifteen tulips.
So many tulips and so many colours: red and yellow and pink and orange and purple.
Oh Teddy, I know a song!"
And Tina starts singing:

"Red and yellow, pink and purple,
orange, green and blue.
I can see fifteen tulips.
Can you see them too?"

Abb. 12a und b: Niveaukonkretisierungen Englisch Klasse 2

SCHÜLERBLATT

A) Welches Bild gehört nicht zur Geschichte? ☒

B) Male die richtige Anzahl von Blumen in der richtigen Farbe an

Die Bildungsstandards für die Klasse 2 erwarten von den Schülerinnen und Schülern, dass sie

- den groben Textverlauf verstehen und ihn auf Deutsch wiedergeben können,
- nach mehrmaligem Hören und Klärung des situativen Kontexts einfachste Detailinformationen entnehmen können,
- die durch Gestik und Mimik unterstützten Anweisungen der Lehrkraft in der Unterrichtsaktion verstehen können,

- sich mit verschiedenen, mündlich präsentierten und visuell gestützten Texten, Medien und authentischen Materialien wie ... verstehend auseinandersetzen können,
- bekannte Fragen und Anweisungen sowie situativ gestützte unbekannte Fragen und Anweisungen verstehen und darauf entsprechend reagieren können,
- Äußerungen überlegt und themenbezogen einbringen können (vgl. Bildungsplan 2004: 74 ff).

Auf der Grundlage dieser Könnensbeschreibungen wurden folgende drei Niveaustufen formuliert:

Niveaustufe A
Die Schülerinnen und Schüler verstehen den groben Verlauf der Geschichte. Sie zeigen dies durch richtige Beantwortung der entsprechenden Fragestellung.
Niveaustufe B
Die Schülerinnen und Schüler verstehen sowohl den groben Verlauf der Geschichte als auch einen Teil der Details, die sie farbrichtig wiedergeben.
Niveaustufe C
Die Schülerinnen und Schüler verstehen sowohl den groben Verlauf der Geschichte als auch alle Details, die sie farbrichtig wiedergeben.

Bei der Bearbeitung von Aufgaben zeigt das Kind, ob es den beschriebenen Niveaus weitgehend entspricht.

In unserem Beispiel wird davon ausgegangen, dass alle Schülerinnen und Schüler mit Hilfe von Sprachlernstrategien und bereits erworbenen lexikalischen Kenntnissen erkennen und verstehen, dass Tina im Garten ist (Schlüsselwort *garden*, Hinweis Tulpenfries) und als Beleg für ihr Globalverständnis die Aufgabe A) richtig lösen. Wird dieser Mindestanforderung nicht entsprochen und zeigt auch die Bearbeitung von Teil B mangelndes Verständnis der Aufgabenstellung und / oder des Hörtextes, so entspricht die kindliche Leistung nicht dem Standard und ist somit nicht mehr ausreichend. Um Niveaustufe B zu erreichen, müssen die Schülerinnen und Schüler auch einen Teil der inhaltlichen Details erfassen.

Niveaukonkretisierungen sind ebenfalls nur ›Wegweiser‹ und keine ›Wegbeschreibungen‹. In der Regel verzichten sie deshalb auf genaue Angaben zur quantitativen Ausgestaltung von Antworten, hier die erwartete Menge angemalter Tulpen, denn ihre Aufgabe ist es nicht, Noten zu definieren, sondern Können. Sie tun dies auf der Basis der für die Klassenstufen 2 und 4 aufgestellten Bildungsstandards. Diese entsprechen in Klasse 4 in ihren Kernaussagen weitestgehend denen, die der BIG-KREIS für den Fremdsprachenunterricht der Grundschule fordert (BIG-KREIS 2005).

Durch die Formulierung zusätzlicher Bewertungskriterien, z. B. die angemessene, auch sprachliche Reaktion auf Fragen zum Text, stehen der Lehrkraft weitere Überprüfungsmöglichkeiten offen.

Niveaukonkretisierungen dienen in erster Linie der Diagnostik von Lehren und Lernen. Für eine Absicherung von Zeugnisnoten müssen die Niveaustufen in Notenstufen umgerechnet werden. Je nach Bearbeitung entspricht die Stufe C: »sehr gut« oder »gut«; die Stufe B: »gut« oder »befriedigend« und die Stufe A: »befriedigend« oder »ausreichend«.

Portfolio – Kinder beurteilen sich selber

Ein zentraler Aspekt des Fremdsprachenunterrichts in der Grundschule ist die Förderung der Eigenverantwortlichkeit der Schülerinnen und Schüler. Dazu gehört auch, dass sie lernen, über ihr Tun zu reflektieren und ihre Leistungen selber einzuschätzen. Dass sie das bereits im Grundschulalter können, belegen eine Vielzahl von Beobachtungen und neuere Studien. Eine Möglichkeit, Kinder bereits auf einer frühen Stufe in die Überprüfung ihres Lernstandes und ihres Lernerfolgs mit einzubeziehen, ist die Arbeit mit dem Portfolio, bei der sich die Schüler an konkreten und überschaubaren Unterrichtssituationen ihres Könnens vergewissern und es einzuschätzen lernen (vgl. die Beiträge von BURWITZ-MELZER, KOLB und RAU & LEGUTKE in diesem Band).

Leistung würdigen – Leistung (be)werten

Formen der Rückmeldung an Kinder und Eltern

Grundschüler benötigen viel Lob und Bestätigung, sie brauchen die ständige Ermutigung, Anerkennung und Würdigung auch kleinster Anstrengungen und Leistungen.

Die würdigende Rückmeldung über eine Beobachtung, über Gelerntes und Geleistetes ist Bestandteil des täglichen Unterrichts und dient dazu, die Schülerinnen und Schüler in ihrem Bemühen zu bestätigen, zu bestärken und ihre Lernfreude und Motivation zu erhalten.

Würdigung ist stets positiv besetzt und orientiert sich im Allgemeinen eher an einem Ist- als an einem Sollzustand und eher an einem individuellen als an einem standardisierten Maßstab.

Mögliche Formen der Rückmeldung sind:
- ➢ Mimik und Gestik
- ➢ Symbole ★☺♥, Stempel, Aufkleber, Punkte, Noten
- ➢ Mündliche Äußerungen und schriftliche Bemerkungen,
  vor allem aber
- ➢ das ausführliche Gespräch mit Schülerinnen und Schülern und / oder den Eltern.

In Aufgabe 1 ist es die mündliche Rückmeldung, die dem Kind signalisiert, wie die Lehrkraft seine Leistung einschätzt. Neben der verbalen Würdigung, dem Lob oder der detaillierten Rückmeldung über das Geleistete, spielen aber gerade in der Grundschule sichtbare Zeichen eine große Rolle. Das sind in Aufgabe 2 Sternchen oder Smileys. Es können aber auch andere Symbole verwendet werden, die entweder bereits auf dem Aufgabenblatt vorhanden sind und nur nach Grad der Bewältigung umkreist, oder aber nachträglich gezeichnet, gemalt, geklebt und gestempelt werden. Letzteres können die Kinder auch selber vornehmen, ebenso wie den Punkteeintrag in Aufgabe 3.

Keine Angst vor Mogeleien! Kinder haben einen ausgeprägten Gerechtigkeitssinn, der bei den meisten von ihnen einen falschen Eintrag verhindert, vor allem dann, wenn für sie der Zusammenhang zwischen Leistung und Wertung klar erkennbar ist. Das kann z.B. 1 Sternchen, 1 Punkt pro richtig angemaltem Körperteil sein, oder 1 Smiley, 1 Bärchen pro richtig ausgeführtem Begriff *(arms, legs, head, ...).*

Da Eltern dazu neigen, von Einzelnoten sofort Rückschlüsse auf mögliche Zeugnisnoten zu ziehen, ist auch in Bundesländern mit Notengebung davon abzuraten, alle Teilleistungen der Schülerinnen und Schüler mit Noten zu versehen und lieber eine andere Form der würdigenden Rückmeldung zu wählen.

Aus dem gleichen Grund ist es auch nicht empfehlenswert, ein Punkte-, Herzchen- und Sternchensystem zu wählen, das zu sehr den Notenstufen gleicht und über 5 von 6 Herzchen und 10 von 12 Bärchen eben doch die Note »gut« zu vergeben. Die Eltern neigen dazu, alles zu addieren, was sie schwarz auf weiß in der Hand haben, und ›Unsichtbares‹ dagegen zu vernachlässigen. Diese für sie nicht sichtbaren Teile machen aber in der Regel den größten Teil des fremdsprachlichen Unterrichts aus. Den Eltern klar zu machen, dass wichtige Bereiche wie das Sprechen, Kommunikation und Interaktion, Interesse und Beteiligung, Motivation und Ausdauer für sie nur bedingt einsehbar sind, ist nicht einfach. Es wird aber generell leichter akzeptiert, wenn möglichst viele Eintragungen belegen, dass all dies von der Lehrkraft sehr wohl gesehen und notiert wird.

In Klasse 3 und 4 empfiehlt es sich, bei den Aufgabenstellungen darauf zu achten, dass die zu erreichende Punktzahl entweder immer gleich oder aber vergleichbar ist (4, 8, 12, ... oder 5, 10, 15, ... Punkte). Das erleichtert die spätere Umrechnung in Notenwerte.

So willkommen auch gestempeltes, gemaltes und geschriebenes Lob ist, so ersetzt es doch nicht die ermutigende Geste, das freundliche Lächeln, das anerkennende Wort oder gar das ausführliche Gespräch. In diesem Gespräch können und sollen neben der Würdigung von bereits Gekonntem selbstverständlich auch die Bereiche Erwähnung finden, die noch verbesserungswürdig sind und / oder die der Unterstützung bedürfen, etwa durch

- ➢ erhöhte Anstrengung des Kindes (besser zuhören, hinsehen, schneller und genauer arbeiten, mehr üben ...),
- ➢ differenzierte und differenzierende Lernangebote oder
- ➢ erweiterte Hilfestellung durch die Lehrkraft, die Eltern, die Mitschüler.

Wir erweisen dem Fremdsprachenunterricht – nicht nur in der Grundschule – keinen guten Dienst, wenn wir, aus vermeintlich pädagogischen Gründen, nicht auch hier Leistung nicht nur fördern, sondern auch fordern. Die Kinder werden in diese Feedback-Kultur selbstverständlich mit einbezogen; sie fragen nach, korrigieren sich und geben sich gegenseitig Rückmeldung.

Ob die Würdigung der Lehrkraft auch in Form von einem Leistungsbericht, wie einer Verbalbeurteilung oder einer Zeugnisnote erfolgt, hängt nicht zuletzt von den jeweiligen Rahmenbedingungen und Vorgaben ab.

Eine pädagogische Leistungsbewertung orientiert sich stets an zwei Beurteilungsmaßstäben, und zwar am individuellen und am anforderungsbezogenen.

Sie ermittelt in Klasse 1 und 2 eher prozessbezogen das individuelle Können, in Klasse 3 und 4 aber vermehrt anforderungsbezogen das Können des Kindes gemessen am standardformulierten Anforderungsprofil.

	Klasse 1	**Klasse 2**	**Klasse 3**	**Klasse 4**
standardisierter Leistungsmaßstab				
individueller Leistungsmaßstab				
Rückmeldung	Kommentar, Gespräch, Symbol, Punkte,...**Leistungs-/Schulbericht**		Kommentar, Gespräch, Symbol, Punkte, ... **(Zeugnis) Noten**	

Abb. 13: Beurteilungsmaßstäbe

Die Erwähnung der fremdsprachlichen Leistung im Schulbericht von Klasse 1 und 2 oder in den Verbalbeurteilungen weiterführender Klassenstufen bereitet den Lehrkräften meist keine große Schwierigkeit, geht es hier doch weniger um eine exakte Leistungsbeschreibung als vielmehr um die angemessene Würdigung kindlicher Bemühungen. Dennoch sollte auch im Schulbericht oder in der Verbalbeurteilung darauf geachtet werden, dass nicht in jedem Zeugnis der Standardsatz erscheint: »Peter / Petra hat mit (großem) Interesse am Englischunterricht teilgenommen«, sondern auch hier bereits eine leichte Stufung erfolgt, z.B. auf den 3 Niveaustufen des GER.

	Kompetenzstufe C	**Kompetenzstufe B**	**Kompetenzstufe A**
Hörverstehen **Peter**	Versteht schon (fast) alles, was die Lehrerin sagt, erzählt, berichtet.	Kann verstehen, was die Lehrerin sagt, wenn es stark bildgestützt ist.	Kann die Lehrerin dann verstehen, wenn ihm noch zusätzliche Hilfe angeboten wird.
Sprechen **Peter**	Hat große Freude daran, englische Wörter und Sätze auszuprobieren und verwendet sie sprachrichtig und mit (sehr) guter Aussprache.	Kennt schon viele englische Wörter und Sätze und verwendet sie weitgehend sprachrichtig und gut verständlich.	Kennt schon eine Reihe Wörter und Sätze und versucht, sie im Unterricht einzubringen.

Abb. 14: Kompetenzstufen

Notenfindung

Aber auch die Notenfindung ist bei entsprechenden Unterlagen nicht schwer.

Eine einfache Übersicht, die alle zu wertenden Kompetenzbereiche enthält, hilft dabei, Eintragungen von Beobachtungsbögen und Ergebnisse von Schülerarbeiten in Noten umzuwandeln.

Benotung im Fach Englisch

Name	1. Lesen und Verstehen	2. Sprechen	3. Hören und Verstehen	4. Sprachlernstrategien	Durschnitte	Endnote

Bedeutung der Noten: 1 = sehr sicher und adäquat, 2 = sicher und adäquat, 3 = weitgehend sicher
4 = nur mit Hilfe anderer, 5 = nur sehr fehlerhaft, 6 = verweigert sich fortwährend

Abb. 15: Teilnoten im Fach Englisch
(Quelle: D. STECHER, Oskar-Schwenk-Schule Waldenbuch)

Die Bewertung der Gesamtleistung erfolgt auf der Grundlage von Vorgaben und Richtlinien.

Wie in jedem anderen Fach ist auch in der Fremdsprache den Eltern zu Beginn des Schuljahres über Leistungsmessung und Notenfindung Auskunft zu geben. Hierzu wird aus den Lehrplanaussagen ein Katalog dessen zusammengestellt, was und mit welcher Gewichtung gewertet werden soll.

Klasse 3						
Schüler **Faktor**	**Zuhören / Verstehen** **2x**	**Lesen / Verstehen** **1x**	**Sprechen** **2x**	**Schreiben** **1x**	Interkulturelles Lernen	**Note** Teiler **6**
Peter M.						
Petra Sch						

Abb. 16a: Beispiel für Gewichtung der Teilleistungen

Die Übersicht (Abb. 16a) stammt von Lehrkraft A. Sie unterrichtet in Hessen in einer Klasse 3. Wie ihr Rahmenplan hält sie Zuhören und Verstehen, aber auch die eigene Sprachproduktion für ganz besonders wichtige Ziele ihres Unterrichts, denen das Lesen und Schreiben untergeordnet sind. Unter Lesen / Verstehen wertet sie die Informationsentnahme aus gelesenen Texten. Die korrekte Wiedergabe des Klangbildes, das laute Lesen, fließt bei ihr, wie Nachsprechen, Gelerntes wiedergeben und freies Sprechen in den Bereich Sprechen mit ein. Das Interkulturelle Lernen, das in ihrem Rahmenplan ebenfalls ausgewiesen ist, findet sie zwar auch wichtig, werten möchte sie Kompetenzen in diesem Bereich aber erst in Klasse 4. Den Eltern ihrer Klasse hat sie zu Beginn des Schuljahres obiges Bewertungsraster als Grundlage ihrer Notengebung vorgestellt.

Die Gewichtungstabelle ihrer Kollegin B aus Baden-Württemberg, die ihre Noten mit dem folgenden Raster (vgl. Abb. 16b) erfasst, sieht ganz ähnlich aus; hier fehlen jedoch die Begriffe Schreiben und Interkulturelles Lernen, und es erscheint der Begriff Sprachlernstrategien.

Klasse 3						
Schüler	**Zuhören / Verstehen**	**Lesen / Verstehen**	**Sprechen** reproduz. monologisch, dialogisch	**Sprachlern-strategien**		**Note** Teiler
Faktor	**3x**	**1x**	**2x**	**1x**		**7**
Peter M.						
Petra Sch						

Abb. 16b: Beispiel für Gewichtung der Teilleistungen

Die Stuttgarter Kollegin C erfasst und errechnet ihre Noten mit einem ähnlichen Raster:

Beurteilungsbogen für das Fach Englisch **Leistungsbewertung für die Kl 3**													
Name: **Peter Müller**													
Leistungen im Bereich	**Note**	**Sicher und adäquat**			**Weitgehend sicher**			**Nur mit Hilfe anderer**			**Verweigert sich fortwährend**		
Hörverstehen (x 4)		06.10. 17.12.	07.02 08.04..	17.05 08.06,.	08.11. 12.01.								
Sprechen (x 3)													
Leseverstehen (x 1)													
L+AT (x 1)													
Pers. Engagement (x 1)													
Teiler 10													
Bemerkungen:													

Abb. 16c (Quelle: Deutsch-Französische Schule Stuttgart-Sillenbuch)

Wie ihre hessische Kollegin, so werten auch die baden-württembergischen Lehrerinnen das Hörverstehen besonders hoch und im Bereich Lesen in Klasse 3 im Wesentlichen das Leseverstehen. Das Sprechen ist ihnen aber fast genauso wichtig, denn ihre Kinder haben bereits seit Klasse 1 Fremdsprachenunterricht und ihr Bildungsplan unterscheidet im weiterführenden Unterricht der Klassen 3 und 4 bereits deutlich zwischen monologischem und dialogischem Sprechen. Lesen und Schreiben sind auch in Baden-Württemberg erst ab Klasse 3 Bestandteile des Unterrichts. Unter dem Begriff ›Persönliches Engagement‹ versteht Frau C die Einstellung und Haltung ihrer Schülerinnen und Schüler dem Fach gegenüber. Bei Frau B taucht der Begriff ›Lernstrategien‹ auf, bei Frau C der der ›Lern- und Arbeitstechniken‹ (L+AT). Beide nennen es anders, meinen aber Ähnliches und werten hier lernstrategische und methodische Kompetenzen. Sie legen großen Wert auf ordentliche und sorgfältige Heft- und Ordnerführung. Außerdem führen Frau Cs Kinder ein Portfolio. Laut ministerieller Vorgaben dürfen in Baden-Württemberg »Schriftliche Leistungen wie z. B. das Ab- und Aufschreiben von … Wörtern und Texten als Grundlage für die Leistungsbewertung« nicht herangezogen werden (Engemann 2004). Frau B und Frau C halten jedoch das reine Übertragen von Wörtern, Sätzen und kleinen Texten für eine grundlegende methodische Kompetenz und wollen die Leistungen ihrer Schülerinnen und Schüler in diesem für sie wichtigen Bereich nicht ungewürdigt lassen. Ihr Bildungsplan unterstützt sie in ihrer Meinung; denn seinen Aussagen nach »können die Schülerinnen und Schüler einzelne Wörter, Wendungen sowie kurze, einfache Texte korrekt abschreiben« (Bildungsplan 2004: 78). Über ihre besondere Vorgehensweise, die Einbeziehung schriftlicher Leistungen im Bereich Methodenkompetenz, haben beide Lehrkräfte die Eltern informiert und deren Einverständnis erhalten.

Alle drei Lehrkräfte beachten die Lehrpläne und sonstigen Vorgaben ihrer Bundesländer, nehmen sich aber die Freiheit, in ihrem Unterricht ganz persönliche Akzente zu setzen, was sich natürlich auch auf die Bewertung der darin erbrachten Schülerleistungen auswirkt. Sie setzen sich und ihren Kindern klare Ziele und machen sie auch den Eltern transparent. Sie tun alles, um den Kindern die Freude und den Spaß an der fremden Sprache zu erhalten, sie zu fördern und zu fordern, sie zu loben und zu ermutigen. Was ihre Schülerinnen und Schüler in diesem Unterricht tun und können, sehen, beobachten und dokumentieren sie. Die Lehrkräfte reflektieren Unterricht und Schülerleistung, geben Kindern und Eltern regelmäßig Rückmeldung, werten schließlich alles nach klaren, allseits bekannten Kriterien und haben ›keine Not mit der Note‹.

Anmerkung

1 Empfehlungen und Stellungnahmen hat der Beratungs-, Informations- und Gesprächskreis veröffentlicht (BIG-KREIS 2005 und 2007).

Literaturverzeichnis

BIG-KREIS DER STIFTUNG LERNEN (2005): Empfehlungen des BIG Kreises in der Stiftung Lernen, ›Fremdsprachenunterricht in der Grundschule‹ – Standards, Unterrichtsqualität, Lehrerbildung. München: Domino Verlag.

BILDUNGSPLAN GRUNDSCHULE (2004). Stuttgart: Ministerium für Kultus und Sport.

BLEYHL, WERNER (Hg.) (2000): »Leistung und Leistungsbeurteilung.« Fremdsprachen in der Grundschule. Hannover: Schroedel. 92–97.

DIEHR, BÄRBEL (2006): »5 Thesen zur Beurteilung der Sprechleistung im ergebnisorientierten Englischunterricht in der Grundschule.« Norbert Schlüter (Hg.): Fortschritte im Frühen Fremdsprachenlernen. Berlin: Cornelsen. 10–18.

ENGEMANN, CHRISTA: Schreiben vom 20.01.2004. Stuttgart: Ministerium für Kultus, Jugend und Sport, Referat Kindergärten, Grundschule, Hauptschulen (o.V.).

FREMDSPRACHEN IN DER GRUNDSCHULE (2005): Synopse des Sachstandes in den Bundesländern 2005. http://lernen.bildung.hessen.de/bilingual/bildungspolitik/material_bipo/fruehlernen.pdf (02.07.2008)

EUROPARAT (2001): Gemeinsamer europäischer Referenzrahmen für Sprachen: Lernen, lehren und beurteilen. Berlin: Langenscheidt. http://www.goethe.de/referenzrahmen (02.07.2008)

HAFNER, RENATE & INGRID-BARBARA HOFFMANN (2004): Niveaukonkretisierung http://www.bildung-staerkt-menschen.de/unterstuetzung/schularten (02.07.2008)

JÜRGENS, EIKO (1995): »Überprüfung und Beurteilung mündlicher Leistung.« Schulmagazin 5 bis 10. 5.

MINDT, DIETER & GUDRUN WAGNER (2007): Lernstand im Englischunterricht, Ermittlung und Bewertung – für die Klassen 3 und 4. Berlin: Cornelsen Scriptor.

SCHIMUNEK, FRANZ-PETER (1995): »Vielfalt und Akzeptanz von Zensuren – Ein weiterer Beitrag zur Zensurengebung.« Schulmagazin 5 bis 10. 7–8. 78–81.

Otfried Börner

Vom Sinn und Unsinn der Ziffernnoten im Fremdsprachenunterricht der Grundschule

Die Fragwürdigkeit der Zensurengebung

1971 erschien Karlheinz Ingenkamps kritische Abrechnung mit der Zensierungspraxis an unseren Schulen. Das Buch »Die Fragwürdigkeit der Zensurengebung« war Standardlektüre für Studierende, Referendare und Lehrkräfte. Nach den Erfahrungen einer zwanzigjährigen Lehrerpraxis schrieb Ingenkamp in seinem Vorwort:

> Die spätere Tätigkeit als Schulpsychologe und Erziehungswissenschaftler ließ mich ahnen, was ich als Lehrer alles hätte wissen und berücksichtigen müssen, um dieser verantwortungsvollen Tätigkeit besser gewachsen zu sein. Und nicht zuletzt als Vater von drei Söhnen erlebte ich, wie Zensuren auf Schüler und Eltern wirken, welchen Zufälligkeiten sie oft ihre Entstehung verdanken und mit welchem Zutrauen – von unreflektierter Naivität bis zur Selbstgerechtigkeit – in die Richtigkeit des Urteils sie mitunter noch erteilt werden (Ingenkamp 1971: 5).

Daran hat sich bis heute nichts geändert. Der Versuch, von mehreren Lehrkräften eine beliebige mündliche oder schriftliche Schülerleistung mit einer Note bewerten zu lassen, wird nach wie vor die Ungleichheit der Ergebnisse unter Beweis stellen.

Ein besonders eindrucksvolles Beispiel aus dem Englischunterricht – allerdings aus der weiterführenden Schule Klasse 10 – führt Manfred Arendt an (vgl. Arendt 2006a; Arendt 2006b):

- Beispielsweise werden von 25 Beurteilenden nur acht »den Anforderungen an Objektivität gerecht« (ebd.).
- Dieselben Beurteiler sind nicht durchgängig ›milde‹ oder ›streng‹ in ihren Urteilen. Vielmehr weichen sie zum Teil erheblich nach oben oder unten von ihrer Linie ab (vgl. ebd.).
- Die fast fehlerfreie Leistung eines Ausnahmeschülers (*native American speaker*) wird nur von zwei Beurteilern mit *sehr gut*, von weiteren vier Beurteilern nach Aufrundung mit dieser Spitzennote bewertet.

Fünfmal gibt es eine Diskrepanz um zwei, einmal eine um drei und einmal gar eine Diskrepanz um 4,5 Zensuren (vgl. ebd.).

Und dennoch werden weiterhin Zensuren erteilt.

Zensuren in der Grundschule: Analyse des Grundschulverbandes

Insbesondere die Benotung von Schülerleistungen durch eine Ziffer in der Grundschule steht dauerhaft in der Kritik. Der Grundschulverband hat sich in der jüngsten Vergangenheit wiederholt und nachdrücklich zu dieser Problematik geäußert (vgl. Bartnitzky 2007: 32f; Bartnitzky & Speck-Hamdan 2006: 6–16; Brügelmann et al. 2006: 17–46; Grundschule aktuell 2006), sodass vor der Darstellung der besonderen Problematik mit der Zensurengebung im Fremdsprachenunterricht der Grundschule zunächst dessen Untersuchungsbefunde referiert werden sollen.

›Die Not mit den Noten‹ zeigt sich zunächst in der Unzuverlässigkeit bei den drei wichtigsten Kriterien der Leistungsbewertung: Validität, Objektivität und Reliabilität (vgl. Brügelmann et al. 2006: 22–27).

- Die Befunde der Forschergruppe weisen in Bezug auf die Validität der Urteile auf die fehlende diagnostische Kompetenz der Beurteilenden hin, beanstanden die abweichenden Bewertungsmaßstäbe und die prognostische Gültigkeit.

  Sowohl das Lehrerurteil als auch standardisierte Tests haben nur eine beschränkte Aussagekraft, erst recht, wenn aus beobachteten Leistungen auf Fähigkeiten einer Person geschlossen werden soll […] Die Entwicklung von Personen ist nicht berechenbar – und variiert vor allem in Wechselwirkung mit den Lernbedingungen (ebd.: 25).

- Auch an der Objektivität der Urteile bestehen erhebliche Zweifel, weil sie »in hohem Maße personenabhängig« (ebd.) zustande kommen. Noten für dieselbe Arbeit können um bis zu sechs Stufen streuen. Vor allem aber spielen sachfremde Gesichtspunkte wie das Schülerverhalten, die Sympathie der Lehrkraft sowie »systematische Verzerrungen durch Gruppenmerkmale wie Geschlecht, soziale Herkunft und ethnische Zugehörigkeit« eine entscheidende Rolle (ebd.: 25f.).

- Schließlich sind die Ergebnisse von Tests und anderen Leistungserhebungen unzuverlässig, weil sie nie unabhängig von äußeren Umständen ermittelt werden. »Auch wenn dieselben LehrerInnen [sic!] Arbeiten in zeitlichem Abstand erneut korrigieren, verändert sich ihre Bewertung erheblich« (ebd.). Zwar liefern die großen Studien wie PISA, IGLU, VERA sowie für den Englischunterricht in der Grundschule KESS und *evening* (vgl. Bos & Pietsch 2005; Bos et al. 2006; Engel & Thürmann 2007)

> verlässliche Daten für eine schulübergreifende Systemevaluation, [aber] auf der Individualebene sind sowohl Lehrerurteile als auch Tests sehr unzuverlässig. Punktuelle Leistungsproben bzw. Beobachtungen reichen deshalb in keinem Fall aus, um institutionelle Förder- oder gar Selektionsentscheidungen abzusichern (Brügelmann et al. 2006: 26f).

Aus dem hier Referierten ergibt sich, welche entscheidende Rolle beim Zustandekommen von Leistungsbeurteilungen und -bewertungen die angelegten Maßstäbe spielen. Auch dazu sei auf Veröffentlichungen des Grundschulverbandes zurückgegriffen (Bartnitzky 2006a; Brügelmann et al. 2006); in Bezug auf den sozial vergleichenden Maßstab (die Lerngruppe liefert den Maßstab), auf den individuellen Maßstab (der individuelle Fortschritt des Kindes ist das Maß) und in Bezug auf den anforderungsbezogenen Maßstab (das Erreichen gesetzter Anforderungen ist das Maß).

- In der Praxis kommen alle drei Maßstäbe zur Anwendung, es überwiegt aber deutlich »der Bezug auf den Durchschnitt der jeweiligen Klasse« (Brügelmann et al. 2006: 28), was die Verteilung nach der Glockenkurve (Gauß'sche Normalverteilung) nahe legt und schon deshalb die Subjektivität des Urteils befürchten lässt. Eine ausschließlich mit den Noten 1 bis 3 bewertete Arbeit wird folglich als zu leicht, eine solche mit den Noten 3 bis 6 bewertete Arbeit wird als zu schwer diskriminiert und muss nachgebessert werden. Auch der individuelle Lernfortschritt insbesondere schwächerer Lerner kann bei diesem angelegten Maßstab nicht honoriert werden, »da sich ihr Rangplatz dank des Lernzuwachses aller SchülerInnen in der Regel nicht verändert (›Karawaneneffekt‹). Damit sinkt ihre Lernmotivation« (ebd.: 29).
- Die individualisierende Bewertung findet ihre Anwendung insbesondere bei verbalen Verfahren wie Entwicklungsberichten oder der Kommentierung von Noten. Dabei wird die individuelle Entwicklung, gemessen an den Möglichkeiten und Bedingungen des einzelnen Kindes, beschrieben und ermöglicht neben einer detaillierten Beschreibung des Könnens auch Hinweise für positive Veränderungen, was sich besonders für die Motivation schwächerer Lerner positiv auswirkt (ebd.).
- Mit der Entwicklung von verbindlichen Bildungsstandards durch die Kultusministerkonferenz wird seit einigen Jahren der Versuch

gemacht, Schülerleistungen an solchen vorgegebenen Normen zu messen. Sie finden Eingang in Bildungs-, Lehr- und Rahmenpläne der einzelnen Bundesländer. Zu Recht weisen BRÜGELMANN et al. darauf hin, dass dabei die Modellierung von Lernen als »eindimensionaler und linearer Zuwachs von Kompetenz [...] der Komplexität von Lernprozessen gerade in der Anfangsphase nicht gerecht« wird (ebd.). Hilfreicher ist es, wenn statt der bisher veröffentlichten ›mittleren‹ Standards eine Orientierung an gleichsam von allen Lernern ›einklagbaren‹ *Mindest*standards stattfindet. Der BIG-KREIS der Stiftung Lernen hat einen solchen Vorschlag für die Fremdsprachen in der Grundschule unterbreitet (BIG-KREIS 2005[2]).

Bei der Diskussion der Frage ›Ziffernnoten oder verbale Beurteilungen?‹ kann die Einschätzung der betroffenen Gruppen nicht unberücksichtigt bleiben. Die Befunde von BRÜGELMANN et al. sind diesbezüglich aufschlussreich (vgl. BRÜGELMANN et al. 2006: 34ff.).

Hielten in den 1970er Jahren noch 80% der Lehrkräfte Noten für unverzichtbar, so waren es 2005 nur noch gut 50%, wenn auch mit erheblichen Unterschieden zwischen den Schularten. Sind es bei den Grund- und Sonderschulen fast zwei Drittel, die Noten für überflüssig halten, gibt es in den Sekundarschulen nur eine Minderheit von etwa 25%.

Bei den Schülerinnen und Schülern sind die Befunde ›widersprüchlich‹, auch ›polarisiert‹. Während insbesondere von schwächeren Schülern Noten als *sehr belastend* erlebt werden, will die Mehrheit dennoch an Noten festhalten. Andererseits plädieren ältere Schüler und überraschenderweise besonders stark Hauptschüler mehrheitlich für Ziffernnoten, während Verbalbeurteilungen in den ersten Schuljahren mehr Zustimmung finden.

Ähnlich wie bei den Lehrkräften sprachen sich in den 1970er Jahren auch die Eltern zu zwei Dritteln für Noten aus, im Gegensatz zu den Unterrichtenden hat sich die Einstellung der Eltern im Untersuchungszeitraum nur unwesentlich verändert. Findet das Verbalzeugnis in den ersten Schuljahren noch eine hohe Zustimmung bei den Eltern, so sinkt diese am Ende der Grundschulzeit auf etwa ein Viertel ab. Interessanterweise wird das Ziffernzeugnis – anders als bei den Kindern – von den (zukünftigen) Gymnasialeltern am stärksten befürwortet (ebd.: 35).

Ziffernnoten wird oft nachgesagt, dass sie Arbeitgebern klare, hilfreiche Hinweise für die Einstellung von Bewerbern geben. Die Ergebnisse der Befragung von Unternehmen fassen BRÜGELMANN et al. so zusammen: »Arbeitgeber trauen den Noten – vor allem unter dem Gesichtspunkt der Vergleichbarkeit – nicht« (ebd.). Bezeichnend auch für die Auswirkungen von Noten auf Jugendliche, was ein Lehrlingsausbilder im BMW-Werk

Berlin in einer Rundfunksendung von REINHARD KAHL berichtet. Er erlebt die meisten Schulabgänger folgendermaßen:

> Die haben ein Suchtverhalten, möchten Vorgaben haben und zwar ganz genaue Vorgaben, bitte nicht nachdenken. Und das zweite: sie sind süchtig nach Zensuren. Nicht nach Lob, das ist nicht das Problem, sondern nach Zensuren. Nicht ob das Teil gut oder schlecht geworden ist, ihre Welt ist nach Zensuren ausgerichtet (KAHL 2003).

Nicht überraschend ist die Einschätzung der Öffentlichkeit: Nur 30–40% der Befragten sprechen sich für die Abschaffung der Schulnoten ›im üblichen Sinne‹ aus.

In »vier Resümees aus vier Perspektiven« fassen BRÜGELMANN et al. die Ergebnisse ihrer Befunde zusammen (BRÜGELMANN et al. 2006: 45):

- In der Empirie gibt es keine stützenden Belege für das Festhalten an Ziffernnoten.
- Auch für die Ablehnung von Verbalgutachten gibt es keine stützenden empirischen Daten.
- »Ohne eine pädagogische und didaktische Öffnung des Unterrichts und ohne die Sicherung bestimmter Rahmenbedingungen bleibt eine Veränderung der Bewertung meist erfolglos« (ebd.).
- Mit einer »Verbesserung der Unterrichtssituation und des Lernerfolgs, vor allem der schwächeren SchülerInnen« (ebd.) ist zu rechnen, sofern (a) die Lehrkräfte einen höheren Aufwand zu leisten bereit sind, (b) »die Schulverwaltung mehr in die Fortbildung und Unterstützung der LehrerInnen« (ebd.) investiert und (c) »BildungspolitikerInnen den Selektionsdruck im System« verringern (ebd.).

Benotung im Fremdsprachenunterricht der Grundschule: Sachstand

Die verdienstvolle Bestandsaufnahme von GUNDI GOMPF vom Verein *Kinder lernen europäische Sprachen (KLES)* (GOMPF 2007a; GOMPF 2007b) vermittelt auf dem hier zu betrachtenden Gebiet das im deutschen schulpolitischen Bereich bekannte uneinheitliche Bild (vgl. Abb. 1 auf S. 264): Am Ende des Jahres 2006 gab es zehn verschiedene Formen der Leistungsbewertung in den Zeugnissen; vom Teilnahmevermerk mit Ergänzung durch das Portfolio der Kinder (Rheinland-Pfalz), über ausschließliche Kommentare (Bayern u. a.) bis hin zu unkommentierten Ziffernnoten (Nordrhein-Westfalen u. a.). Eine einheitliche Linie gibt es allein bei den neun Bundesländern, in denen der Fremdsprachenunterricht bereits in Klasse 1 beginnen kann beziehungsweise beginnt. Hier wird durchgängig zumindest in den Klassen 1 und 2 zugunsten eines Teilnahmevermerks auf eine Benotung im Zeugnis verzichtet (vgl. Abb. 2 auf S. 265).

Welchen Wechselwirkungen der Umgang mit Noten im Fremdsprachenunterricht der Grundschule unterliegen kann, sei am Beispiel »Hamburg« illustriert. Mit der flächendeckenden Einführung in der Jahrgangsstufe 3 ab dem Schuljahr 1991/92 gab es keine Benotung, lediglich einen Teilnahmevermerk und eine Aussage über die Unterrichtsinhalte. Im September 2003 wurden Noten mit ergänzenden Berichten verordnet. Der dadurch ausgelöste Protest führte im Januar 2004 zur Zurücknahme. Stattdessen sollten Leistungen durch Hinweise zur Lernentwicklung kommentiert und beurteilt werden. Zur Überraschung aller Beteiligten wurde im September 2006 in einer Spontanaktion im Zusammenhang mit einschneidenden Schulgesetzesänderungen wiederum die Benotung mit verbaler Kommentierung angeordnet.

Vor diesem Hintergrund soll in den folgenden Abschnitten das Für und Wider der Notengebung im Fremdsprachenunterricht der Grundschule genauer untersucht werden.

Argumente für Ziffernnoten im Fremdsprachenunterricht der Grundschule

»Kinder wollen Noten«, behauptet Jörg Lau in einem langen Artikel in der Wochenzeitschrift DIE ZEIT (vgl. Lau 2006: 53f.). Er begründet dies unter anderem mit den Kindern aus der Klasse seiner Tochter, die sich darauf freuen, »dass sie von der dritten Klasse an endlich Noten auf dem Zeugnis bekommen werden« (ebd.). Notenfreie Beurteilungen seien kein Ersatz für »ein aussagefähiges Zeugnis, das dem Schüler den Übergang von einer Schule zur nächsten« (ebd.) ermögliche. Er bezweifelt die Qualität und Wirksamkeit von Berichtszeugnissen: Gegen ungerechte Zeugnisse könne man protestieren, nicht jedoch gegen ein »jedenfalls dem Anspruch nach – gewissenhaftes und individuelles Berichtszeugnis« (ebd.).

Heike Schmoll, bildungspolitische Redakteurin bei der Frankfurter Allgemeinen Zeitung, kommentierte eine Konferenz des Vereins »Kinder lernen europäische Sprachen« in Erfurt unter der Überschrift »Noten helfen Kindern weiter« unter anderem mit folgender Passage:

> Hartnäckig hält sich unter Lehrern und Eltern das Vorurteil, daß Ziffernnoten keinen differenzierten Aufschluß über die Leistungen im Fremdsprachenunterricht gäben und die Kinder in ihrer Sprechbe-

Synopse zum Fremdsprachenunterricht in der Grundschule (FS/G) - Stand: Dezember 2006

Land[1]	ab Jahrgangs-stufe	Sprachen[2]	FS/G pro Woche	Gesamtstdn. pro Woche		gesetzl. Vorgaben[3]	Leistungsfeststellung im Zeugnis		
				Klasse 3	Klasse 4		Ziffernnote Klasse 3	Ziffernnote Klasse 4	verbaler Kommentar
BW	1	E/F	2	26	26	LP	ja	ja	nur in Kln. 1 u. 2
BY	3	E	2	28	29	LP	nein	nein	ja
BE	3	E/F	Kl. 3: 2 Kl. 4: 3	24	27	RPL (Kln. 3-10)	nein	nur Ende Kl. 4	ja
BB	3	E	3	25	26	RPL	ja	ja	nein
HB	3	E	2	26	26	RP	verbaler Kommentar plus in Klammern gesetzter Ziffernnote		
HH	3	E	2	27	27	RPL	ja	ja	ja
HE	3	E/F	2	25	25	RPL	ja	ja	nein
MV	3	E	1	25	26	RPL	nein	nein	ja
NI	3	E	2	26	26	LP + Kern-curriculum	nein	ja	nein
NRW	3	E	2	26	27	LP	ja	ja	nein
RP	1	E/F	50 Min.	25	25	RPL	nur Teilnahmevermerk, ergänzt durch das Portfolio der Kinder		
SL	3	F	2	26	26	LP	nein	nein	ja
SN	3	E	2	28	28	LP	nein	ja	nur Teilnah-mevermerk
SA	3	E	2	27	27	LP	nein	ja	nein
SH	3	E	2	27	27	RPL	ja	nein	nein
TH	3	E/F	2	27	27	LP	nein	nein	ja

[1] Kürzel der Bundesländer:

BW : Baden-Württemberg
BY : Freistaat Bayern
BE : Berlin
BB : Brandenburg
HB : Hansestadt Bremen
HH : Hansestadt Hamburg
HE : Hessen
MV : Mecklenburg-Vorpommern
NI : Niedersachsen
NRW : Nordrhein-Westfalen
RP : Rheinland-Pfalz
SL : Saarland
SN : Freistaat Sachsen
SA : Sachsen-Anhalt
SH : Schleswig Holstein
TH : Freistaat Thüringen

[2] Kürzel für Fremdsprachen:
E = Englisch; F = Französisch; E/F: wahlweise Englisch oder Französisch

[3] Kürzel für die gesetzlichen Vorgaben:
LP = Lehrplan; RPL = Rahmenlehrplan

Abb. 1: Synopse zum Fremdsprachenunterricht in der Grundschule (FS/G) – Stand: Dezember 2006 (Gompf 2007a).

reitschaft hemmten. Doch das scheint vor allem an der Skepsis gegen Ziffernnoten in der Grundschule überhaupt zu liegen (Schmoll 2003).

Die in der Schweiz tätige Erziehungswissenschaftlerin Erika Werlen hielt auf derselben Konferenz einen viel beachteten Vortrag zu dem Thema »Was sollte im Fremdsprachenunterricht gemessen und mit Noten

Synopse: Fremdsprachenbeginn ab Klasse 1 – Stand: Juni 2007

Land[1]	flächendeckend in Kl. 1 +2	Anzahl der Schulen mit Versuchen[2]	Lernzeit pro Woche	Sprache(n)[3]	gesetzliche Vorgaben[4]	Bewertung im Zeugnis	
						Teilnahmevermerk	Noten
BW	ja, seit: Schj. 2003/04	–	2 Stdn. (90 Min.)	E/F	LP	ja	–
BE	–	9 Europaschulen	Lernzeit und Sprachenwahl gem. Stundentafel für Europaschulen		RLP	ja	–
HH	–	11	keine Angabe	E/F	int. HR	ja	–
HE	–	9[5]	1 Std. (45 min.)	E	int. HR	ja	–
NRW	ab: 2. Hj. 2008/09	2	2 Stdn. (90 Min.)	E	LP	ja	–
RP	ja, seit: Schj. 2005/06	–	50 Min.	E/F	RPL	ja	–
SL	–	92	2 Stdn. (90 Min.)	F	R	ja	–
SN	–	16	1 Std. (45 Min.)	F/PL/T	LP	ja	–
TH	–	32	1 Std. (45 Min.)	E	HR	ja	–

[1] Kürzel der Bundesländer:

BW : Baden-Württemberg HE : Hessen SL : Saarland
BE : Berlin NRW : Nordrhein-Westfalen SN : Freistaat Sachsen
HH : Hansestadt Hamburg RP : Rheinland-Pfalz TH : Freistaat Thüringen

[2] Die Länder, die den Fremdsprachenbeginn ab Klasse 1 derzeit in Versuchen erproben, wählen dafür unterschiedliche Bezeichnungen - vgl. Begleittext oben, Abs."Gesetzliche Vorgaben".

[3] Kürzel für Fremdsprachen:
E = Englisch; F = Französisch; E/F= wahlweise Englisch oder Französisch; PL= Polnisch; T= Tschechisch

[4] Kürzel für die gesetzlichen Vorgaben:
LP = Lehrplan; RPL = Rahmenlehrplan; HR = Handreichungen; R = Richtlinien; int.HR = schulinterne Handreichungen

[5] In Hessen ist der Status "Schulversuch" im August 2002 beendet worden und wird jetzt als "Regeleinrichtung" ermöglicht. Im Gegensatz zu den vom HKM genannten 9 Grundschulen hat das Amt für Lehrerbildung, Frankfurt a.M., auf seiner Internetseite allerdings eine sehr viel höhere Anzahl von Grundschulen angegeben - vgl. Begleittext oben, Abs. "Anzahl der Grundschulen".

Abb. 2: Synopse Fremdsprachenbeginn ab Klasse 1 – Stand: Juni 2007 (Gompf 2007b).

beurteilt werden?« (Werlen 2003). Eindringlich wies sie auf die Notwendigkeit einer klaren Definition der zu bewertenden Lernziele hin, wie sie als Könnens- oder Kompetenzbeschreibungen und Standards aus dem Gemeinsamen europäischen Referenzrahmen für Sprachen abgeleitet werden können (vgl. Europarat 2001; BIG-Kreis 2005[2]), und auf die Notwendigkeit einer »theoretisch und empirisch fundierten, verantwortungsbewussten Gestaltung des Messvorgangs zur validen, reliablen und intersubjektiven Leistungsfeststellung« (WERLEN 2003), also auf die erforderliche Diagnosekompetenz der Bewertenden.

Auf dieser Grundlage nennt sie fünf Argumente, die für Noten sprechen:

1. Pragmatische Argumentation: Der Fremdsprachenunterricht in der Grundschule dürfe keine Sonderstellung einnehmen und müsse sich in die Beurteilungskonvention und -tradition einfügen. Eine Beurteilungsabstinenz würde kontraproduktiv wirken.
2. Erzieherische Argumentation: Die Einordnung der Kinder in ihre Lerngruppe sei wichtig. Sie führe zur Entwicklung von Bezugsnormen und fördere eigene Entwicklungsprozesse.
3. Der Verzicht auf Benotung würde auf die »gesamte (negativ erlebte) Benotungspraxis ausstrahlen« und vom »eigentlichen Aufgabenbereich der Benotung im Fremdsprachenunterricht der Grundschule ablenken«, nämlich der »Entwicklung und Erprobung angemessener Anforderungsprofile und einer angemessenen Leistungsdiagnostik«.
4. Es fehlten »(zielführende) Alternativen«, denn »schriftliche Berichte und Beurteilungen (sind) nicht weniger problematisch: Notenfreie Zeugnisse werden allein durch ›Verbalisierung‹ nicht besser, objektiver, valider, reliabler«. Der Verzicht auf Noten sei »an sich noch kein didaktischer Fortschritt«; erst »systemverträgliche und valide Alternativen« würden Verbesserungen bringen.
5. Schließlich sei es didaktisch notwendig, den »im Entstehen begriffenen Komplementärbereich (einer) Leistungsfeststellung« zu gewinnen, der vernetzt (»triangulierend«) und »prozessorientiert« ausgerichtet ist, unter Einbeziehung der Konzeptionen des Gemeinsamen europäischen Referenzrahmens für Sprachen, von Sprachenportfolios, Niveaukonkretisierungen und Anderem (vgl. WERLEN 2003).

In einer Pro-und-Kontra-Auseinandersetzung mit WERNER BLEYHL (BLEYHL 2007) hat ERIKA WERLEN ihre Argumentation in einem kürzlich veröffentlichten Beitrag noch einmal bestätigt (WERLEN 2007: 46).

Aus Lehrersicht kommt schließlich zu der Frage der Notengebung gerne die Äußerung, dass das Abfassen eines aussagekräftigen Berichtes sehr viel zeitaufwändiger ist als die Ermittlung einer Ziffernnote.

Argumente gegen Ziffernnoten im Fremdsprachenunterricht der Grundschule

Was sagt schon eine Zahl über das tatsächliche Fremdsprachenkönnen eines Schülers aus? Vielleicht bewegt sich die Schülerin A insgesamt auf einem *guten* Niveau, aber Schüler B zeichnet sich durch *sehr gutes* rezeptives Können aus, zeigt allerdings nur *ausreichende* produktive Leistungen, und Schülerin C bringt *befriedigende* Leistungen, hat aber eine unverständliche Aussprache. Nur ein Bericht kann das individuelle Leistungsprofil darstellen, die bisherige Lernentwicklung ermutigend oder auch herausfordernd beschreiben und Hinweise für die Weiterentwicklung geben.

Zahlreiche Autorinnen und Autoren bestätigen die demotivierende Wirkung von Ziffernnoten, wie die folgende auf den Fremdsprachenunterricht in der Grundschule bezogene Auswahl zeigt:

- »[D]er spontane sprachhandelnde und sprachspielerische Umgang mit der Fremdsprache (wird) durch den Druck der Noten deformiert« (DANNHÄUSER 2003: 3).
- »Die Motivation zum Fremdsprachenlernen hat zu großen Teilen damit zu tun, dass es keine Noten gibt!« (SPECK-HAMDAN 2007: 5).
- Vier Fünftel der in einer Studie von GUNDI GOMPF und HEINZ HELFRICH befragten Grundschullehrkräfte in Thüringen und Rheinland-Pfalz plädierten »für einen Unterricht, der die Kinder durch seine Inhalte und Arbeitsformen motiviert und allen […] durch ein notenfreies Lernklima Erfolgserlebnisse ermöglicht« (GOMPF & HELFRICH 2005: 13).

Auch aus vorliegenden empirischen Untersuchungen lässt sich schließen, dass der Fremdsprachenunterricht in der Grundschule ohne Noten zu Erfolgen führt (vgl. DOYÉ & LÜTTGE 1977; KAHL & KNEBLER 1996; BOS & PIETSCH 2005; BOS et al. 2006; ENGEL & THÜRMANN 2007), wobei es an einer vergleichenden Studie von Unterricht mit und ohne Noten noch mangelt.

Gegner der Zensurengebung befürchten negative Auswirkungen auf den Fremdsprachenunterricht, der in der Grundschule weitgehend durch mündliche Aktivitäten geprägt ist. Es sei zu befürchten, dass schriftliche Lernerfolgskontrollen wie Vokabelarbeiten oder Diktate für justiziable Tests herangezogen würden mit der unerwünschten Nebenwirkung eines *teaching to the test.* Durch solche Übungs- und Prüfungsformen könnte das Schreiben in der Grundschule ein unangemessen großes Gewicht erhalten (vgl. BLEYHL 2007).

Das in der Regel ab der 3. Klasse neue Unterrichtsfach ›Fremdsprachen‹ verdient, wie jeder Unterricht in der 1. und 2. Klasse, von der Zensurengebung befreit zu sein. Nicht ganz unbegründet ist die Befürchtung, dass neben der Deutsch- und Mathematikzensur auch die Fremdsprachennote trotz der bekannten prognostischen Unzuverlässigkeit als leicht handhabbares Selektionsinstrument für die weitere Schullaufbahnentscheidung herangezogen werden soll.

Erika Werlens Plädoyer beruht auf der Voraussetzung, dass die Lehrkräfte über eine hervorragende Diagnosekompetenz und entsprechende Instrumente verfügen. Für die Erfüllung dieser Voraussetzung sind erhebliche Aus- und Fortbildungsmaßnahmen erforderlich. Zwei aktuelle Veröffentlichungen können dafür gute Dienste leisten:

- Die neueste Publikation des BIG-Kreises der Stiftung Lernen: »Lernstandsermittlung, Förderung und Bewertung im Fremdsprachenunterricht der Grundschule« (BIG-Kreis 2008);
- Heft 2 der vom Arbeitskreis Grundschule herausgegebenen Beiträge zur Reform der Grundschule, Band 124: »Pädagogische Leistungskultur: Englisch als erste Fremdsprache« (Claus et al. 2007).

Auf einen weiteren Aspekt weist Werner Bleyhl im Fazit seines Statements gegen die Zensurengebung hin, wenn er die Defizite bei Spracherwerbskenntnissen der Lehrkräfte beklagt: »Die Bewertung fremdsprachlicher Leistungen in der Grundschule durch Noten macht ohne grundlegende Kenntnis über den Spracherwerb und ohne angemessene Zielsetzung (wenig bis) keinen Sinn« (Bleyhl 2007: 47).

Aber selbst wenn diese Voraussetzungen eines Tages gegeben sein sollten, bleiben die grundsätzlichen fachlichen Einwände und die eingangs geäußerten allgemeinen grundschulpädagogischen Argumente gegen die Ziffernnoten bestehen.

Fazit

Pädagogisch sind Noten aus den genannten Gründen nicht zu rechtfertigen, mehr noch: Sie sind schädlich. Andererseits: Spätestens in Klasse 3 müssen Zensuren nach den geltenden Gesetzen in den meisten Bundesländern für alle Schulfächer erteilt werden. Änderungen dieser schulrechtlichen Lage sind nicht in Sicht.

Es müssen also Möglichkeiten des Umgangs mit Noten gefunden werden, die der Rechtslage entsprechen und die den pädagogischen Schaden begrenzt halten. Dabei entsteht ein neues Dilemma: Indem Möglichkeiten praktiziert werden, mit den Noten leidlich schadlos umzugehen, verfestigt man das Zensurensystem. Bleibt als Fazit zunächst Bartnitzkys resignative Schlussfolgerung:

»›Es geht ja!‹ Nein, es geht nicht. Und doch: Es muss täglich gehen« (Bartnitzky 2006b: 3).

Literaturverzeichnis

ARENDT, MANFRED (2006a): »Beurteilung mündlicher Leistungen. Eine Untersuchung (Teil 1).« Praxis Fremdsprachenunterricht. 3. 3–10.

ARENDT, MANFRED (2006b): »Beurteilung mündlicher Leistungen. Eine Untersuchung (Teil 2).« Praxis Fremdsprachenunterricht. 4. 3–8.

BARTNITZKY, HORST (2007): »Wozu brauchen wir hierbei eigentlich Noten?« Grundschule aktuell. 100. 32–33.

BARTNITZKY, HORST (2006a): »Zum Umgang mit Noten.« H. Bartnitzky, H. Brügelmann, U. Hecker und G. Schönknecht (Hg.): Beiträge zur Reform der Grundschule – Band 121 Heft 2. Frankfurt am Main: Grundschulverband. 6–16.

BARTNITZKY, HORST (2006b): »Es geht nicht! Und doch: Es muss gehen! Zum Umgang mit Zensuren.« Grundschule aktuell. 95. 3–8.

BARNITZKY, HORST & ANGELIKA SPECK-HAMDAN (Hg.) (2006): »Leistungen der Kinder wahrnehmen – würdigen – fördern.« Beiträge zur Reform der Grundschule – Band 118. Frankfurt am Main: Grundschulverband.

BIG-KREIS (2008): Lernstandsermittlung, Förderung und Bewertung im Fremdsprachenunterricht der Grundschule. München: Domino.

BIG-KREIS (2005[2]): Fremdsprachen in der Grundschule. Standards, Unterrichtsqualität, Lehrerbildung. München: Domino.

BLEYHL, WERNER (2007): »Warum die klassischen Verfahren der Leistungsmessung im Fremdsprachenunterricht der Grundschule nicht angemessen sind.« Take off! 2. 47.

BÖRNER, OTFRIED & CHRISTOPH EDELHOFF (2005): »Leistungsfeststellung im frühen Fremdsprachenunterricht.« Doyé, Peter (Hg.): Kernfragen des Fremdsprachenunterrichts in der Grundschule. Braunschweig: Westermann. 110–127.

BOS, WILFRIED & MARCUS PIETSCH (Hg.) (2005): KESS 4. Kompetenzen und Einstellungen von Schülerinnen und Schülern Jahrgangsstufe 4. Hamburg: Behörde für Jugend und Sport.

BOS, WILFRIED et al. (2006): »Erster Bericht zu den Ergebnissen der Studie ›Kompetenzen und Einstellungen von Schülerinnen und Schülern – Jahrgangstufe 7 (KESS 7).‹« http: // Ibs.hh.schle.de/schulentwicklung/kess/KESS7.pdf (15.05.2007).

BRÜGELMANN, HANS et al. (2006): »Sind Noten nützlich – und nötig?« Horst Bartnitzky et al. (Hg.): Beiträge zur Reform der Grundschule – Band 121 Heft 2. Frankfurt am Main: Grundschulverband. 17–46.

BRÜGELMANN, HANS (2006): »Misstraut den Noten!« DIE ZEIT. 29. 52.

CLAUS, ANETTE; MAIKE GRAU; MICHAEL K. LEGUTKE & NATHALIE RAU (2007): »Pädagogische Leistungskultur: Englisch als erste Fremdsprache.« Beiträge zur Reform der Grundschule – Band 124 Heft 2. Frankfurt am Main: Grundschulverband.

DANNHÄUSER, ALBIN (2003): »Keine Noten für den Fremdsprachenfrühbeginn in der Grundschule.« Fremdsprachenfrühbeginn. 5. 3f.

DOYÉ, PETER & DIETER LÜTTGE (1977): Untersuchungen zum Englischunterricht in der Grundschule. Bericht über das Forschungsprojekt FEU. Braunschweig: Westermann.

ENGEL, GABY & EIKE THÜRMANN (2007): »Englisch in der Grundschule. Evaluation und erste Ergebnisse.« Schule NRW. 1. 21–23.

EUROPARAT (2001): Gemeinsamer europäischer Referenzrahmen für Sprachen: lernen, lehren, beurteilen. Berlin et al.: Langenscheidt.
FREIE HANSESTADT HAMBURG, BEHÖRDE FÜR BILDUNG UND SPORT (2004): »Ausbildungs- und prüfungsordnung für die Klassen 1 bis 10 der allgemeinbildenden Schulen.« http://hh.juris.de/hh/Schul1bis10APO_HA_rahmen.htm (23.06.2008).
GOMPF, GUNDI (2007a): »Synopse zum Fremdsprachenunterricht in der Grundschule (FS/G) – Stand: Dezember 2006.« http://www.kles.org (16.06.2008).
GOMPF, GUNDI (2007b): »Synopse 2007.« http://www.kles.org/frameset.html (16.06.2008).
GOMPF, GUNDI & HEINZ HELFRICH (2005): »Englisch ab 3. Grundschuljahr ohne Noten? Wissenschaftliche Untersuchung der Einstellung von Eltern, Schülern und Lehrkräften in Rheinland-Pfalz und Thüringen.« http://www.kles.org/frameset.html (16.06.2008).
GRUNDSCHULE AKTUELL (2006): »Die Not mit den Noten.« Zeitschrift des Grundschulverbandes. 95.
GRUNDSCHULVERBAND (2006): »Sind Noten nützlich und nötig?« http://www.gundschulverband.de/aktuell_single+M55e20fllbbl.html (02.01.2008).
INGENKAMP, KARLHEINZ (Hg.) (1971): Die Fragwürdigkeit der Zensurengebung. Weinheim, Berlin, Basel: Beltz.
KAHL, REINHARD & ULRIKE KNEBLER (1996): Englisch in der Grundschule – und dann? Evaluation des Hamburger Schulversuchs Englisch ab Klasse 3. Berlin: Cornelsen.
KAHL, REINHARD (2003): »Eine pädagogische Währungsreform.« Schule kann gelingen (2) (Südwestfunkreihe). SWR2. Archiv-Nr. 0189433. (11.10.2003, 08.30 Uhr).
LAU, JÖRG (2006): »Kinder wollen Noten.« Die ZEIT. 27. 53–58. (29.06.2006). (Vgl. auch BRÜGELMANN, H. 2006 und Leserbriefe auf der ZEIT-Internetseite)
SCHMOLL, HEIKE (2003): »Noten helfen Kindern weiter. Fremdsprachen in der Grundschule.« Frankfurter Allgemeine Zeitung. (05.09.2003).
SPECK-HAMDAN, ANGELIKA (2007): »Pädagogische Aspekte des Fremdsprachenbeginns ab Klasse 1.« http://www.kles.org/pdf-dateien/Speck_Hamdan.pdf (17.06.2008).
WERLEN, ERIKA (2007): »Warum es sinnvoll ist, schon an der Grundschule Noten im Fremdsprachenunterricht zu geben.« Take off! 2. 46.
WERLEN, ERIKA (2003): »Was sollte im Fremdsprachenunterricht gemessen und beurteilt werden?« Manuskript eines Vortrags anlässlich der 2. bundesweiten Netzwerkkonferenz des Vereins »Kinder lernen europäische Sprachen« (03.–05.09.2003, Erfurt).

Autorinnen und Autoren

Prof. Dr. Ulrich Bliesener, Von-Graevemeyer-Weg 33, 30539 Hannover

Otfried Börner, Fahrenkrön 5e, 22179 Hamburg

Prof. Dr. Heiner Böttger, Lehrstuhl Englischdidaktik, Katholische Universität Eichstätt-Ingolstadt, Universitätsallee 1, 85072 Eichstätt
Privat: Lange Gasse 4, 90403 Nürnberg

Prof. Dr. Eva Burwitz-Melzer, Institut für Anglistik – Didaktik der Justus-Liebig-Universität,Otto Behaghel-Str. 10 B, 35394 Gießen

Prof. Dr. Herbert Christ, Im Heidkamp 2, 40489 Düsseldorf

Prof. Dr. Bärbel Diehr, Bergische Universität Wuppertal, Anglistik/Amerikanistik, Didaktik des Englischen, Gaußstraße 20, 42119 Wuppertal

Dr. Karin Drese, Am Linsenberg 9, 61352 Bad Homburg

Stefanie Frisch, M.A., Bergische Universität Wuppertal, Didaktik des Englischen, Gaußstraße 20, 42119 Wuppertal

Dr. Maike Grau, Justus-Liebig-Universitaet Giessen, Institut für Anglistik, Didaktik (Teaching English as a Foreign Language), Otto-Behaghel-Str. 10, 35394 Giessen

Ingrid-Barbara Hoffmann, Amsterdamer Str. 31, 71034 Böblingen
dienstl.: Oskar-Schwenk-Schule, 71111 Waldenbuch

Adelheid Kierepka, Martin Luther Universität Halle-Wittenberg, Institut für Schulpädagogik und Grundschuldidaktik, Franckeplatz 1, Haus 31, 06110 Halle (Saale).

Dr. Annika Kolb, Pädagogische Hochschule Freiburg, Institut für Fremdsprachen, Kunzenweg 21, 79117 Freiburg

Prof. Dr. Michael K. Legutke, Justus-Liebig-Universität Giessen, Institut für Anglistik, Didaktik (Teaching English as a Foreign Language), Otto-Behaghel-Str. 10, 35394 Giessen

Nathalie Rau, Konrad-Adenauer-Straße 9, 35781 Weilburg

Beiträge zur Reform der Grundschule

Herausgeber: Der Vorstand des Grundschulverbandes - Arbeitskreis Grundschule e.V.

Mitgliederbände

60 Kinder finden zu sich selbst
61/62 Frauen machen Schule
67/68 Schreiben ist wichtig
69 Ästhetische Erziehung in der Grundschule
71 Umwelterziehung
74 Interkulturelles Lernen
75 Veränderte Kindheit – veränderte Grundschule
76 Lyrik für Kinder – gestalten und aneignen
78 Alltag im offenen Unterricht
81 Theater macht Schule – Schule macht Theater
85 Bewegung, Spiel und Sport in der Grundschule
87 Leistung der Schule – Leistung der Kinder
88/89 Wohnortnahe Integration
92/93 Religion in der Grundschule
95 Gewalt und Aggression
97 Sexualerziehung von Anfang an!
98 Die Zukunft beginnt in der Grundschule
99 Kunst in der Grundschule
100 Sozialpädagogik in der Grundschule
101 Sachunterricht in der Grundschule
102 Musik in der Grundschule
103 Grundschule und neue Medien
104 Schatzkiste Sprache 1
106 Spielen in der Grundschule
107 Literarisches Lernen
108 Mit Eltern die Grundschule kindgerecht entwickeln
109 Rechtschreiben lernen in den Klassen 1–6
111 Schulanfang ohne Umwege
112 Grundlegende Bildung in und für Europa
113 Schatzkiste Sprache 2
114 Freiarbeit in der Grundschule – offener Unterricht in Theorie und Praxis
115 Länger gemeinsam lernen. Positionen, Forschungsergebnisse, Beispiele
116 Kinder beteiligen – Demokratie lernen?
117 Mathematik für Kinder – Mathematik von Kindern
118 Leistungen von Kindern wahrnehmen – würdigen – fördern
119 Pädagogische Leistungskultur: Materialien für Klasse 1 und 2
120 Deutsch als Zweitsprache lernen
121 Pädagogische Leistungskultur: Materialien für Klasse 3 und 4
122 Auf dem Weg zur Ganztagsgrundschule
123 Leben und Lernen in jahrgangsgemischten Klassen
124 Pädagogische Leistungskultur: Ästhetik, Sport, Englisch, Arbeits-/Sozialverhalten
125 Lehr- und Lernorte außerhalb der Schule (erscheint Herbst 2008)
126 Fremdsprachen in der Grundschule. Auf dem Weg zu einer neuen Lern- und Leistungskultur

Sonderbände

S 43 Schulleben und Schulgemeinde
S 45 Entlastungsstrategien für Schulleiter
S 52 Die Ganze Halbtagsschule
S 53 Fremdsprachen i. d. Grundschule
S 54 Grundschule u. Bibliothek
S 56 Teamarbeit in der Grundschule
S 57 Jahrgangsübergreifendes Lernen
S 58 Jahrbuch Grundschule '98 Themen: »Offener Unterricht«, »Mathematik«
S 59 Grundschulen planen, bauen, neu gestalten
S 60 Jahrbuch Grundschule '99 Themen: »Schulfähigkeit«, »Sprachdidaktik«
S 61 Kooperierende Grundschulen
S 62 Jahrbuch Grundschule '00/'01 »Kindheitsforschung, Forschung zum Sachunterricht«
S 63 Video zum Thema Zukunftswerkstatt
S 64 Jahrbuch Grundschule IV 2002/2003

Projekt »Eine Welt in der Schule«

Sammelband (orange): Dritte Welt in der Grundschule
Sammelband (blau): Eine Welt in der Schule
Sammelband (grün): Eine Welt in der Schule
Aminatas Entdeckung (Kinderbuch)
Material-CD zu Aminatas Entdeckung
Ausleihservice: Projekt »Eine Welt ...«

Extras

Sind Noten nützlich und nötig?
Eine wissenschaftliche Expertise
Lesekompetenz
Ein Lese- und Arbeitsbuch
Lernen in altersgemischten Gruppen
Eine wissenschaftliche Expertise
(erscheint Herbst 2008)